EMPREENDEDORISMO
Plano de negócio em 40 lições

CB131525

Marcos Hashimoto
Cândido Borges

EMPREENDEDORISMO
Plano de negócio em 40 lições

2ª edição revista e atualizada

saraiva uni

ISBN 978-85-7144-047-0

DADOS INTERNACIONAIS DE CATALOGAÇÃO NA PUBLICAÇÃO (CIP)
ANGÉLICA ILACQUA CRB-8/7057

Hashimoto, Marcos
Empreendedorismo : plano de negócio em 40 lições / Marcos Hashimoto e Candido Borges. — 2. ed. -- São Paulo: Saraiva Educação, 2020.

ISBN 978-85-7144-047-0

1. Empreendedorismo 2. Administração de empresas 3. Planejamento estratégico 4. Negócios - Planejamento I. Título II. Borges, Candido

19-1254 CDD: 658.421
CDU: 65.016.1

Índices para catálogo sistemático:
1. Empreendedorismo

Copyright © Marcos Hashimoto e Cândido Borges
2020 Saraiva Educação
Todos os direitos reservados.

saraiva EDUCAÇÃO | saraiva uni

Av. Doutora Ruth Cardoso,7221, 1º Andar
Pinheiros – São Paulo – SP – CEP: 05425-902

SAC | Dúvidas referentes a conteúdo editorial, material de apoio e reclamações: sac.sets@somoseducacao.com.br

Direção executiva Flávia Alves Bravin
Direção editorial Renata Pascual Müller
Gerência editorial Rita de Cássia S. Puoço
Coordenação editorial Fernando Alves
Edição Ana Laura Valerio
Neto Bach
Thiago Fraga
Produção editorial Daniela Nogueira Secondo
Serviços editoriais Juliana Bojczuk Fermino

Preparação Nilce Cristina Vanessa Xavier dos Santos
Diagramação Camilla Felix Cianelli Chaves
Claudirene de Moura Santos Silva
Revisão Ivani Aparecida Martins Cazarim
Ivone Rufino Calabria
Estela Janiski Zumbano
Capa adaptada de Roney Camelo
Impressão e acabamento Gráfica Paym

2ª edição

Nenhuma parte desta publicação poderá ser reproduzida por qualquer meio ou forma sem a prévia autorização da Saraiva Educação. A violação dos direitos autorais é crime estabelecido na lei nº 9.610/98 e punido pelo artigo 184 do Código Penal.

ERP 399.184.002.001

COD. OBRA 6909 CL 651808 CAE 661560

A Cecília, Letícia, Breno e Helena, minhas eternas
fontes de inspiração e os maiores motivos que me levam a
me dedicar à causa do empreendedorismo.
Marcos Hashimoto

À minha família.
Cândido Borges

Agradecimentos

Esta obra tem um longo histórico desde sua concepção até culminar em sua publicação. Desde 2001, quando os nossos primeiros estudos sobre empreendedorismo e plano de negócios começaram a se consolidar na forma deste livro, cruzamos com muitas pessoas que nos ajudaram a construir esta obra.

A primeira menção não poderia deixar de ser a um dos pioneiros em empreendedorismo no país, o professor Ronald Degen, autor de *O empreendedor*, obra que foi, para muitos, a primeira "bíblia" de negócios do empreendedor, cujo legado inspirou as principais referências deste livro.

A segunda grande influência veio de outro livro, escrito por vários autores. Trata-se do *Guia da Ernst & Young para desenvolver seu plano de negócios*, da Editora Record, há algum tempo fora de circulação.

Com base nessas duas obras principais, o SP-Plan, o primeiro, e talvez único, *software* gratuito de plano de negócios foi desenvolvido no Brasil, por meio de uma parceria entre a Fiesp e o Sebrae-SP. O esforço da equipe resultou em um grande aprendizado para todos os envolvidos e por isso os nomes deles não podem ser esquecidos neste momento: Elza Morelli, Cassiano D'Andrea, Alecsandro Araújo, Valdair José Tonon, Israel Elias Bromerschenckel, José Manuel, Marimar Guidorzi de Paula, Ilsiane Peloso e Mara Sampaio.

Alguns professores ajudaram bastante na complementação das informações técnicas em várias partes deste livro, dentre os quais, destacamos: Armando Dal Colletto, Denise Manfredi, Edson Henriques, Álvaro Mello, Marco Gregori, Gregório Stuckart, Fernando Marques, Luis Alberto Carnier, David Kallas, Fábio Mizumoto, Álvaro Armond, André Luis de Castro Moura Duarte, André Antunes Soares de Camargo, Henrique Machado Barros, Sérgio Lazzarini, José Valério Macucci, Lars Meyer Sanches, Luis César de Moura Menezes, Ricardo Humberto Rocha, Ricardo Menezes, Regina Madalozzo, Aloisio Bueno Buoro, Gazi Islam, Otto Nogami, Leonardo Pagano, Valéria Freundt, Marcelo Nakagawa e Fábio Mizumoto.

Também não podemos nos esquecer dos próprios empreendedores que, dentro ou fora do ambiente acadêmico, trazem suas experiências práticas que inspiram o aprendizado sobre negócios, cujos nomes devem ser lembrados: Isabella Prata, Fábio Fernandes, Pedro Mello, Pedro Chiamulera, Wilson Poit, Luis Norberto Paschoal, Alex Augusto, Luis Chicani, Marcus Haddad, Marcelo Alecrim, Arnold Correa, Valério Dornelles, Marcelo Germano, Rodrigo Azevedo, Tiago Dalvi, Michel Viganôe Flávio Pripas.

Aqueles que abriram canais para divulgarmos conteúdo sobre empreendedorismo e plano de negócio, por meio dos quais vários conteúdos deste livro já foram disseminados anteriormente, na forma de pequenos artigos individuais, são eles: Sandra Boccia, Mariana Iwakura, Leandro Vieira, José Fucs, Bruna Delprete, Adriana Noviski, Ricardo dos Santos Navas, Rodrigo Cabral, Calebe Tossatti, Renata Leal, Thales Brandão,

Luisa Mendes, Alessandra Kosseki, Casimiro Perez, Jefferson de Paula, Rodrigo Cabral, Marisa Gil, Alexsandra Bentmuller e Carolina Pezzoni.

Em 2008, a Endeavor lançou um programa de educação empreendedora denominado *Bota pra Fazer*, feito de empreendedores para empreendedores, com muitas dicas para desenvolver um bom plano de negócio. Fica aqui também nosso reconhecimento aos que fazem parte dessa equipe: Juliano Seabra, Rodrigo Telles, Renata Chilvarquer, Verônica Mussi, Ilana Nasser, Joce Barros e Stella Roncato.

Em 2011, um grupo de professores lançou um livro com exemplos de planos de negócios e casos de empreendedores, uma obra que certamente complementa este livro que, além de Marcos Hashimoto, contou também com a participação dos professores Tales Andreassi, Rosemary Lopes e Vânia Jorge Nassif.

Por fim, um agradecimento especial a Thiago Carvalho, que foi picado não só pelo bichinho do empreendedorismo, mas principalmente pelo da educação empreendedora, conduzindo por alguns anos a competição de planos de negócio do Insper e consolidando sua experiência adquirida em algumas páginas no capítulo sobre competições de negócios que encerra este livro.

Esperamos ter sido justos na tentativa de recuperar os nomes de todos os que nos ajudaram a tornar esta obra uma realidade. Esperamos que apreciem e aprendam bastante aqui.

Marcos Hashimoto e Cândido Borges

Sobre os autores

Marcos Hashimoto

Doutor em Administração de Empresas pela EAESP/FGV. Professor e coordenador do Centro de Criatividade e Empreendedorismo da Faap. Suas áreas de interesse são a educação empreendedora, inovação corporativa e plano de negócios. É professor-pesquisador do Mestrado Profissional em Administração da Faculdade Campo Limpo Paulista e tesoureiro da Associação Nacional de Estudos em Empreendedorismo e Gestão de Pequenas Empresas (Anegepe). Autor do *software* de plano de negócio SP-Plan do Sebrae-SP/Fiesp.

Cândido Borges

Pós-doutorando em Administração pela EAESP/FGV. Ph.D. em Administração pela HEC Montréal, Canadá. Suas áreas de interesse são o empreendedorismo e a inovação. É professor-adjunto da Faculdade de Administração, Ciências Contábeis e Ciências Econômicas (Face) da Universidade Federal de Goiás e diretor científico da Associação Nacional de Estudos em Empreendedorismo e Gestão de Pequenas Empresas (Anegepe). Suas pesquisas estão voltadas principalmente para as questões da criação de empresas, do empreendedorismo tecnológico e da intersecção entre empreendedorismo e capital social.

Sumário

Introdução

Empreendedores preferem estar no campo de batalha a ficar atrás das linhas de tiro planejando o ataque; são ávidos pela ação, por ter uma conquista a cada dia, por caminhar sempre em frente. Costumam ser mais realizadores do que redatores ou planejadores, sobretudo no Brasil, onde o planejamento não faz parte da cultura empresarial de uma forma geral e o ambiente econômico é tão dinâmico e mutável que planejar é visto como uma prática sem muito valor. Afinal, de que adianta planejar se daqui a um mês tudo o que foi pensado vai mudar de qualquer maneira? Além da falta de vontade e motivação para planejar, muitos empreendedores têm dificuldade para articular os conceitos de negócio por pura falta de conhecimento e domínio das técnicas de gestão.

O corolário dessa falta de interesse em planejamento é o alto índice de falências no Brasil. Pesquisa do Sebrae[1] indica que a falta de planejamento é um dos principais motivos pelos quais muitas empresas fecham ainda no primeiro ano. As condições instáveis ocasionadas pelo rápido crescimento que países emergentes como o Brasil vivenciaram nos anos 1990 acabaram justificando a falta de tempo para planejar adequadamente, pois era preciso entregar os produtos e serviços. Esses fatores, entretanto, não podem continuar servindo de justificativa para a falta de ao menos algum planejamento para antecipar riscos e tomar decisões mais conscientes. A prática do planejamento é necessária, pois reduz a incidência de surpresas indesejáveis, permite a utilização de recursos de forma mais racional e dá um senso de direção para evitar o crescimento desordenado do negócio.[2]

Este livro foi organizado para dois públicos. O primeiro é o estudante universitário que o terá como apoio nas aulas de empreendedorismo ou de plano de negócio. A linguagem e a estrutura foram pensadas para que qualquer curso possa adotar a obra, sobretudo porque hoje o empreendedorismo é um tema que cada vez mais as instituições de ensino superior têm inserido em seus currículos, ampliando o escopo de atuação que, até dez anos atrás, pertencia apenas às escolas de administração e negócios.

O conteúdo foi organizado para acompanhar uma sequência de aulas típica de um curso de graduação. Uma disciplina de um semestre normalmente compreende 40 aulas em 20 semanas, totalizando 80 horas de aula. Cada capítulo do livro cabe em uma aula e o professor pode adequar o conteúdo para eventualmente acomodar aulas destinadas a avaliações, apresentações dos alunos ou palestras de convidados.

---

1 SEBRAE. *12 anos de monitoramento da sobrevivência e mortalidade da empresa*. São Paulo: Sebrae-SP, 2010.

2 Cf. DELMAR, F.; SHANE, S. Does business planning facilitate the development of new ventures? *Strategic Management Journal*, v. 24, n. 12, p. 1165-1185, dez. 2003. Disponível em: http://dx.doi.org/10.1002/smj.349. Acesso em: 27 mar. 2019. E também: SHANE, S.; DELMAR, F. Planning for the market: business planning before marketing and the continuation of organizing efforts. *Journal of Business Venturing*, v. 19, n. 6, p. 767-785, nov. 2004. Disponível em: http://www.sciencedirect.com/science/article/pii/S0883902603001162. Acesso em: 27 jul. 2013.

O segundo público é o empreendedor ou futuro empreendedor. Para esse público, o livro serve como um guia para elaborar seu plano de negócio, pois apresenta, passo a passo, a ordem de coleta das informações necessárias ao plano e serve como um roteiro para executar a implantação do projeto de negócio.

Independentemente da utilização que se dará ao livro, é importante notar que se trata de uma obra de visão generalista. Os conceitos não são apresentados em profundidade; se houver necessidade de mais informações, caberá ao leitor buscá-las em referências complementares (há uma lista de referências ao final do livro). É importante observar também que, pela sua natureza genérica, o conteúdo abrange todo tipo de negócio, de qualquer porte e qualquer setor da economia. Portanto, é recomendável que o leitor faça as devidas adequações e ajustes para o seu caso específico, pois a diversidade de características de cada tipo de negócio é tão ampla que é impossível contemplar todas em um único livro.

Parte I

Antes do plano de negócio

Capítulo 1

A decisão de empreender

Antes de começar a empreender, a primeira pergunta a que você precisa responder é: Por que empreender? Existem várias respostas possíveis e, em muitos casos, essa pergunta pode parecer óbvia demais para ser respondida. Mas é um questionamento extremamente importante, porque a resposta reflete a **motivação** do empreendedor – um dos mais patentes impulsionadores da atitude empreendedora. Veja se sua resposta é parecida com alguma das seguintes alternativas.

- Porque não quero ficar em casa à toa sem ter o que fazer.
- Porque meus pais são empreendedores.
- Porque quero ficar rico.
- Porque quero fazer a diferença no mundo.
- Porque tive uma excelente ideia de negócio.
- Porque quero ter uma alternativa de investimento.
- Porque fui convidado para ser sócio de um amigo ou parente.
- Porque preciso de um meio de sobrevivência.
- Porque é o caminho natural da minha atividade independente.
- Porque não quero depender de ninguém na vida.

Não existe resposta certa ou errada, o importante é que sua resposta tenha uma motivação, um estímulo, algo maior que o impulsione em suas decisões e ações.[1] Antes de prosseguirmos, veja o Quadro 1.1, que traz alguns comentários e alertas relacionados às alternativas que você pode ter escolhido sobre os motivos de empreender.

A decisão de empreender não é fácil diante de outras perspectivas de carreira, como a de ser empregado. Os Quadros 1.2 e 1.3 apresentam algumas diferenças entre as duas opções mais comuns de carreira, lembrando que nenhuma das afirmações colocadas pode ser generalizada, uma vez que as circunstâncias também dependem do ambiente de cada empresa; no entanto, apontamos alguns fatores bastante comuns nas organizações.

Quadro 1.1 – As motivações do empreendedor

Para ter o que fazer	Ter um negócio próprio pode até começar como um *hobby*, um passatempo, mas, quando se tornar um negócio de fato, saiba que existem responsabilidades assumidas com a sociedade. Ter um negócio não é apenas uma brincadeira.

1 SHANE, S.; LOCKE, E. A.; COLLINS, C. J. Entrepreneurial motivation. *Human Resource Management Review*, v. 13, n. 2, p. 257-279, 2003. Disponível em: http://www.sciencedirect.com/science/article/pii/S1053482203000172. Acesso em: 27 mar. 2019.

Pais já têm um negócio próprio	Pode parecer um bom motivo, mas você precisa saber se é isso mesmo o que quer. Além disso, assumir o negócio da família, que já está andando, não é o mesmo que iniciar um negócio do zero.
Ambições financeiras	Existem outras formas de ficar rico sem assumir tantos riscos nem ter tanto trabalho. O principal combustível do empreendedor não deve ser o dinheiro, e sim a paixão e o prazer pela atividade.
Fazer a diferença no mundo	É nobre e louvável, porém nem todas as atividades econômicas possuem viés social. Existem os negócios sociais, mas você precisa definir se quer se engajar em uma ONG ou ter um negócio, independentemente de ter fins lucrativos ou não.
Uma excelente ideia de negócio	Pode ser o principal motivador do empreendedor; a partir dela, de fato, tudo começa. Porém, é preciso saber que uma oportunidade ou um produto inovador não garantem o sucesso de um negócio. Deve existir um vínculo entre as expectativas do empreendedor, suas competências e a oportunidade identificada.
Alternativa de investimento	Empreendedores e investidores são figuras complementares, mas diferentes. O investidor não coloca a mão na massa como o empreendedor. Se você é investidor, pense se não há opções com menos riscos e maior chance de retorno do que um negócio próprio.
Entrar em uma sociedade	Você só será empreendedor se tiver responsabilidades, funções e voz ativa na empresa. Apenas adquirir cotas de participação em um negócio não faz de você um empreendedor.
Um meio de sobrevivência	Talvez você não queira ser um empreendedor e esteja apenas em busca de uma fonte de renda, ou seja, está sendo obrigado a empreender. Muitos empreendedores surgem da necessidade de sobreviver.
Caminho natural de uma atividade independente	Profissionais autônomos não são empreendedores. Ter uma atividade que gera rendimentos não é o mesmo que ter negócio. A atividade se torna um negócio a partir do momento em que ganha escala, tem funcionários, clientes e um modelo de faturamento.
Liberdade, autonomia e independência	Empreender parece ser o sinônimo perfeito do grito da Independência. Mas essa pretensa liberdade é um engodo. Empreendedores não são independentes, pelo contrário, dependem de clientes, fornecedores, parceiros, empregados, governo, bancos etc.

Fonte: elaborado pelos autores.

Quadro 1.2 – Carreira empreendedora

Vantagens	Desvantagens
Não depende de ninguém para tomar as decisões.	Tem uma relação de dependência com clientes, fornecedores, funcionários etc.
Pode escolher um negócio em uma área de que goste e pela qual tem paixão.	É obrigado a executar atividades que não sabe ou que não tem prazer em fazer mas que estão relacionadas ao negócio.

Tem muita liberdade para administrar seus recursos e fazer seus horários.	Falta de tempo para se dedicar à vida pessoal e à família, pois tem que ficar constantemente conectado à empresa.
Pode assumir responsabilidades em situações importantes.	As responsabilidades podem representar um fardo que não pode ser delegado ou ignorado.
São reais as chances de concretizar um grande sonho.	Querer não é poder. Visões muito grandiosas podem esbarrar em falta de competência.
Status de ser empresário(a), de ser visto(a) como um(a) homem/mulher de negócios e bem-sucedido(a).	Alto capital investido, o que às vezes pode comprometer o patrimônio pessoal.
Não há limites para crescer, pois o negócio pode se tornar uma grande multinacional.	Os riscos são muito altos nos momentos iniciais, quando a situação é muito frágil e qualquer coisa errada pode comprometer o negócio.
Ser o patrão em vez de empregado.	Conflitos com sócios e investidores sobre os caminhos a definir para o negócio.
Ganhar dinheiro, ficar rico, atingir altos padrões sociais e adquirir bens materiais que poucos podem ter.	Sofrer no início do negócio com falta de capital e ficar sujeito a viver sem rendimentos até que o negócio "decole".

Fonte: elaborado pelos autores.

Quadro 1.3 – Carreira executiva

Vantagens	Desvantagens
Salário fixo, uma garantia de remuneração frequente e ininterrupta.	Salário achatado, pode crescer, mas sempre tem um limite; até o presidente tem um teto de vencimentos.
Segurança propiciada pelas leis trabalhistas que favorecem o empregado em caso de demissão.	Desemprego. O empregado pode ser demitido por critérios injustos e, em dadas circunstâncias, pode ser mais difícil recolocar-se no mercado.
O empregado assume compromissos relacionados apenas a sua atividade em seu departamento.	As pessoas não trabalham de forma cooperativa, há falta de compromisso com o negócio e cada um só pensa em cumprir o mínimo exigido em sua função.
Ambiente estável, pois é primordialmente interno e controlado. Apenas algumas áreas estão sujeitas às instabilidades externas à empresa.	Trabalho chato, sem atrativos, sem dinamismo, repetitivo, rotineiro e que desperta pouco interesse ou motivação.

É possível vislumbrar uma carreira a ser seguida na empresa e chegar até presidente da companhia.	A carreira é uma pirâmide, na qual nem todos conseguem subir. As posições mais altas são para poucos.
Se o empregado não gosta do emprego ou do chefe, pode mudar com relativa facilidade.	Chefes chatos, intransigentes, inflexíveis, autoritários, impiedosos, injustos e parciais.
As empresas oferecem uma série de benefícios como assistência médica, 13º salário, seguro de vida, plano de previdência etc.	As regras não são claras, as pessoas tomam decisões sob critérios políticos e antiéticos.
Existe toda uma infraestrutura à disposição para realizar o trabalho.	Pouca liberdade para usar os recursos disponíveis para conduzir projetos de interesse do empregado.
Horário fixo que permite que o empregado possa fazer outras coisas de seu interesse pessoal fora do horário de trabalho.	Exigências cada vez maiores conforme se sobe na carreira, com metas mais agressivas e responsabilidades maiores.

Fonte: elaborado pelos autores.

Em ambas as opções, existem vantagens e desvantagens. A decisão de empreender está ligada à aderência aos valores relacionados às vantagens da carreira empreendedora e às desvantagens da carreira executiva.

Ao comparar as duas opções, fica evidente que o principal atrativo da carreira empreendedora é a liberdade, mas o preço que se paga é o alto risco. Quem busca segurança e estabilidade deve procurar a carreira executiva. As principais diferenças estão no início de cada uma. A carreira executiva, que começa com o empregado no nível operacional, é mais estável, porém são menores as chances de chegar ao topo de uma grande organização. Na carreira empreendedora, você já começa no topo da organização, mas precisa fazer sacrifícios maiores. No final, o resultado é relativamente parecido para ambas. Muitos presidentes possuem ações das empresas em que trabalham, ou seja, já são donos de parte do negócio, e muitos donos de negócio já venderam boa parte de sua participação. A seguir, a Figura 1.1 mostra a evolução da carreira executiva e a Figura 1.2 mostra a evolução da carreira empreendedora.

Figura 1.1 – Carreira executiva

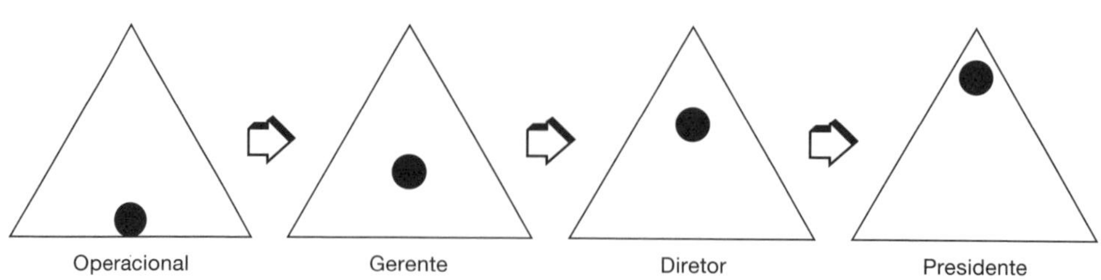

Fonte: elaborado pelos autores.

Figura 1.2 – Carreira empreendedora (porte da empresa)

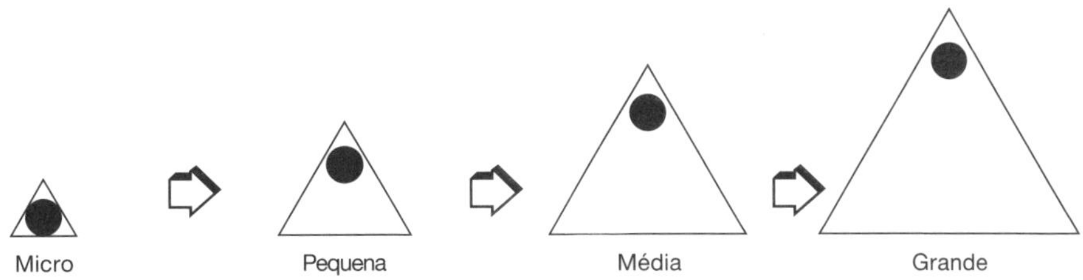

Fonte: elaborada pelos autores.

Não podemos nos esquecer de que, entre esses dois caminhos, existem sempre os intermediários, ou seja, há pessoas que começam um negócio próprio e, em algum momento de sua trajetória, vendem a empresa e retomam a carreira como executivos de uma companhia já existente; ou, ao contrário – o que é muito comum –, começam a carreira como funcionários e, em algum momento, normalmente quando estão insatisfeitos com sua atual trajetória profissional e identificam uma oportunidade, decidem abrir o próprio negócio e continuam sua carreira, dessa vez como empreendedores.

Capítulo 2

Tendo uma ideia de negócio

Existe, no Brasil, um mundo de oportunidades de novos negócios, uma economia ativa e dinâmica que proporciona inúmeras possibilidades de aproveitar demandas não atendidas em diversos setores. Empreendedores geralmente buscam aquela "grande sacada", uma oportunidade escondida, algo cuja demanda vá explodir. Boa parte busca boas ideias nos avanços tecnológicos, muitos ficam de olho nas tendências e nas mudanças de comportamento das pessoas, enquanto outros exploram nichos em problemas e necessidades. Não existe uma fórmula para encontrar a melhor ideia de negócio, mas alguns critérios devem ser estabelecidos para escolhê-la com consciência. Neste capítulo, daremos algumas dicas para inspirar boas ideias; no capítulo seguinte, falaremos sobre como escolher a melhor.

O exercício da capacidade criativa é o fundamento básico da geração de ideias.[1] Para melhorar sua criatividade, é preciso mudar seu comportamento e a forma como enxerga o mundo à sua volta. Ao contrário do que muitos pensam, a criatividade não é um dom inato. Ela pode ser desenvolvida, embora a dificuldade seja maior para aqueles que foram pouco expostos a ambientes propícios à criatividade ao longo de suas vidas. A seguir, listamos dez atividades que vão ajudá-lo a desenvolvê-la.

1. **Escolha um tema**. O primeiro passo é buscar um tema ou assunto que seja de seu interesse. Algo que lhe dê prazer, que te desperte curiosidade espontânea. Pode ser um *hobby*, uma área do conhecimento ou algo que goste de fazer nas horas vagas. Também pode ser algo relacionado a uma experiência positiva que teve no passado, algo de que ouviu falar e que despertou seu interesse em saber mais. Pode ser um ou mais assuntos. O objetivo aqui é identificar algumas áreas para concentrar suas ideias.

2. **Aprenda e leia muito**. A próxima fase da geração de ideias é aprender o máximo que puder, levantar o máximo de informações, ler tudo o que estiver disponível sobre o assunto, consultar especialistas, ir a feiras da área, pesquisar na internet, adquirir e usar produtos relacionados, participar de fóruns de discussão, conhecer negócios semelhantes que deram certo, fazer cursos e treinamentos. Esta é a fase de coleta de matéria-prima, de acúmulo de conhecimento que vai se incorporar ao seu repertório pessoal de conhecimentos e experiências. Esta fase pode durar meses dependendo da dedicação do empreendedor.

3. **Explore a ociosidade**. Esta é a fase de incubação. Tire algum tempo para não fazer nada. Dedique-se a atividades diferentes e esqueça a fase de acumular

1 ALENCAR, E. S. *Como desenvolver o potencial criador*: um guia para a liberação da criatividade em sala de aula. 10. ed. Petrópolis: Vozes, 2004.

conhecimento. Sonhe acordado, brinque, divirta-se, viaje, pratique um *hobby*, conte piadas, vá ao cinema, dê festas. A ociosidade permite que o cérebro faça conexões espontâneas entre fatos e dados, e muitas ideias começam a surgir daí. Não cultive nenhuma expectativa; nesse momento, a intenção é sair da rotina e efetivamente se "desligar" do assunto. Deixe o caldo do conhecimento maturar e ser incorporado na sua mente e verá que algumas reflexões e conclusões vão surgir de forma natural.

4. **Converse com pessoas**. Conforme as ideias vão se acomodando no cérebro, alguns estímulos podem ser necessários para "provocá-las". A interação com pessoas do meio ajuda a estabelecer conexões cognitivas que despertarão ideias que a mera ociosidade não detectou. Vale também diversificar a rede de contatos. A diversidade proporciona pontos de vista distintos das mesmas realidades e formas de pensar diferentes da sua. Quanto mais variada for sua forma de pensar, maior a chance de raciocinar sobre o mesmo tema com enfoques distintos, que proverão outras ideias.

5. **Fuja da rotina**. Quebre a rotina do seu cotidiano. Muitas ideias surgem ao acaso quando provocamos o cérebro a sair da zona de conforto. Essa fuga precisa acontecer no seu dia a dia: fazendo um caminho diferente da casa para o trabalho, conhecendo pessoas com perfil muito distinto do seu, experimentando comidas que nunca havia provado antes, viajando para lugares desconhecidos, mudando pequenos hábitos aos quais estava acostumado e qualquer outra regra preestabelecida que possa ser quebrada de vez em quando.

6. **Anote tudo**. Se estiver fazendo o exercício corretamente, muitas ideias ou *insights* que posteriormente podem gerar ideias vão surgir como *flashes* momentâneos, a qualquer momento e em qualquer lugar. Pode ocorrer quando estiver sentado na privada, parado no meio de um congestionamento, na fila do banco, tomando uma ducha ou no meio da madrugada. Esses momentos são muito propícios para o cérebro relaxar e fazer as conexões mentais. Esteja sempre preparado para anotar tudo o que lhe vier à cabeça, mesmo que na hora não faça muito sentido, porque depois as peças podem se encaixar e inspirar alguma ideia relevante. Lembre-se, a "Eureka" não é comum no processo de geração de ideias. Ter aquele *insight* que se ilumina repentinamente como algo que você esperou sua vida inteira não acontece na prática. O que acontece é você identificar uma ideia que parece boa e, com o tempo, começar a reunir informações que comprovem que ela, de fato, pode ser uma boa ideia.

7. **Desafie seus paradigmas**. Paradigmas são filtros mentais que construímos ao longo da nossa formação e de nosso desenvolvimento, que estabelecem o que é certo e o que é errado, que diferenciam o jeito correto de agir do jeito errado. Os paradigmas são bons porque dão sentido ao que fazemos e aceitamos no nosso dia a dia. O problema é quando ocorre o que chamamos de "paralisia de paradigma", ou seja, a convicção de que aquele é o único jeito de fazer as coisas. Quebrar paradigmas significa abandonar esses pré-conceitos em favor de novas possibilidades. É admitir que o impensável é possível e

que não existe um único jeito certo de agir. Muitas vezes, estamos tão presos a nossos paradigmas que nem sequer os identificamos como paradigmas. São casos em que precisamos da ajuda de terceiros para enxergá-los, embora tenhamos dificuldade em aceitar esse fato. Um bom exercício para trabalhar isso é se perguntar "E se?" a cada condição encontrada: E se piorássemos o problema ao invés de solucioná-lo, o que aconteceria? E se virássemos isso de cabeça para baixo, como funcionaria? E assim por diante.

8. **Esvazie sua xícara**. Um exercício bom para romper paradigmas que possam estar impedindo você de vislumbrar possibilidades inovadoras é esvaziar a sua xícara. Trata-se de uma figura metafórica: pense na sua mente como uma xícara que está cheia (cheia de conhecimentos, informações, dados, certezas e convicções). Passamos boa parte da nossa vida aprendendo e incorporando novos conhecimentos. Com o tempo, o que antes eram "novos conhecimentos" se tornam ultrapassados e muitos de nós temos dificuldades em nos livrar deles. A xícara cheia impede a entrada de novos conhecimentos. Os novos paradigmas transbordam da xícara e não são assimilados. Livrar-se de velhos paradigmas é esvaziar a xícara e dar espaço ao novo. É admitir que nada do que aprendemos é definitivo e eterno. Gradativamente, o prazo de validade das informações que adquirimos torna-se mais curto. Esvaziar a xícara é, portanto, uma habilidade cada vez mais importante para quem quer trabalhar com inovação; é a habilidade de desaprender.

9. **Explore outros pontos de vista**. A diversidade de influências e a quebra de paradigmas visam forçar o empreendedor a enxergar as mesmas realidades sob pontos de vista e contextos diferentes do que ele aprendeu ou aos quais está acostumado. Aprenda a inverter a ordem das situações, a imaginar como seria se tudo estivesse ao contrário; tente virar uma situação do avesso ou vê-la de cima para baixo, de trás para a frente ou de dentro para fora. Com algum tempo de prática, é possível que certas convicções e certezas sejam reinterpretadas, provocando reações nas pessoas (em alguns casos, indesejadas), mas abrindo novos caminhos para ideias inovadoras. Cruzar áreas distintas é uma das técnicas de reinterpretação. Por exemplo: O que viagens interestelares têm a ver com culinária? Que ligação pode haver entre pinturas abstratas e morte de baratas? O cruzamento entre áreas distintas oferece muita margem à imaginação. A criatividade, por outro lado, é mais objetiva e busca dar um foco a essas associações livres. Dessa forma, técnicas de interpretação teatral, por exemplo, ajudam desenvolvedores de cursos a distância a identificarem como seus cursos podem ser mais atraentes para o aluno.

10. **Refine as ideias**. Este é o momento em que você vai rever suas anotações e selecionar as ideias que parecem fazer mais sentido. Agora você deve voltar a consultar especialistas e ler sobre o assunto para explorar as possibilidades que surgiram. Uma reação possível das pessoas é rejeitar algumas dessas ideias, ou até mesmo rir da sua cara e ridicularizá-lo. Se isso acontecer, não ignore as ideias que levantou; pelo contrário, dê mais atenção a elas. As

ideias vistas como mais absurdas são as que mais desafiam pressupostos e são as mais inovadoras. Se todos a rejeitarem, pode ser que não tenha nada a ver mesmo, mas também pode ser que seja a oportunidade que ninguém está enxergando.

Não devemos nos esquecer de que "ideia" e "oportunidade" são conceitos diferentes. Podemos ter muitas ideias, mas as melhores são aquelas que encontram uma oportunidade. A oportunidade é um momento delimitado no tempo e no espaço em que uma ideia pode ser aproveitada. Se a oportunidade não se apresentar, mesmo uma boa ideia pode não ser viável. Várias invenções falharam no passado por não encontrarem o ambiente e o momento mais apropriado. Muitas vezes nos concentramos tanto em uma única ideia que não percebemos os eventos acontecendo ao nosso redor, principalmente as oportunidades que vão surgindo. Uma boa ideia tem que estar associada ao tempo, à época em que está inserida. Evoluir uma ideia que está 15 minutos à nossa frente é diferente de uma ideia que esteja anos adiante. Muitas boas ideias levaram anos para se estabelecer, como a fotocopiadora, que levou mais de 20 anos para se tornar um acessório fundamental nos escritórios. Esteja ciente do tempo que será necessário para sua ideia se tornar viável. No Material de apoio on-line você encontrará um teste rápido para medir o seu nível de criatividade.

Capítulo 3

Avaliação de oportunidades

Agora você tem várias ideias e precisa escolher uma para o seu negócio. Existem vários critérios que podem ser adotados para identificá-las e avaliá-las.[1] Vamos citar os mais comuns, de forma que a sua ideia de negócio seja aquela que melhor atende ao conjunto de requisitos aqui expostos: ela deve ser a melhor oportunidade, ter o menor risco, gerar o maior benefício e dispor da maior quantidade de recursos.

3.1 Oportunidade

Como falamos no Capítulo 2, de nada adianta uma ótima ideia se ela não estiver atrelada a uma oportunidade. Para o empreendedor lançar sua ideia, a oportunidade precisa estar posicionada no tempo e no espaço mais adequado. A seguir, veja alguns modos de identificar uma oportunidade.

3.1.1 Corrigir algo que está errado

Uma boa forma de reconhecer uma oportunidade é observando problemas. Por trás de um grande problema sempre existe uma boa oportunidade de negócio. As pessoas perdem muito tempo em filas, a conexão cai quando é mais necessária, a educação pública é péssima, as passagens aéreas são muito caras, não há livros na biblioteca para todos os alunos, a tela do iPad fica muito suja com marcas de dedos, não há banheiros públicos em eventos de grande porte etc.; para todo lugar que olhamos vemos um monte de problemas que nos afligem, que incomodam uma parcela da sociedade, que geram inconvenientes para nossos amigos. Para todo lugar que olhar, além dos problemas, o empreendedor também deve ver um monte de oportunidades.

3.1.2 Atender a alguma necessidade

Às vezes existem necessidades a serem atendidas que não necessariamente representam um problema. Muitas oportunidades podem surgir se o público que tiver tais necessidades estiver disposto a desembolsar um valor em troca de saná-las. Podemos citar vários exemplos: chegar mais cedo em casa depois do trabalho, encontrar qualquer livro que quiser em meio digital, fazer ligações interurbanas gastando pouco, contar com serviço de manutenção do carro em domicílio, ter estacionamentos

1 DRUCKER, P. F. *Inovação e espírito empreendedor*: prática e princípios. São Paulo: Cengage, 2008. Ver também: HISRICH, R. D.; PETERS, M. P.; SHEPHER, D. A. *Empreendedorismo*. 7. ed. Porto Alegre: Bookman, 2009. HOLMÉN, M.; MAGNUSSON, M.; MCKELVEY, M. What are Innovative Opportunities? *Industry and Innovation*, v. 14, n. 1, p. 27-45, 2007.

maiores para acomodar os clientes, disponibilizar desinfetantes à base de álcool em gel em lugares públicos etc.

3.1.3 Realizar algum desejo ou sonho

Um desejo ou sonho é mais do que uma necessidade. É algo que consideramos difícil de obter, mas que seria muito bom se pudéssemos ter. O valor atribuído a um desejo realizado é muito alto e representa um grande potencial de negócio. Conhecer a Europa, ter uma casa na praia, comprar uma moto Harley-Davidson, ter um filho na faculdade, publicar um livro, conhecer seu ídolo, conquistar um milhão de seguidores no Instagram são alguns exemplos de sonhos e desejos.

3.1.4 Resgatar algo bom que existiu no passado

Existem muitas formas de resgatar coisas que eram boas no passado e que para os saudosistas não deveriam acabar. São lembranças de momentos felizes do passado, como filmes clássicos, peças de museus, artefatos antigos, objetos no estilo retrô etc. Outras oportunidades estão no resgate de experiências boas da infância, como parques de diversões, videogames, gibis etc. O resgate da qualidade de vida também traz bons exemplos: restaurantes caseiros, hotéis-fazenda, casas de campo, alimentos orgânicos, entre outros.

3.1.5 Melhorar algo para alguém

Existe uma gama de oportunidades para levar benefícios à sociedade, como internet de banda larga, celulares mais baratos, assistência médica de qualidade, bibliotecas populares, transporte público mais acessível, apoio a jovens em situação de risco, opções de lazer em massa, moradias com material mais barato e resistente etc. Embora possam parecer atividades de natureza assistencialista, várias delas podem se tornar negócios com um forte cunho social e ambiental.

O importante a se observar sobre as oportunidades é que, por estarem posicionadas em momentos específicos do tempo, é difícil prever quando elas surgirão e por quanto tempo estarão disponíveis. Algumas dessas janelas de oportunidade duram muito pouco, ou são rapidamente detectadas por outras empresas que se apropriam das melhores oportunidades antes de você. Por isso, é fundamental estar sempre preparado, pois, quando a oportunidade surge, não dá para ficar pensando e analisando: é preciso ser rápido e ágil para aproveitá-la antes dos outros. O lado bom é que oportunidades são como ônibus, se perdemos um, logo vem outro. Só precisamos estar com as antenas ligadas para perceber quando uma dessas janelas se abre.

3.2 Riscos

Um fator importante para se considerar ao escolher uma boa ideia de negócio é o risco proporcional correspondente. Todos os negócios possuem um grau de risco que varia em função de algumas condições. Para analisar o risco de forma apropriada, é preciso, em primeiro lugar, identificar todas as ameaças que podem incidir sobre o negócio e então fazer, para cada uma, o levantamento dos quatro itens referidos a seguir.

3.2.1 Probabilidade

Quanto maior a probabilidade de uma ameaça se tornar realidade, maior é o risco. Ao contrário do que muitos pensam, no entanto, risco e probabilidade não são sinônimos. Embora a probabilidade seja determinante na avaliação de risco, ela sozinha não determina o grau desse risco. Se a probabilidade de uma ameaça se concretizar for alta, mas o impacto dela for baixo, então existe risco, só que ele não será muito alto. A probabilidade, portanto, representa apenas as chances da uma ameaça se tornar realidade. Boas ideias de negócio são aquelas que já foram testadas por outras pessoas e cuja probabilidade de algo errado acontecer é baixa.

3.2.2 Impacto

Quanto maior o impacto, maior o risco. Podemos definir impacto como aquilo que vamos perder se a ameaça se concretizar. Da mesma forma que a probabilidade, o impacto, sozinho, não determina o risco, mas sua análise é fundamental. Assim, uma ameaça com alto impacto só representa risco alto se sua probabilidade for alta também. Por exemplo, se um cofre cair sobre sua cabeça agora, o impacto será altíssimo, pois certamente você perderá a vida. Como a probabilidade de um cofre cair na sua cabeça é baixíssima, então o risco é baixo. No ambiente de negócios, os impactos estão relacionados à exposição de imagem, ao capital investido, à perda de faturamento, queda na participação do mercado etc. Por isso, negócios pequenos, simples e já conhecidos são menos arriscados e podem representar uma boa estratégia para um novo negócio. A Figura 3.1 demonstra a relação entre probabilidade e impacto:

Figura 3.1 – Relação entre probabilidade e impacto

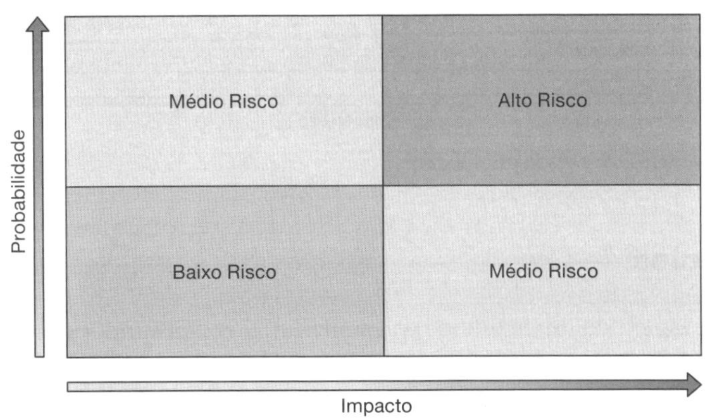

Fonte: elaborada pelos autores.

3.2.3 Incerteza

Quanto menos informações temos sobre o que pode acontecer com o negócio, maior é o grau de incerteza. Um dos objetivos de escrever um plano de negócio é reduzir o risco. Nesse sentido, reduzimos o risco reduzindo a incerteza. A falta de informações nos deixa à deriva diante de situações inesperadas e nos obriga a tomar decisões na base do improviso. Fazer projeções realistas de receitas, estimar os custos com acurácia ou elaborar testes de conceito antes de lançar um produto são exemplos de como reduzir a incerteza. Por esse motivo, escolher um negócio que esteja dentro das competências e da área de atuação do empreendedor é uma forma de reduzir a incerteza e o risco.

3.2.4 Complexidade

Este é o quarto elemento do risco. A complexidade é diretamente proporcional ao número de variáveis envolvidas no negócio. Quanto mais variáveis, maior a chance de uma delas não sair como esperado e, assim, provocar uma situação indesejada, configurando o risco. Exemplos de variáveis: número de funcionários, número de produtos, diversidade de clientes, amplitude de cobertura geográfica, quantidade de parcerias, quantidade de fornecedores etc. Por isso, estruturas iniciais de negócio são bem menos arriscadas do que negócios já existentes de porte médio ou grande. Um negócio que pode começar pequeno e crescer logo é preferível a um negócio que só pode começar se já for grande. A Figura 3.2 demonstra a relação entre complexidade e incerteza:

Figura 3.2 – Relação entre complexidade e incerteza

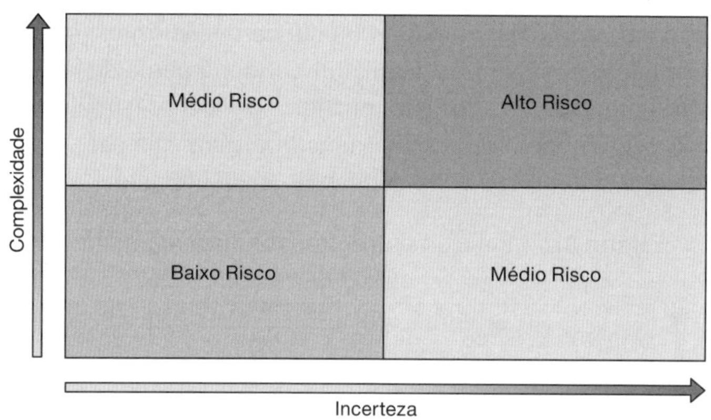

Fonte: elaborada pelos autores.

3.3 Benefícios

O que se espera de um negócio representa um dos mais importantes critérios para escolher uma ideia de negócio. O que o empreendedor ganha e os valores que o negócio gera para a sociedade são fatores importantes que devem influenciar essa escolha.

3.3.1 Satisfação pessoal

Um critério muito importante ao escolher um negócio é que a atividade represente algo que o empreendedor sentirá prazer em realizar. Embora exista o lado visto como negativo da parte administrativa de um negócio, espera-se que o lado positivo compense a parte chata. É a satisfação que alimenta a esperança em um futuro promissor do negócio, a perseverança para superar os vários momentos difíceis que o empreendedor enfrentará e a vontade de se engajar de corpo e alma em algo realmente importante para a vida dele.

3.3.2 Resultados financeiros

Sem dúvida, este critério não pode ser ignorado. Abrir um negócio para ter prejuízo é impensável. Por isso, um bom plano de negócio ajuda a ter uma visão, ainda que estimada, da viabilidade financeira da ideia. Existem dois principais fatores a se avaliar nesse quesito. O primeiro é saber se o negócio vai retornar o capital investido e quanto tempo isso vai levar. O segundo é saber se o negócio tem potencial para crescer de forma escalável e propiciar lucros crescentes para o empreendedor, bem como para seus sócios e investidores.

3.3.3 Benefícios para a sociedade

É possível imaginar que o empreendimento possa atender a uma comunidade específica de interesse do empreendedor, independentemente de ser uma atividade com fins lucrativos ou não. Geralmente esse valor é explicitado na sua declaração de missão e visão como algo nobre e maior do que o próprio negócio. Curar a diabetes, salvar animais em extinção, prover alimentos livres de químicas ou acabar com o desmatamento para produzir papel são alguns exemplos desses benefícios.

3.4 Recursos disponíveis

Uma boa ideia de negócio conta com alguma vantagem que o empreendedor possua de antemão. Isso ajuda a tornar a ideia única e inimitável, pois, ainda que ela seja replicada por futuros concorrentes, aquela vantagem inicial pode representar o grande diferencial competitivo. Listamos a seguir alguns recursos de que o empreendedor pode, e deve, lançar.

3.4.1 Apoio da família

A decisão de começar um negócio deve ter o respaldo da família do empreendedor, pois, durante algum tempo, ele precisará se dedicar integralmente ao negócio e sobrará pouco tempo aos familiares e aos amigos. A família precisa entender essa necessidade de dedicação e acreditar tanto quanto o empreendedor que o negócio dará certo. Caso contrário, é possível que a família projete uma força contrária e acabe prejudicando o empreendimento.

3.4.2 Rede de contatos

Poucos são os empreendedores que podem se dar ao luxo de creditar o sucesso de seu negócio unicamente aos seus esforços. A maioria dos grandes negócios teve, em diversos momentos, o apoio de várias pessoas e entidades, seja na forma de compradores e clientes, parceiros estratégicos ou especialistas e conselheiros. O empreendedor pode até começar o negócio sozinho, mas em algum momento ele fatalmente necessitará de ajuda e precisará construir uma boa rede de relacionamentos para obter apoio. Uma boa ideia de negócio ganha força quando o empreendedor já constituiu uma forte rede de contatos.

3.4.3 Patentes, licenças, certidões, direitos autorais e contratos de exclusividade

Se o empreendedor possui autorizações e comprovantes legais de que pode ter uma determinada tecnologia ou comercializar um produto com exclusividade, isso pode representar um forte indício de oportunidade para transformar essa vantagem em um negócio que o coloca, já de início, à frente de possíveis concorrentes.

3.4.4 Localização física

Dependendo do tipo de negócio, ter um espaço apropriado também pode representar uma vantagem que ninguém mais tem e que pode ser explorada. Pode ser uma loja no shopping, um terreno em local privilegiado, uma fábrica ou galpão sem uso, um estabelecimento comercial, um laboratório para testes, ou mesmo equipamentos, máquinas, móveis e utensílios que o empreendedor já possui e que poderão ser aproveitados no negócio.

3.4.5 Capital inicial

Todos os negócios precisam de um capital inicial para começar. Dependendo do montante que o empreendedor poderá captar e disponibilizar para o negócio, a ideia também pode ser escolhida em função desse capital. Se o volume de capital for pequeno, esse critério não fará diferença como vantagem, porém, se o empreendedor possuir um volume de capital grande, poderá escolher ideias de negócio que normalmente outros empreendedores seriam obrigados a deixar de lado.

Capítulo 4

O que é e como usar um plano de negócio

Uma das principais causas da mortalidade de empresas nascentes é a dificuldade do empreendedor em enxergar o negócio como um todo. Normalmente, ele tem pleno domínio de uma parte do negócio, porém é totalmente inepto em outra(s) parte(s). Em geral, o elo fraco da corrente é representado por essa deficiência, pois de nada adianta o empreendedor ter pleno domínio técnico do produto se não souber o mínimo de gestão de pessoas. De nada serve o pleno conhecimento do mercado e do consumidor se ele não dominar os fundamentos de finanças. Um negócio saudável é aquele em que o empreendedor ou sua equipe detém pleno domínio de todos os aspectos que caracterizam o empreendimento.

Uma forma de obter essa visão integrada de todos os aspectos é montando um plano de negócio. O plano de negócio é um documento que reúne informações sobre o futuro empreendimento, com o objetivo de apresentar uma análise de sua potencialidade e viabilidade e facilitar sua implantação.[1]

O exercício de escrevê-lo força o empreendedor a conhecer todos os componentes do negócio, independentemente da sua área de domínio. Com um plano de negócio em mãos, o empreendedor pode ver rapidamente, por exemplo, como o incremento nas despesas para comprar *tablets* para seus vendedores pode gerar impacto sobre o tempo de retorno do investimento. Com ele é possível perceber se maiores investimentos em marketing vão refletir no aumento da receita e, consequentemente, no alcance mais rápido do ponto de equilíbrio, ou ainda se a ociosidade das instalações permitiria o lançamento de novos produtos para o mesmo mercado. O plano de negócio permite, enfim, que o empreendedor possa tomar decisões mais fundamentadas e embasadas.

Trata-se de uma ferramenta tão importante para quem está montando um negócio que ele deve ser encarado para o empreendedor como o equivalente ao aparelho de medir pressão para o médico, ao martelo para o carpinteiro ou ao Código Civil para o advogado. Como instrumento, compara-se também ao projeto arquitetônico; o arquiteto desenha o seu projeto no papel, faz testes de alternativas, simula com a ajuda de vários tipos de *software* as projeções sobre as variações do terreno, as possibilidades de fachadas e circulação, as mudanças de luz, sombra e vento em diversas épocas do ano, e tudo o mais que ele puder vislumbrar no papel antes de executar a obra. Da mesma forma, um pesquisador também faz uma série de pesquisas e testes em laboratório, pois errar no papel durante o processo de pesquisa e aprendizado é muito mais barato do que errar com protótipos reais. Assim, o plano de negócio é para o empreendedor uma

1 BARON, R. A.; SHANE, S. *Empreendedorismo*: uma visão do processo. São Paulo: Thomson Learning, 2007.

forma de testar uma ideia de negócio no papel, um guia para garantir que ele não se esqueça de questões importantes e estratégicas que farão a diferença no seu negócio.

O plano é um instrumento que ajuda o empreendedor a enfrentar obstáculos e mudanças de rumos na economia ou no próprio empreendimento. Serve como documento que consolida o modelo de negócio proposto sob todos os aspectos: financeiros, mercadológicos, operacionais, estratégicos e estruturais, de forma a integrar os diferentes elementos que envolvem a abertura de um novo negócio sob uma visão holística e abrangente.

Se o plano de negócio é uma ferramenta tão importante, por que ele só surgiu agora se negócios existem desde sempre? Bem, em primeiro lugar, o conceito não é novo, simplesmente popularizou-se com a onda das "ponto com", empresas de internet que surgiram há mais de dez anos. Em segundo lugar, o ambiente empresarial de uma década para cá tornou-se extremamente dinâmico e competitivo. Hoje, cometer erros nem sempre representa apenas mais um aprendizado na vida de uma empresa. Muitos erros podem ser fatais. Com ferramentas apropriadas, o empreendedor minimiza as chances de erro e, consequentemente, os riscos de fracasso. Por último, grandes empresas que conhecemos hoje possuem grandes empreendedores por trás delas. Nem todos nós possuímos as características dos empreendedores de sucesso. Não todos temos a habilidade natural de formar relações importantes, não somos criativos e inovadores, não temos aquele famoso "faro para um bom negócio". Uma forma de compensar essas carências é por meio do profissionalismo e do racionalismo que o plano de negócio propõe. Um documento bem-feito nos força a aprender alguns fundamentos de administração geral que poucos empreendedores possuem.

Um plano de negócio ajuda a mapear o curso de uma empresa ao longo de um período específico de tempo. Muitas empresas preparam planos anuais de negócios, que focalizam com maior detalhe os próximos 12 meses e dão atenção mais generalizada e superficial ao período seguinte de um a quatro anos. Poucos planos de negócios fazem projeções além de cinco anos.

Muitas vezes, o plano de negócio é a primeira incursão da empresa em planejamento estratégico, quando é usado para simular cenários de como ela poderia ser dirigida para atingir determinados resultados. Então o plano pode ser checado conforme essas ideias são implantadas para se verificar a acurácia de tais projeções. Essa etapa funciona como um sistema de alarme, permitindo ações rápidas para a correção dos problemas que surgirem.

Embora a História costume exaltar exemplos de empreendedores que foram bem-sucedidos sem nunca terem escrito um plano de negócio, existem evidências para concluir que esses casos são raros e únicos no contexto histórico em que estavam inseridos.

- Não fazer um plano de negócio leva o empreendedor a utilizar sua sensibilidade pessoal para avaliar a viabilidade e atratividade de um negócio. Algumas pessoas possuem grande sensibilidade (o chamado "faro" para negócios) para perceber boas oportunidades. Empreendedores que não gozam desse talento precisam compensar com a racionalidade do plano.

- Não fazer um plano de negócio quando ninguém mais faz é manter-se em igualdade de condições com os concorrentes e, nesse caso, a habilidade e a competência do empreendedor (e, em alguns casos, a sorte) determinam seu sucesso. Mas, hoje em dia, muitos empreendedores já incorporaram o plano de negócio ao conceber um novo empreendimento, e não fazê-lo é o mesmo que já começar em desvantagem perante os concorrentes. Além disso, fazer um plano de negócio é não relegar o sucesso ao acaso ou ao destino.
- Embora o ambiente econômico brasileiro seja demasiado instável, não planejar por achar que não adianta, alegando que depois tudo vai mudar, é o mesmo que dizer que é bobagem tomar banho porque amanhã vai se sujar de qualquer maneira. É muito melhor planejar e ter que mudar o plano a simplesmente não planejar nada e ser apanhado de surpresa por circunstâncias indesejáveis.
- Tomar como exemplo empreendedores que nunca escreveram um plano de negócio só faz sentido se você verificar também a quantidade de empreendedores que fracassaram justamente por não terem feito o devido planejamento prévio. A proporção de fracassos entre os que não fizeram plano de negócio é muito maior do que a proporção de sucessos entre os que nunca escreveram um plano.

4.1 O escopo do plano de negócio

Uma dúvida que os empreendedores têm com frequência é sobre o que o plano de negócio deve ou não deve conter. Não é uma dúvida tão simples de resolver, uma vez que um bom plano, que tem o objetivo de divulgar a ideia de negócio para captar recursos e estabelecer parcerias, não pode passar de 20 páginas. Dependendo da complexidade do modelo e do grau de maturidade em que o negócio se encontra ou da quantidade de informações disponíveis, manter-se em 20 páginas pode ser um grande desafio.

Veja a seguir os itens que normalmente fazem parte de um plano de negócio,[2] lembrando que as seções não são todas obrigatórias e que o tamanho de cada uma delas é proporcional à natureza do negócio.

- **Sumário executivo**: com uma ou duas páginas, antecipa ao leitor o que ele encontrará no plano, reforçando os pontos principais da ideia, como estratégia, equipe, diferencial, produto, investimento e retorno.
- **Descrição da empresa**: duas a três páginas. Contém a descrição do negócio, sua estratégia de entrada e de crescimento, o modelo de negócio, as parcerias, os objetivos, a visão e a missão.
- **Produto**: três a quatro páginas. Contém a descrição do produto ou serviço, com funcionalidades, aplicabilidade, características físicas, estágio de desenvolvimento, certificações e proteções.

2 BIZZOTO, C. E. N. *Plano de negócios para empreendimentos inovadores*. São Paulo: Atlas, 2008; ROSA, C. A. *Como elaborar um plano de negócio*. Brasília: Sebrae, 2007.

- **Marketing**: quatro a cinco páginas. Contém a análise do setor e do mercado, as avaliações dos concorrentes, a estratégia de comunicação e distribuição, a identidade, o posicionamento, a proposta de valor e os fatores ambientais.
- **Organização**: duas a três páginas. Contém a estrutura organizacional, a estrutura legal, os impostos e tributos, o organograma, a equipe de gestão, o conselho consultivo e as políticas de contratação, remuneração e retenção.
- **Operacional**: três a quatro páginas. Contém a descrição das etapas do processo de implantação, o estudo de capacidade, os fluxos operacionais, a gestão de estoque, os sistemas de qualidade, o pós-venda e a infraestrutura.
- **Financeiro**: quatro a cinco páginas. Contém os pressupostos financeiros, os modelos de custeio, a análise de fluxo de caixa, o demonstrativo de resultados, as projeções de balanço, a análise do ponto de equilíbrio e os indicadores.
- **Investimento**: uma a duas páginas. Contém a necessidade de capital, a origem dos recursos, a composição acionária, a estratégia de saída, o *payback*, a taxa interna de retorno, o valor presente líquido e a análise do investimento.

Dependendo da formação do empreendedor, ele pode se sentir tentado a incluir muita informação do negócio relacionada ao grau de conhecimento que ele detém sobre o produto. Assim, se a formação dele for em moda e o negócio for nessa área, é natural que ele inclua dados específicos desse setor. Se for engenheiro, médico, designer, educador, acontece o mesmo. Uma parte do escopo do plano deve incorporar informações específicas de áreas técnicas de domínio do empreendedor, mas com bastante moderação, uma vez que, por fazer parte da zona de conforto do empreendedor, a tendência é que ele queira inserir seus conhecimentos em todas essas áreas, mas isso é pouco recomendável, uma vez que o leitor não necessariamente terá o mesmo domínio para entender o tema.

Partindo do pressuposto de que um plano de negócio é normalmente escrito por um administrador, existem algumas áreas profissionais que, embora sejam de interesse da constituição de novos negócios, não fazem parte da formação do empreendedor a ponto de ele detalhar esses aspectos no plano. A seguir listamos algumas áreas que não devem fazer parte do escopo do plano.

- **Psicologia**. O empreendedor pode falar sobre a sua relação com os funcionários e com os clientes, mas não precisa entrar no mérito de campanhas de incentivo, perfis dos funcionários e behaviorismo.
- **Direito**. O empreendedor menciona que proteções dará à sua inovação e quais parcerias vai construir, mas não celebra os contratos nem domina todas as leis pertinentes ao seu negócio.
- **Engenharia**. O empreendedor descreve seu fluxo de processo operacional e faz estudo de capacidade, mas não lhe cabe calcular produtividade das máquinas, roteiro de manutenção e *setups*.
- **Sistemas de Informação**. O empreendedor tem que descrever as funcionalidades do seu site, mas não precisa mencionar a tecnologia a ser usada, a arquitetura do site ou os certificados de segurança contra invasões.

- **Publicidade**. O empreendedor relata como será sua campanha de comunicação e divulgação, mas não entra em detalhes relacionados à produção das peças, da arte e da campanha.
- **Contabilidade**. O empreendedor precisa conhecer os balanços e os demonstrativos de resultados, mas não precisa entrar nos detalhes dos razonetes ou artifícios para pagar menos impostos.
- **Economia**. O empreendedor precisa ter um panorama de como funciona e se comporta o seu setor da economia, mas não deve traçar análises detalhadas das tendências de comportamento.
- **Design**. O empreendedor sabe que imagem quer construir ao criar seu logotipo e sua identidade visual, mas não cabe a ele criar os logos, definir cores e projetar o produto.

Da mesma maneira, muitos outros campos de formação do conhecimento podem se aplicar aos negócios, como Comunicação, Sociologia, Filosofia, mas o empreendedor deve ter uma visão mais generalista e multidimensional do negócio. As áreas especializadas não devem trazer sua contribuição ao plano de negócio, e sim, quando for o momento, ao empreendedor, conforme o plano for executado e essas demandas específicas surgirem.

4.2 O que não é plano de negócio?

Existem diversas definições de planos de negócio, com algumas pequenas variações de conceito aqui e ali, mas, no geral, há um certo consenso sobre a definição: uma forma de estruturar as informações referentes a um negócio com o objetivo de uniformizar seu entendimento, avaliar sua viabilidade e obter apoio/recursos.

Muitas pessoas ainda confundem alguns conceitos que, embora apresentem alguma similaridade, não devem ser confundidos com plano de negócio. Vamos esclarecer algumas dessas confusões. Um plano de negócio **não é**:

- planejamento estratégico. A estratégia é o caminho escolhido para atingir os objetivos principais do negócio.[3] A estratégia envolve toda a empresa e a empresa pode ter vários negócios. O plano de negócio envolve apenas o escopo de cada negócio individual. Assim, uma reestruturação organizacional pode fazer parte do planejamento estratégico, mas não tem relação direta com o negócio. A confusão se dá porque todo plano de negócio deve ter uma descrição estratégica, mas trata-se da estratégia específica do negócio apenas. Ao mesmo tempo que um plano de negócio deve conter a estratégia de entrada e/ou de crescimento desse negócio, a empresa deve ter um planejamento estratégico global que envolve as decisões sobre todos os negócios que ela possuir.

3 ANDREWS, K. *The Concept of Corporate Strategy*. Homewood: Dow Jones-Irwin, 1971.

- plano de projeto. Um projeto não é um negócio. Um projeto tem começo, meio e fim,[4] enquanto o negócio não é idealizado para ter um fim, pelo contrário, é esperado que sempre se projete crescimento para o negócio. O fato de um plano de negócio ter um horizonte de tempo definido, cinco anos, por exemplo, não o caracteriza como projeto, pois o negócio não vai acabar ao fim dos cinco anos. Dentro de uma empresa, pode haver vários projetos, mas nem todos são de negócios. Um projeto que não é de negócio, por exemplo, é um projeto de desenvolvimento de produto; como o projeto termina quando o produto está pronto, não é negócio, pois o negócio envolve também a comercialização desse produto e a geração de receita. A confusão acontece porque o plano de projeto também é parte do plano de negócio. O plano pré-operacional é um exemplo disso. Antes de a empresa começar a operar, o empreendedor deve alugar um espaço, comprar móveis e equipamentos, contratar pessoas, constituir-se legalmente etc. Todas essas atividades necessárias antes de começar um negócio fazem parte do projeto de implantação, e não da operação do dia a dia do negócio.
- plano de marketing. Muitos planos de marketing estão sendo chamados equivocadamente de planos de negócios e muitos planos de negócios são, na verdade, planos de marketing. O plano de marketing faz parte do plano de negócio, mas compreende apenas a parte da análise e da estratégia para atingir o mercado, não engloba todos os demais aspectos do negócio como um todo.[5] Além de pensar no mercado, o empreendedor precisa pensar também nas operações, nas pessoas, nas finanças e nos aspectos legais, e essas partes se referem exclusivamente ao negócio e não ao mercado, portanto não fazem parte do plano de marketing. A confusão se dá porque a própria disciplina de Marketing desenvolveu, desde a década de 1980, uma tendência de considerar que tudo o que diz respeito ao negócio é marketing, pois, nessa concepção, direta ou indiretamente, o que importa é o mercado, o que é um grande e tendencioso equívoco.
- *business case*. Um *business case* é uma versão resumida de um plano de negócio. Não confundir com *business plan*, tradução em inglês para "plano de negócio". Um *business case* geralmente é uma versão simplificada do plano de negócio que antecede a elaboração do plano de negócio em si. É necessário em duas situações: quando não há necessidade de escrever um plano de negócio completo, dada a natureza simples do negócio em questão; e quando não se sabe ao certo se vale a pena o esforço de construir um plano de negócio completo, dadas as incertezas sobre a viabilidade do negócio. O *business case* é uma solução intermediária ao plano de negócio, no qual as análises são mais superficiais e os resultados podem indicar a necessidade de ir mais fundo ou não no desenvolvimento da ideia.

---

4 XAVIER, C. M. S. *Gerenciamento de projetos*: como definir e controlar o escopo do projeto. 2. ed. São Paulo: Saraiva, 2009.

5 KOTLER, P.; ARMSTRONG, G. *Principles of marketing*. 12. ed. New Jersey: Pearson/Prentice Hall, 2008.

- modelo de negócio. Este é um conceito novo que vem ganhando grande projeção em discussões sobre estratégia. Modelo de negócio é a arquitetura do negócio, a lógica que o faz funcionar, o conceito que explica como todas as partes se inter-relacionam para que o negócio faça sentido.[6] Um restaurante, por exemplo, pode ser *à la carte, fast-food, delivery*, por quilo etc. Cada tipo requer um modelo de negócio próprio, pois são formas diferentes de entregar valores diferentes para mercados diferentes. Em um plano de negócio, o conceito do empreendimento é descrito logo no começo, como parte da descrição da estratégia. A confusão se dá porque a descrição do modelo de negócio envolve vários componentes do plano de negócio. No caso do exemplo, a cozinha de um restaurante *à la carte* é diferente da cozinha de um restaurante por quilo, um *fast-food* entrega um valor diferente de um *delivery*, um *fast-food* não compra matéria-prima do mesmo jeito que um *à la carte*, ou seja, toda a estrutura do negócio muda. Por isso, o modelo de negócio deve se limitar aos elementos que explicam a lógica do negócio, e não abordar todos os aspectos do negócio como ocorre no plano.

Portanto, nem tudo é um plano de negócio. Como esse conceito abrange muitas áreas e especificidades, acabou se tornando uma terminologia genérica para designar qualquer tipo de plano feito dentro de uma empresa, mas é importante saber que não é tudo a mesma coisa e também saber identificá-los, pois cada um dos planos apresentados tem objetivos distintos.

6 OSTERWALDER, A.; PIGNEUR, Y. *Business model generation*: a handbook for visionaries, game changers, and challengers. New Jersey: Wiley, 2010.

Capítulo 5

Por que escrever um plano de negócio e quando começar

Um plano de negócio tem três funções. Em primeiro lugar, ele pode ser usado para desenvolver ideias a respeito de como o negócio deve ser conduzido. É uma oportunidade para examinar a viabilidade da empresa sob todos os pontos de vista, tais como o mercadológico, o financeiro e o operacional, e refinar estratégias, "cometendo erros no papel" em vez de cometê-los na vida real. O plano de negócio, para esse fim, tem como primeiro leitor o próprio empreendedor, que vai usá-lo como um documento no qual registrará todas as informações relevantes e pertinentes sobre o negócio e que vai direcioná-lo a escolhas estratégicas mais bem fundamentadas.

Em segundo lugar, um plano de negócio é uma ferramenta retrospectiva por meio da qual um empresário pode avaliar o desempenho de uma empresa ao longo do tempo. Por exemplo, a parte financeira de um plano de negócio pode ser usada como base para definição de um orçamento operacional e pode ser cuidadosamente monitorada para verificar o quanto a empresa está se mantendo dentro desse orçamento. A esse respeito, o plano pode e deve ser usado como base para um planejamento estratégico. Depois de decorrido algum tempo e, a partir de então, o plano de negócio deve ser examinado periodicamente para checar se a empresa se desviou do rumo, se esse desvio foi benéfico ou danoso e como ela deve operar no futuro.

A terceira razão para se redigir um plano de negócio é a obtenção de apoios. Um dos principais apoios de que o empreendedor precisa, e um dos motivos pelos quais ele escreve o plano de negócio, é o levantamento de dinheiro. A maior parte dos financiadores ou investidores não colocará dinheiro em uma empresa sem antes ver seu plano de negócio. Se um empreendedor em busca de recursos apresentar uma ideia a um financiador ou a um investidor em potencial sem ter em mãos um plano de negócio, certamente lhe será pedido que prepare um e volte depois. Ou, ainda pior, pode não ser levado a sério e nem mesmo ser convidado a voltar.

A necessidade de obter outros tipos de apoio também leva o empreendedor a escrever o plano de negócio, por exemplo: estabelecer parcerias estratégicas com outras empresas em setores complementares, obter um contrato de exclusividade de representação de uma marca no Brasil ou na região, conquistar o primeiro cliente, negociar condições mais favoráveis de crédito junto a fornecedores críticos, convencer um funcionário-chave a abandonar o emprego para se dedicar a esse novo negócio, e qualquer outra situação em que o empreendedor precise demonstrar a viabilidade e a credibilidade do negócio para alguém.

O plano pode ser usado como uma ferramenta de negociação. O empreendedor deve ser claro a respeito do que deseja do investidor e conciso sobre o que está disposto a ceder, não necessariamente precisa apresentar toda sua estratégia.

O plano de negócio deve ser sempre dinâmico, pois sofrerá constantes mudanças, uma vez que boa parte das informações que o embasam vêm de fora da empresa e, por esse motivo, são mutáveis e sujeitas a alterações e reinterpretações a cada nova ocorrência, fazendo com que projeções e suposições sejam constantemente depuradas. Sua preparação nunca termina, atualizações constantes são sempre requeridas, novas ideias ou dados financeiros atualizados são necessários, sobretudo em se tratando de uma empresa já em operação.

Ao contrário do que muitos podem imaginar, um plano de negócio não serve apenas para constituir uma nova empresa. Lançar um novo negócio ou produto em uma empresa já existente também exige um plano de negócio. Da mesma forma, qualquer mudança no empreendimento – seja na estratégia, no desenvolvimento de novos mercados, na reestruturação operacional, no credenciamento de novos fornecedores ou em mudanças na estrutura do modelo de negócio – também pode exigir a elaboração de um estudo detalhado do impacto de tais mudanças, na forma de um plano de negócio.

5.1 Quando escrever um plano de negócio

O senso comum diz que, a partir do momento em que o empreendedor tem a ideia do negócio que quer montar, já deve começar a escrever o plano de negócio. Certo? Errado! Se ele fizer isso só vai perder tempo, porque, no começo, quando a ideia ainda está sendo concebida, muita coisa muda. Um plano de negócio nesse momento é um mero exercício de adivinhação. Como bem disse o professor Bob Caspe, da Babson College, "escrever um plano de negócio nos primeiros meses de uma *startup* é o mesmo que um garoto de 12 anos planejar seu casamento".

Por outro lado, depois que o negócio foi implantado e entrou em velocidade de cruzeiro, é tarde demais para se pensar na redação do plano de negócio, pois a parte mais crítica já passou; a parte mais complicada, que exige um bom planejamento, já virou história e, nesse momento, um plano de negócio não vai fazer muita diferença na operação do empreendimento.

É importante deixar claro que estamos falando de "escrever" um plano de negócio. A elaboração do plano, na verdade, já começa desde o momento em que o empreendedor tem seu primeiro vislumbre da oportunidade. A partir do momento em que ele começa a apurar sua ideia, já está organizando os pensamentos, desenvolvendo a ideia e construindo o seu conceito de negócio. Neste momento ele já está formulando, só não está "escrevendo" ainda o plano em si.

Isso posto, qual é o melhor momento para escrever um plano de negócio? Se não pode ser cedo nem tarde demais, qual é o melhor momento? Pode ser estabelecido em termos de tempo? Depois de "x" meses de existência? Pode ser estabelecido em termos de porte? Quando atingir "n" funcionários? Pode ser definido em termos de ciclo de vida do produto? Quando o produto já estiver pronto para ser produzido e comercializado em escala? Existe uma resposta-padrão para essa questão?

Bem, existem dois critérios que determinam o melhor momento para começar a escrever o plano de negócio: o primeiro é quando o risco do negócio atingir um nível que seja proporcionalmente alto para o empreendedor; o segundo é quando o empreendedor precisar convencer alguém a apoiar o negócio. Fora essas duas situações, não há necessidade de escrever um plano de negócio.

Vamos imaginar que você vai começar o seu negócio e assume o pressuposto de que não vai usar capital de terceiros, apenas suas reservas pessoais. A não ser que disponha de um volume razoável para investir, você precisará estar disposto a começar pequeno e ir crescendo devagar, no ritmo do volume de investimentos que puder fazer. Nesse caso, não precisa convencer ninguém, a iniciativa depende só de você. Por exemplo, se quiser montar uma loja de cosméticos e começar como revendedor da Natura; se quiser abrir uma escola e começar dando aulas particulares; se quiser entrar no ramo de comércio exterior e começar com uma representação comercial. E, antes que você pergunte, uma grande parte dos negócios começa pequena; até mesmo uma siderúrgica pode começar com a coleta de latinhas para reciclar. Nesses casos, é necessário um plano de negócio? Não! Sabe por quê? Porque o risco é baixo. Se você perder, perde pouco. O esforço para coletar informações para escrever o plano de negócio de uma loja, de uma escola, de uma importadora ou de uma siderúrgica é muito grande diante do alto grau de incerteza que existe nessa fase do empreendimento. Qualquer coisa que você escrever nesse momento é pura especulação. Por isso, esqueça a ideia de que precisa montar um plano de negócio antes de começar um negócio.

À medida que o negócio vai se desenvolvendo e crescendo, o empreendedor vai adquirindo conhecimento sobre o produto, sobre o mercado, sobre as operações. Vai ampliando sua rede de contatos, vai se familiarizando sobre as particularidades da área (vulgo "macetes") e, consequentemente, vai reduzindo a incerteza inicial. Esse aprendizado vai dar mais consistência para o empreendedor reunir as informações necessárias ao seu plano, mas ainda não é o momento de escrevê-lo.

O momento chega quando o negócio atinge um ponto em que o risco começa a ser alto. Pode ser a hora de abrir a primeira loja, construir a escola, comprar o primeiro avião, importar a primeira máquina etc. Se tudo der certo, vai chegar a hora em que o empreendedor precisará tomar a decisão de dar um grande salto. Um pouco antes disso, então, ele escreve o seu plano de negócio. Não vamos esquecer uma das principais finalidades desse plano, que é reduzir riscos. Um dos fatores que fazem com que o risco seja perceptivelmente alto é o grau de incerteza. Quanto maior a incerteza, maiores as chances de algo não previsto acontecer. O outro fator é o impacto. Quanto maior o impacto (nesse caso, financeiro), mais o empreendedor tem a perder e, portanto, maior o risco. Daí a necessidade de um plano de negócio para reduzir esses riscos.

Conforme mencionado, o segundo critério para decidir escrever um plano de negócio é quando o empreendedor precisa convencer alguém sobre a viabilidade do seu negócio. Nesse caso, o documento serve como um instrumento de comunicação para um futuro parceiro, cliente, sócio, investidor, funcionário-chave, fornecedor, governo etc. Quando as informações são usadas apenas pelo empreendedor, não há necessidade de um plano escrito. Quando ele precisa trazer alguém de fora para o empreendimento, surge a necessidade de colocar a ideia no papel de forma estruturada e convincente – o plano de negócio.

Alguns especialistas consideram ainda um terceiro critério: quando o negócio atinge um certo grau de complexidade e as informações começam a se perder em sua memória.

Podemos concordar que, nesse caso, o empreendedor precisa registrar suas informações em algum lugar, mas o fato de registrá-las não significa que ele tem um plano de negócio, pois o plano é escrito com um objetivo principal de verificar a viabilidade e a atratividade de um negócio, e não para ser um diário com dados do negócio.

Por último, outros dizem que o plano de negócio é necessário sempre que o empreendimento exige algum grau de planejamento e que o planejamento é necessário a partir de quando o empreendedor começa a agir para colocar o negócio de pé. Consideramos, no entanto, que o empreendedor não pode planejar demais nessa fase pelos motivos já expostos. Além disso, planejar demais pode significar paralisia na ação. O empreendedor acaba ficando com medo de fracassar por puro excesso de informação. Para o verdadeiro empreendedor, pensar demais leva à estagnação. O empreendedor quer agir sempre!

5.2 Como preencher um plano de negócio

Sobre o preenchimento, tenha em mente que:

- o plano de negócio é um documento híbrido – enquanto uma parte faz uma projeção pragmática do negócio, outra parte atua como uma ferramenta de vendas, mesclando conteúdo com apresentação. As informações devem ser precisas e devem transmitir uma sensação de otimismo e entusiasmo;
- o objetivo para o qual o plano está sendo escrito deve estar sempre em evidência. O nível de detalhes, a linguagem e a transparência do conteúdo vão ter pesos distintos dependendo de quem vai lê-lo. Um investidor, por exemplo, vai se interessar pelos dados financeiros, especialmente sobre o retorno do investimento. Já um especialista vai prestar mais atenção aos detalhes técnicos do negócio;
- o plano de negócio deve atuar apenas como o primeiro contato com o investidor. Se ele transmitir de forma clara, legível e digerível as metas e os processos básicos da empresa, um investidor lhe dará atenção e pedirá mais detalhes, inclusive chamando-o para uma reunião. Preocupe-se, portanto, em apresentar informações reais e que possam facilmente ser comprovadas quando solicitado;
- o tamanho ideal de um plano de negócio é 20 páginas, dependendo do objetivo, porte e situação da empresa. Concentre-se nessa informação enquanto o preenche, de forma a manter a objetividade do plano, colocando apenas as informações relevantes e deixando todo e qualquer material comprobatório, suplementar ou ilustrativo como anexo ao final do documento. É um grande desafio conseguir colocar toda a complexidade de um negócio em 20 páginas, mas a capacidade de síntese é necessária levando em consideração que investidores recebem e leem planos de negócios todos os dias. O ideal é que o empreendedor escreva uma primeira versão completa do plano, sem limite de páginas, simplesmente consolidando todas as informações que puder coletar e só depois, com tempo e concisão, selecione os dados mais relevantes que farão parte da versão resumida de 20 páginas;

- existem várias estruturas diferentes que podem ser tomadas como base para distribuir e dividir as informações do plano. Não existe um modelo ideal, pois cada tipo de negócio exige uma estrutura diferente e isso não pode ser padronizado. Este livro trará um modelo-padrão que deve considerar as particularidades de cada tipo de negócio diferente. O importante aqui é que, independentemente da estrutura adotada, o plano deve propiciar uma leitura fluida e agradável, de forma que o leitor vá construindo a ideia do negócio à medida que vai lendo o plano;
- o tom deve ser empresarial. Se houver excesso de sentimentalismo, as pessoas não levarão o plano a sério. Investidores e possíveis parceiros reagem bem a uma apresentação positiva e interessante e se desinteressam por uma que seja vaga, prolongada, subjetiva ou que não tenha sido bem ponderada e organizada. Apesar disso, o plano não pode ser monótono e cinzento. Embora formal, a linguagem precisa ser atrativa e provocativa, carregando uma energia que transpareça ao leitor todo o desejo do empreendedor;
- é preciso ter cuidado com erros de gramática e ortografia. Esses erros podem gerar uma imagem negativa do empreendedor e, portanto, de todo o empreendimento. Faça com que alguém qualificado nessa área revise o plano para eliminar esses pequenos aborrecimentos que podem ter um forte impacto sobre os leitores. O mesmo vale para erros na formatação do arquivo, que deve ser arejada, bem-feita e favorecer a leitura;
- não se deve ter pressa para elaborar o plano. Para garantir a qualidade, um bom plano deve cobrir informações abrangentes, bem resumidas e pertinentes. Na maioria dos casos, essas informações não são facilmente encontradas ou consolidadas para compor o plano; portanto, elas devem ser procuradas, trabalhadas e testadas antes de serem colocadas no plano. Dessa forma, é recomendável que ele seja escrito paulatinamente, à medida que as informações são obtidas, e não de uma vez só;
- é possível solicitar a ajuda de um consultor especialista em plano de negócios. O consultor pode ajudar na revisão da linguagem, na sugestão de fontes de informação, na orientação sobre o preenchimento de aspectos técnicos do plano, como o plano financeiro, e até redigir algumas partes dele. O cuidado a se tomar aqui é não delegar a terceiros toda a redação, afinal o plano é do empreendedor e ele deve ser a pessoa mais interessada no negócio. Portanto, é o empreendedor quem deve assumir a responsabilidade de redigi-lo. Um plano escrito integralmente por terceiros nunca vai ser o plano do empreendedor;
- o empreendedor deve encarar a atividade de escrever seu plano de negócio como um processo de aprendizado sobre o seu empreendimento. À medida que vai preenchendo as informações do plano, acaba sendo forçado a aprender mais sobre o setor de atuação, os aspectos operacionais e o mercado, bem como a entrar fundo nos dados, interpretando, analisando e tirando conclusões. Como se costuma dizer, o mais importante no plano de negócio não é o plano em si, mas tudo o que envolve o seu processo de elaboração;

- as perguntas feitas para se preparar um plano de negócio precisam ter uma resposta, ou devem, ao menos, ser marcadas com "não pode ser respondido neste momento, mas será monitorado", pelo bem da sobrevivência da empresa. Às vezes, uma pergunta-chave é negligenciada, contrata-se mão de obra, inauguram-se as instalações, iniciam-se as vendas e só depois, com o taxímetro rodando, descobre-se que algumas autorizações ou licenças eram necessárias antes de se abrir a empresa, justamente o que era alertado por uma pergunta que foi ignorada. Por isso, o plano serve também como um *checklist*, um guia que indica ao empreendedor quais são as informações importantes que ele ainda está devendo e, dependendo do caso, pode ser fundamental que as obtenha antes de decidir abrir o negócio;
- é preciso ter cuidado ao dar ênfase a argumentos exclusivamente de venda da ideia. Tal ênfase pode levá-lo a redigir um plano exagerado, destituído da objetividade necessária para testar a viabilidade realista da ideia ou servir como ferramenta de planejamento e medição. Não vamos negar que um plano sempre vai servir como um instrumento de venda da ideia de negócio; no entanto, esse objetivo não deve ser escancarado como se fosse um prospecto comercial de venda de apartamentos. O plano deve despertar o interesse sobre o negócio e não vender o negócio, trata-se apenas de uma das etapas do processo de negociação com um futuro investidor ou parceiro.

5.3 Para quem se escreve um plano de negócio

O empreendedor é, obrigatoriamente, o primeiro leitor de um plano de negócio. Você deve estar se perguntando: Mas isso é óbvio, afinal não é ele quem escreve o plano de negócio? A verdade, contudo, é que deveria ser assim, mas na prática não é bem o que acontece. Muitos empreendedores não possuem a competência para escrever um plano de negócio ou não se sentem seguros o suficiente; às vezes, também alegam não ter tempo, então acabam delegando a tarefa para suas equipes ou para um consultor contratado exclusivamente para esse fim. Considerando que o plano de negócio é um instrumento que consolida as informações de um empreendimento de forma que permita sua compreensão integral, a primeira pessoa que deve ler esse documento é o próprio dono do negócio. Se ele não se convencer da ideia apresentada no plano, também não conseguirá convencer mais ninguém. Nesse caso, o plano de negócio deve ser escrito de forma bastante transparente, sem rodeios, com algum grau de estruturação, sem limite de páginas. Essa versão pode ter 100, 150 ou até 200 páginas, pois é um documento interno, que consolida absolutamente tudo o que o empreendedor aprender sobre o negócio. Trata-se de um portfólio de dados sobre o negócio.

Uma vez convencido da viabilidade da ideia, o próximo passo do empreendedor é convencer outras pessoas a "comprarem" sua ideia. Para montar um novo negócio, o empreendedor pode precisar de outras entidades-alvo, como:

- mantenedores das incubadoras (Sebrae, universidades, prefeituras, governo, associações etc.) para conceder-lhe financiamentos;

- parceiros para definição de estratégias e discussão de formas de interação entre as partes;
- profissionais especializados, a quem tem de convencer a abandonar o atual emprego e para trabalhar em um negócio nascente;
- bancos para lhe outorgar financiamentos para equipamentos, capital de giro, imóveis, expansão da empresa etc.;
- investidores (fundos de capital de risco, pessoas jurídicas, bancos de investimento, investidores-anjos, BNDES, governo etc.);
- fornecedores para negociação na compra de mercadorias, matéria-prima e formas de pagamentos;
- a estrutura interna da empresa para comunicação da gerência com o conselho de administração e com os empregados (efetivos e em fase de contratação);
- clientes para venda do produto e/ou serviço e publicidade da empresa;
- sócios para convencimento em participar do empreendimento e formalização da sociedade.

Parte II

Além do plano de negócio

Capítulo 6

Effectuation: invertendo a relação causa-efeito

Até o fim dos anos 1990, imaginava-se que os empreendedores nascentes seguiam a mesma lógica dos gestores das grandes empresas, isto é, a lógica causal ou *causation*, em inglês. Trata-se de um modo de pensar e agir tradicionalmente ensinado nas escolas de Administração. Pela lógica causal, primeiro são definidos os objetivos, depois busca-se reunir os meios ótimos para alcançá-los. Em consequência, pensava-se que o primeiro passo para empreender seria realizar um planejamento que definisse de forma clara os objetivos do negócio e os recursos e as estratégias necessários para criá-lo. Em seguida, seria feita a mobilização desses recursos para que o empreendimento então tivesse início. Essa forma de raciocínio é frequentemente usada no desenvolvimento de estratégias e, no mundo do empreendedorismo, é traduzida como: "Faça um bom plano de negócio".

Entretanto, Saras Sarasvathy[1,2] mostrou que a maior parte dos empreendedores não segue a lógica causal no início, mas sim a lógica efetual ou *effectuation*, em inglês. Ela explica que, na lógica efetual, os empreendedores avaliam primeiro os meios que têm disponíveis e só então definem os objetivos que podem alcançar com tais meios. Conforme mostra a Figura 6.1, a partir dos meios (recursos) de que dispõem, os empreendedores consideram múltiplos objetivos e muitas vezes iniciam o empreendimento ainda sem ter clareza de qual será o formato final da nova empresa – dependendo dos desdobramentos, uma configuração não necessariamente imaginada pode emergir e prosperar.

Muitos empreendedores nascentes não começam seus negócios com um objetivo estabelecido, mas permitem o aparecimento de metas ao longo do tempo, em função do conjunto de recursos com os quais podem contar. Eles não arriscam muito e seguem o princípio da perda possível, ou seja, arriscam apenas aquilo que podem perder. Utilizam poucos e próprios recursos e iniciam o empreendimento tateando o mercado, desenvolvendo o negócio de forma incremental.

O empreendimento nascente é, portanto, compatível com os recursos que os empreendedores possuem ou que podem conseguir com sua rede de relacionamento. Por isso, Sarasvathy defende que ao pensar em criar um empreendimento uma pessoa deve conhecer melhor seus meios (competência, recursos e contatos) e definir objetivos realizáveis, o que pode ser feito ao se responder às seguintes perguntas:

---

1 SARASVATHY, S. D. *Effectuation*: elements of entrepreneurial expertise. Northampton, MA: Edward Elgar, 2008.

2 SARASVATHY, S. D. Causation and effectuation: toward a theoretical shift from economic inevitability to entrepreneurial contingency. *Academy of Management Review*, v. 26, n. 2, p. 243-263, 2001.

- Quem sou eu?
- O que eu conheço?
- Quem eu conheço?

Figura 6.1 – Comparação entre lógica causal e efetual

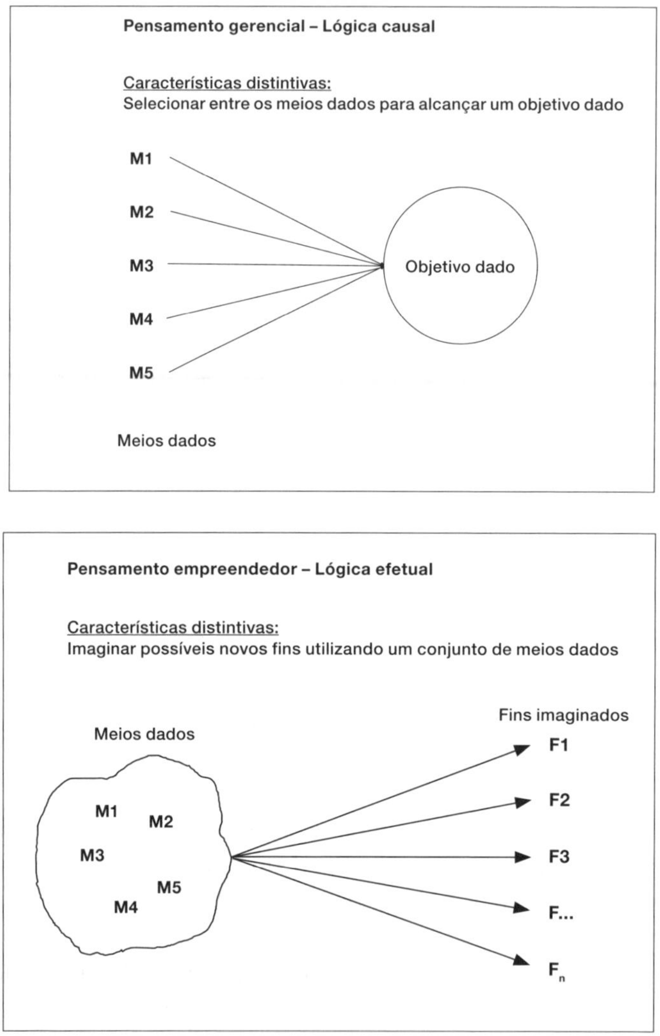

Fonte: SARASVATHY, 2008.

Complementar ao conceito de efetuação é o de **bricolagem**,[3] que também consiste em fazer algo com os meios (recursos e ferramentas) disponíveis. Os teóricos da bricolagem colam ênfase na importância de, ao longo de sua trajetória, o empreendedor reconhecer os recursos que tem e recombiná-los para transformá-los

3 BAKER, T.; NELSON, R. E. Creating something from nothing: resource construction through entrepreneurial bricolage. *Administrative Science Quarterly*, v. 50, n. 3, p. 329-366, 2005.

em novas ações e produtos – uma ação constante de recombinação. Difere do conceito de efetuação por colocar mais ênfase na ação de recombinar recursos disponíveis e menos sobre como esses recursos impactam o processo decisório do empreendedor na escolha de fins imaginados ou objetivos.

Muitos empreendedores constroem seus negócios por improvisação e bricolagem, ressaltando que a improvisação aqui não tem um sentido negativo, de algo precário, mas sim um sentido positivo, em que o empreendedor consegue criar, com os recursos disponíveis, soluções para os problemas e desafios que surgem ao longo do desenvolvimento do negócio.

6.1 Exemplos da abordagem efetual e causal

Vamos considerar como as duas abordagens – *causation* e *effectuation* – funcionam em um caso simples, de um restaurante, utilizado por Sarasvathy para exemplificar a teoria efetual. Imagine um empreendedor que quer abrir um restaurante indiano. No processo *causation*, teríamos uma progressão bem linear: pesquisa de mercado na cidade escolhida; seleção de um local; segmentação de mercado; seleção de segmentos-alvo; projeto do restaurante; levantamento de fundos; formação de equipe; implementação de estratégias de mercado específicas e gerenciamento das operações diárias.

No processo *effectuation*, o empreendedor começa a levar amostras de sua comida indiana para os colegas de trabalho. Se eles gostam e começam a pedir mais, ele vai levando pratos prontos sob encomenda e, assim, acaba conseguindo dinheiro o suficiente para alugar um local e começar um restaurante.

Embora tenha vendas, pode ser que o faturamento não seja suficiente para cobrir as despesas, mas o empreendedor descobre que os clientes estão interessados na cultura indiana, em sua filosofia étnica e experiência. Ele decide, então, investir em educação, entretenimento, viagens, manufatura e embalagens, vendas, decoração interior, ou mesmo autoajuda e motivação até que o negócio se torne viável e próspero. Desse modo, o processo efetual adotado pelo empreendedor é também uma forma de experimentar o mercado, testar e desenvolver o modelo de negócios do empreendimento, em um sistema que se assemelha à lógica da *lean startup*, que veremos no Capítulo 9.

Resumindo, no *causation* há um planejamento e um esforço para atingir um objetivo predeterminado, enquanto no *effectuation* as decisões são tomadas de acordo com as circunstâncias do momento, sem um caminho preestabelecido, o que pode levar a resultados inesperados. Embora a lógica causal seja necessária em um negócio já estruturado, no início de um novo negócio é a efetual que impera, pois há pouca informação e muita incerteza, o que faz com que qualquer planejamento seja inócuo.

Sarasvathy oferece outro exemplo, bem elucidativo das duas abordagens. Imagine-se chegando em casa disposto a preparar o jantar. Pela lógica causal, você primeiro pensa no que quer fazer, depois vai à despensa para ver se há todos os ingredientes de que precisa e então vai ao supermercado para comprar o que falta. No processo efetual, você primeiro checa a despensa para só então pensar no cardápio que pode ser feito aproveitando o que tem.

É por isso que empreendedores muitas vezes não são afeitos a contas e estratégias, não conseguem se sentar para pensar no futuro do seu negócio daqui a alguns anos e não têm ideia de como fazer um plano de negócio, nem vontade de começar. Esses empreendedores são cheios de energia e ideias, não têm medo de trabalhar e contam com muita disposição para "pôr a mão na massa", conseguem se virar bem com pouco dinheiro, se adaptam facilmente às situações que surgem e têm espírito aventureiro para aproveitar bem o que o destino lhes reserva.

Mas atenção: em certas situações, a lógica causal será importante para o negócio. Após iniciar o empreendimento com predominância da lógica efetual, em algum momento do futuro será necessário escrever o plano de negócio ou traçar formas de planejamento baseadas na lógica causal para seguir com o crescimento estruturado da empresa. O raciocínio causal também é necessário para o empreendedor quando ele tiver mais domínio sobre o negócio, mais informações estruturadas e visão mais clara sobre o futuro, permitindo tomadas de decisões mais embasadas na realidade do mercado e do negócio. O Quadro 6.1 resume as diferenças entre as duas abordagens:

Quadro 6.1 – Abordagens *causation* e *effectuation*

Categorias	*Causation*	*Effectuation*
Condições existentes	Efeitos esperados	Meios ou ferramentas disponíveis
Decisão	Baseado no retorno esperado	Baseado nos riscos ou perdas
Dependência	Efeito (O ator se adapta)	Ator (O efeito muda)
Competências	Explorar conhecimento	Explorar contingências
Contexto	Ambientes estáticos e lineares	Ambientes dinâmicos e ecológicos
Incerteza	Aspectos previsíveis de um futuro incerto	Aspectos controláveis de um futuro imprevisível
Lógica	Se posso prever o futuro, posso controlá-lo	Se posso controlar o futuro, não preciso prevê-lo
Resultados	Participação no mercado existente por meio de estratégias competitivas	Criação de novos mercados por meio de alianças e estratégias cooperativas

Fonte: SARASVATHY, 2008.

Capítulo 7

Bootstrapping: começando sem dinheiro

7.1 O problema do excesso de dinheiro

Inúmeros são os empreendedores que começam já grandes, cheios de aspirações, oferecendo coquetéis de lançamento impecáveis, com tudo do bom e do melhor, fazendo muito barulho e alvoroço, usando a fartura de recursos financeiros, próprios ou de terceiros, com a convicção de que um negócio, para dar certo, tem que começar com o pé direito, investir até o que não tem e gastar a maioria das fichas na abertura do empreendimento para causar impacto logo de cara. Na visão deles, tudo o que se planta hoje vai ser colhido em dobro com os resultados futuros. Infelizmente, não é o que acontece na maioria dos casos. Um investimento elevado no início não é garantia de sucesso e muitas dessas empresas acabam engrossando as estatísticas dos negócios que não conseguem chegar ao quinto ano de vida. Por que isso acontece? A resposta está nas palavras de Guy Kawasaki, fundador da Garage Technology Ventures: "Dinheiro demais é pior do que não ter dinheiro".

Em primeiro lugar, quem tem todo o capital necessário tende a achar que não precisa de um plano de negócio, afinal não precisa convencer ninguém a emprestar dinheiro. Mas é justamente quando se tem mais dinheiro que o plano de negócio se torna fundamental, pois ele ajuda a planejar melhor a utilização dos recursos, seja quando são escassos ou quando existem em abundância. Tanto é que um dos seus usos é justamente levantar capital. E quem empresta quer saber direitinho como e onde os recursos serão aplicados. Quem já tem os fundos necessários deveria, teoricamente, ter essa mesma preocupação que o investidor, mas em geral não é o que acontece, pelo contrário.

Ter dinheiro à vontade normalmente é visto como o fator que evitará ou resolverá todos os problemas de um novo negócio. Qualquer coisa de que se precisar, basta comprar. Então por que um negócio daria errado com abundância de capital? Pois a realidade tem demonstrado que muitas empresas não dão certo justamente por esse motivo. Quando o capital não é aplicado de forma planejada e dentro de um contexto mais amplo no ciclo de vida da empresa, corre-se o risco de desperdiçar dinheiro em futilidades que não agregam valor ao negócio. Os resultados financeiros mostram, em um horizonte de tempo de dois ou três anos, até que ponto aqueles "investimentos" contribuíram para a sustentabilidade do negócio a longo prazo. Quando o empreendedor tem muito dinheiro à disposição, costuma se perder na escolha das melhores alternativas para a sua aplicação. Seria melhor aumentar os salários ou investir em marketing? Poderia sofisticar mais o ambiente ou dar treinamento? Sem um planejamento pautado pelo plano de negócio, fica difícil considerar os elementos necessários para uma tomada de decisão eficaz.

A necessidade do plano de negócio é diretamente proporcional ao risco inerente ao negócio. Quanto menor o valor investido, menor o impacto gerado no caso de algo dar errado, diminuindo o risco e consequentemente a necessidade do plano. Além disso, os riscos caem substancialmente à medida que as incertezas também diminuem. Assim, se o empreendedor conhece bem a área de atuação, domina os fundamentos de administração geral, conta com uma boa rede de contatos importantes, consegue apoio com facilidade e tem uma boa visão de futuro, praticamente não precisa de um plano de negócio. A verdade, todavia, é que são poucos os empreendedores que conseguem reunir tantas condições favoráveis, por isso o plano quase sempre é indispensável.

O plano de negócio ajuda o sonhador a fincar os pés no chão e a traduzir seus sonhos em possibilidades concretas, factíveis e viáveis, substituindo o famoso "tino" ou "faro" para oportunidades que os empreendedores desenvolvem naturalmente. Alguns empreendimentos de sucesso não precisaram de planos de negócios quando foram criados. Nem Samuel Klein, nem Bill Gates ou Jorge Gerdau gastaram seu tempo escrevendo planos de negócios para Casas Bahia, Microsoft ou Gerdau. Aliás, é característica dos empreendedores não gostar de papel e sim de arregaçar as mangas e partir para a ação. Contudo, quem não tem a sensibilidade e a visão para enxergar o potencial do seu negócio, ainda que de forma empírica e subjetiva, precisa fazer um plano de negócio.

7.2 *Bootstrapping*

Não existe uma tradução adequada para este termo, por isso é melhor fazer uma explicação direta. Trata-se da prática de iniciar um negócio com recursos próprios.[1] Imaginemos um negócio que requer R$ 400 mil para começar, montante que será usado para alugar e reformar as instalações, fazer propaganda, contratar funcionários, desenvolver o produto, montar a infraestrutura de produção e estabelecer os canais de distribuição e vendas. Ao fazer o plano de negócio, as projeções de caixa se assemelham ao gráfico da Figura 7.1:

Figura 7.1 – Desempenho de duas *startups*

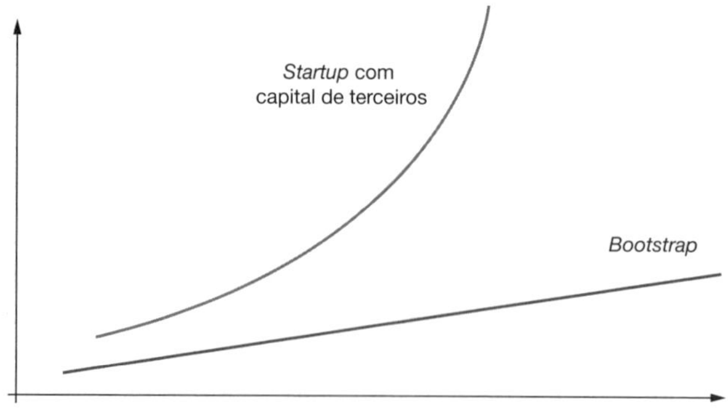

Fonte: elaborada pelos autores.

1 GIANFORTE, G.; GIBSON, M. *Bootstrapping your business*: start and grow a successful company with almost no money. Avon: BookSurge Publishing, 2007. REISS, B. *Bootstrapping 101*: tips to build your business with limited cash and free outside help. Boca Raton: R&R, 2009.

A vantagem de usar o volume de capital necessário (R$ 400 mil), seja próprio ou externo, é que se pode fazer um investimento maior, começar grande e crescer rápido. É aqui que entra o outro componente do risco, o tamanho do impacto. Se reduzir a incerteza é uma forma de reduzir o risco – e é para reduzir a incerteza que se escreve um plano de negócio –, para reduzir o impacto (total das perdas em caso de fracasso) é importante começar um negócio no *bootstrap*.

Avalie se pode começar seu negócio em casa, em vez de alugar um escritório. Veja se a produção, no começo, pode ser terceirizada, com ganhos variáveis de acordo com as vendas. Procure um parceiro para dividir despesas comuns, como serviços e infraestrutura. Verifique se é possível fazer escambos de serviços, algo como troca de serviços ou produtos, com contadores, advogados, bancos, limpeza, imprensa etc.

Estude o mercado para ver se você mesmo não pode fazer a divulgação do seu negócio por meio de mídias sociais, palestras, blogs e outros canais de baixo custo. Veja se não dá para reciclar embalagens ou se é possível que o cliente venha buscar o produto na sua casa ou enviar pelo correio em vez de usar redes de distribuição. Talvez dê para começar com poucos funcionários, ou até mesmo com nenhum se amigos e parentes ajudarem no início. É possível que algum amigo possa emprestar uma mesa, um telefone, um carro...

Se você usar bem a cabeça e a criatividade, verá que, no fundo, muitos recursos necessários não são assim tão necessários. É possível reduzir bastante os investimentos iniciais e até mesmo começar sem dinheiro. Se a vantagem é que os riscos diminuem, pois o impacto é reduzido, a desvantagem é que o empreendedor precisa ter tolerância para começar pequeno e crescer devagar, como foi demonstrado no gráfico. É assim que muitos novos negócios foram concebidos e atingiram o mesmo sucesso que outros com grande volume de capital inicial.

Quanto maior for o grau de inovação do negócio, mais se recomenda começar com *bootstrap*, pois o risco da incerteza já é altíssimo e uma forma de compensar a incerteza elevada é diminuindo o impacto potencial, ou seja, a chance de errar é maior, mas se errar, perde pouco.

Figura 7.2 – Demonstração

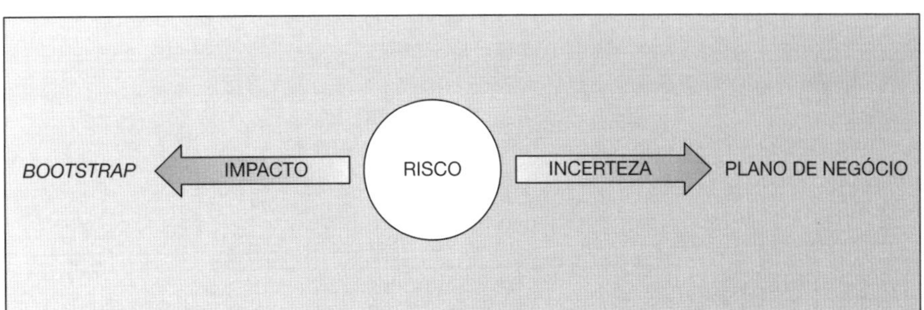

Fonte: elaborada pelos autores.

É importante lembrar que a prática do *bootstrap* não anula a necessidade do plano de negócio. A diferença é que o plano pode ser construído junto com o negócio, reduzindo a incerteza com o próprio aprendizado da prática do negócio. O plano fica, assim, mais consistente, mais crível e mais sólido, pois os dados são reais. Em vez de usar o plano de negócio para captar investimento, no caso do *bootstrap* em que não há capital de terceiros, o plano não é usado no momento da *startup* e sim quando o impacto aumenta.

Esse momento pode ser quando o empreendedor finalmente precisa passar para um lugar maior, quando precisa se preparar para crescer, quando vai montar a infraestrutura, ou qualquer situação em que o *bootstrap* já não é suficiente. Se a única forma de tornar o negócio sólido para crescimento é comprando uma máquina de R$ 500 mil, então o impacto tem um aumento considerável e, independentemente de esse montante vir de terceiros ou não, o plano de negócio compensa o aumento do impacto com a redução da incerteza. É nesse momento que se projeta o futuro do negócio para adquirir mais confiança na hora de fazer um investimento maior.

Capítulo 8

Design thinking: resolva um problema

Muitos de nós somos cobrados por desempenho altamente eficaz e resultados cada vez melhores. As metas atribuídas a nosso trabalho estão ficando cada vez mais agressivas e as cobranças cada dia mais exigentes. Mas essa busca e pressão constante por desempenho e eficácia estão aniquilando nossa capacidade de criar novas formas e experimentar caminhos diferentes para atingir resultados superiores. O medo de não cumprir as metas e não atingir os objetivos nos faz recorrer, inexoravelmente, ao caminho mais seguro e confiável dentre todos os caminhos conhecidos e já testados.

Tim Brown, fundador e CEO da Ideo, uma consultoria global na área de inovações, ficou famoso em 2009 por compartilhar com o mundo um caminho diferente que criou em sua empresa e que a tornou uma das dez empresas mais inovadoras do mundo. Esse caminho é conhecido como *design thinking*, mesmo título do seu livro que vendeu milhares de exemplares em todo o mundo.[1] Como designer, Brown constatou que um bom desenho nem sempre é suficiente para resolver os problemas inerentes ao desenvolvimento de um produto e que, muitas vezes, nem o próprio produto resolve o problema do cliente. Estudando melhor os produtos que desenhava a pedido de seus clientes, ele percebeu que sua capacidade criativa poderia ir além do design do produto e ajudar a repensar o negócio sob a perspectiva do consumidor final.

Entretanto, o processo de entendimento do consumidor final proposto por Brown não é baseado em pesquisas de mercado tais como são tradicionalmente feitas, nas quais prevalece a escuta passiva da opinião do cliente e o desenvolvimento de produtos em um processo linear e pouco interativo. Pelo contrário, o *design thinking* preconiza processos de pesquisa e criação com a participação de pessoas de diferentes *backgrounds*, o que proporciona muita inspiração, *insights* e *feedbacks*, viabilizando, assim, a compreensão do consumidor e de seus problemas, bem como a geração de soluções até então não imaginadas, promotoras de novos significados e novas sensações aos usuários. Conforme ilustra a Figura 8.1, Brown defende um processo que proporcione o pensamento divergente, que abre um leque de muitas opções, para em seguida convergir para a escolha da solução proposta.

1 BROWN, T. *Design thinking*. Rio de Janeiro: Alta Books, 2017.

Figura 8.1 – Divergir e convergir

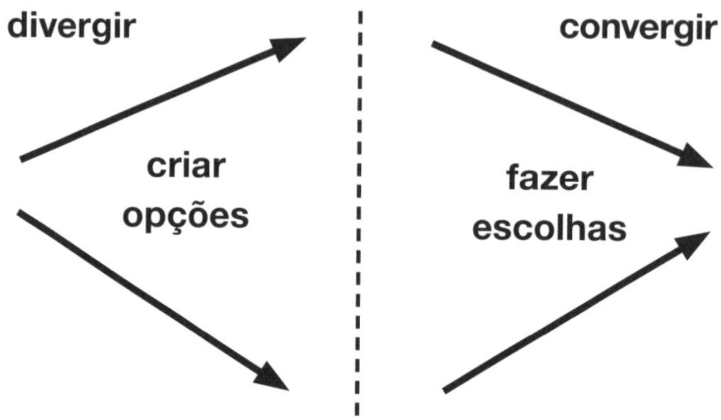

Fonte: BROWN, 2017, p. 63.

Para Tim Brown, a essência do conceito de *design thinking* considera alguns pressupostos, traduzidos nos tópicos a seguir.

- ***Insight***: aprendendo com a vida alheia. Quando nos deparamos com um problema devemos nos libertar das amarras impostas pelas soluções baseadas na forma tradicional de pensar. Os *insights* são descobertas que surgem repentinamente depois de um momento de reflexão e contemplação sobre a situação que queremos resolver. Ele é decorrente de muita observação do comportamento das pessoas e no modo como elas lidam com a situação-problema, a forma como improvisam, como reduzem o impacto, como contornam de diversas maneiras as limitações impostas. Para transformar essas observações em *insights* é preciso também se colocar na pele do outro e tentar "viver" o mesmo problema. Essa empatia ajuda o *design thinker* a explorar as perspectivas de quem está "dentro" do problema, considerando suas interações com o ambiente e suas limitações na visualização de caminhos inovadores.
- **Mapa mental**: o paradoxo entre o pensamento convergente e o divergente. O *design thinking* é uma jornada por diferentes estados mentais. Nessa jornada, é preciso desenvolver o pensamento divergente, ou seja, um modelo mental que busque o maior número possível de alternativas, caminhos, soluções, respostas, possibilidades, sejam elas criativas, lógicas, estruturadas, estranhas, factíveis, duvidosas, enfim, de todo tipo, para então explorar o pensamento convergente, no qual se usam critérios práticos para decidir entre as alternativas vigentes, comparando-as umas com as outras e testando algumas delas, se possível. Os modelos mentais são muito diferentes e o maior desafio é considerar os dois lados do cérebro para pensar, ora de forma analítica, ora de forma sintética.
- **Prototipagem**: construindo para pensar. Um protótipo é uma versão física de um produto produzida antes de ele ser fabricado de fato. Ao fazer um protótipo, estamos pensando com as mãos, explorando fisicamente o abstrato, abrindo a mente para novas possibilidades e comparando pontos de vista diferentes.

Muitos elementos que não apareceriam em uma versão bidimensional no papel surgem com a confecção de um protótipo. E ele pode ser algo feito às pressas, barato e até improvisado, o que importa aqui é a sua capacidade de aprimorar uma ideia. Coisas intangíveis também podem ser prototipadas. O *storytelling* da indústria cinematográfica, as experiências simuladas nos ramos de serviços ou maquetes de projeções do futuro para o desenvolvimento de estratégias organizacionais são bons exemplos disso.

- **Pensamento integrativo**: tirando a ordem do meio do caos. É uma habilidade típica de pessoas que exploram ideias opostas para construir uma nova solução, ao contrário da maioria que só leva em consideração um modelo por vez. Os pensadores integradores sabem como ampliar o escopo das questões relevantes ao problema e resistem à lógica do "isso OU aquilo" para favorecer a lógica do "isso E aquilo", pois veem as relações não lineares e multidirecionais como uma fonte de inspiração, não de contradição. Quem se destaca como "pensador integrativo" recebe a desordem de braços abertos e admite bem a existência da complexidade, pois consegue identificar padrões no meio dela, sintetizando novas ideias a partir de fragmentos. Para isso, ele às vezes dá alguns passos para trás para conseguir ver o todo de forma contemplativa, na esperança de que seu cérebro identifique algo que se sobressaia diante da complexidade do excesso de variáveis que compõe este todo.
- **Pensamento visual**: a ciência do guardanapo. Algumas pessoas só conseguem se expressar ou entender algo com o auxílio de desenhos, gráficos, imagens ou qualquer representação visual que vá além de palavras e números. Muitas grandes ideias de hoje começaram com o esboço de um modelo em um guardanapo de papel numa conversa entre duas pessoas regada a cerveja ou vinho. Nem é preciso saber desenhar, o importante é conceber uma imagem mental da ideia, é como se fosse uma etapa anterior à do protótipo, só que em duas dimensões apenas.

8.1 O processo de *design thinking*

Existem diferentes formas de representar o processo de *design thinking*. Uma delas é o esquema de três etapas proposto por Vianna et al.[2]: imersão, ideação e prototipação, conforme mostra a Figura 8.2.

A primeira etapa é a **imersão**, que visa aproximar a equipe do projeto do contexto do problema. Vianna et al.[3] indicam duas fases na imersão – a imersão preliminar, onde acontece uma aproximação inicial do problema; e a imersão em profundidade, que procura entender o ponto de vista do usuário do produto e também da empresa que o produz e o comercializa. Para o levantamento de informações são utilizadas técnicas como entrevistas, observações e sessões generativas – encontros nos quais usuários e

2 VIANNA, M. et al. *Design thinking*: inovação em negócios. Rio de Janeiro: MJV Press, 2012.

3 VIANNA, M. et al., 2012.

atores envolvidos expõem seu ponto de vista, os sentimentos e a experiência sobre o tema abordado.

Figura 8.2 – Etapas do processo de *design thinking*

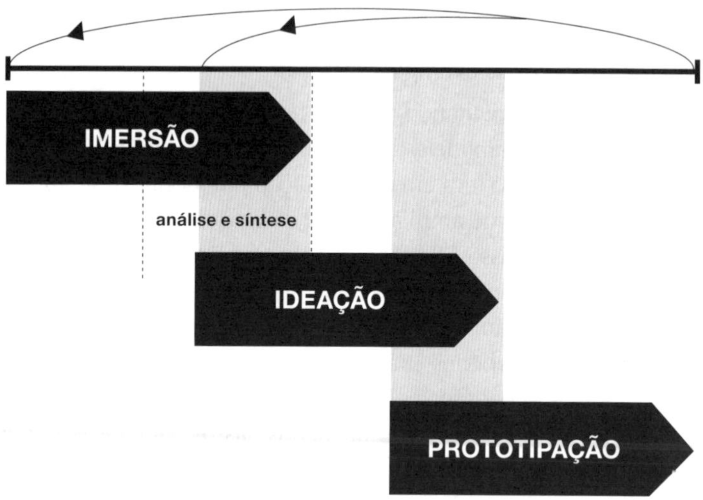

Fonte: VIANNA et al., 2012, p. 18.

A segunda etapa é a **ideação**. Ela acontece após a análise e síntese das informações coletadas na imersão e em um momento em que a equipe do projeto já tem uma compreensão mais ampla do problema. A ideação é essencialmente a geração de ideias para o desenvolvimento do projeto e a criação de soluções. Para tanto, além da criatividade são mobilizadas ferramentas como *brainstorming*, *workshop* de cocriação e a matriz de posicionamento. Esta última é um instrumento de apoio à decisão que utiliza critérios e outros parâmetros para a análise das ideias geradas.

A última etapa, a de **prototipação**, é o momento em que as ideias geradas são validadas. Existem diferentes tipos de protótipos – como representações em papel, versões preliminares produzidas com impressoras 3D e encenação de serviços. Os protótipos permitem testar as soluções e, com o *feedback* recebido, fazer os devidos aprimoramentos. Ou seja, a prototipação agiliza e reduz os custos da aprendizagem.

Apesar de as três etapas serem apresentadas de forma sequencial, elas podem ocorrer em paralelo. Por exemplo, a prototipação de algumas ideias pode ser iniciada, enquanto a etapa de ideação ainda está em curso.

Capítulo 9

Lean startup: quando menos significa mais

Muitos empreendedores têm dúvidas sobre a sustentabilidade de seu negócio quando iniciam o processo de criação de uma empresa. Será que tenho realmente um produto que interessa aos clientes? Será que tem mercado? Será que o meu modelo de negócio é viável? É importante responder a essas questões antes de iniciar as operações da empresa. Não adianta estruturar um plano de negócio tendo como base um modelo não validado. Pois, assim, você definirá estratégias e ações, cuja execução vai requerer o dispêndio de recursos sem a certeza de que terá consumidores – ou seja, corre o risco de pagar um preço alto para testar seus produtos no mercado, sem a garantia de sucesso. Para resolver esse problema – a necessidade de validar rapidamente e com baixo custo um modelo de negócio, cada vez mais empreendedores estão usando a metodologia conhecida como ***lean startup***.

Normalmente, consideramos uma *startup* como uma empresa nascente, mas Steve Blank[1] e Eric Ries,[2] principais artífices do conceito de *lean startup*, enfatizam outro atributo: além de ser nascente, a *startup* é uma organização temporária que está em busca de um modelo de negócio viável, que possa ser reproduzido e, preferencialmente, escalável. Ao encontrar esse modelo de negócio, a *startup* estaria pronta para investir nele, colocá-lo em operação de forma mais estruturada e prepará-lo para crescer. Seria este o momento de elaborar um plano de negócio mais robusto.

Nesse contexto, a tradução de "*lean*" para o português é "enxuta", e deriva principalmente dos conceitos da manufatura enxuta e do desenvolvimento ágil – filosofias de gestão que preconizam, entre outros, a diminuição de desperdício e o desenvolvimento de produtos de forma rápida e interativa com os clientes. A interatividade precoce com os clientes proporciona o que Eric Ries chama de aprendizagem validada. O empreendedor pode validar suas hipóteses com os clientes e então prosseguir com aquilo que realmente vai agregar valor para a empresa que está nascendo.

9.1 *Customer development* – desenvolvimento de clientes

Um elemento central da metodologia *lean startup* é o *customer development* ou desenvolvimento de clientes, que consiste em um processo criado por Steve Blank cujo intuito é fazer com que o empreendedor encontre e interaja de forma estruturada com seus clientes e, assim, valide suas hipóteses de negócio e descubra rapidamente respostas para as dúvidas que tem sobre a empresa que pretende criar.

1 BLANK, S.; DORF, B. *The startup*: owner's manual: the step-by-step guide for building a great company. Pennsauken: BookBaby, 2012.

2 RIES, E. *A startup enxuta*. São Paulo: Leya, 2012.

A metodologia da *lean startup* preconiza que, antes de investir muito tempo na redação de um plano de negócio, o empreendedor precisa ir para a rua, encontrar seus clientes (que na maior parte dos casos ainda são desconhecidos), experimentar o mercado e testar seus produtos e seu modelo de negócio.

O processo de desenvolvimento de clientes proposto por Blank e Dorf[3] oferece uma estrutura de baixo custo para fazer isso. Trata-se de um processo decomposto nas quatro etapas a seguir.

1. **Descoberta de clientes**: etapa da validação do problema e da proposta de solução. Ao fim, o empreendedor confirmará se a solução proposta resolve um problema vivido pelos clientes e se interessa a eles.
2. **Validação de clientes**: etapa em que o empreendedor testa a possibilidade de atender a um número maior de clientes e escalar a empresa. Os testes feitos na etapa anterior ganham envergadura e rigor. O conjunto dos elementos que compõem o modelo de negócios é testado.
3. **Criação de clientes**: se na etapa anterior a *startup* testou a sua capacidade de escalar, aqui ela consolida esse processo e ganha envergadura: investe mais em marketing e na ampliação de nichos e segmentos de clientes atendidos.
4. **Construção da empresa**: o negócio nascente deixa de ser uma *startup* e vira uma empresa. O empreendedor encontrou e validou um modelo de negócio que é escalável e pode ser replicado.

Conforme mostra a Figura 9.1, cada etapa é um processo circular, que se repete enquanto necessário e, quando concluído, é sinal de que chegou o momento de passar para a etapa seguinte – a proposta em desenvolvimento se mostrou correta e o empreendedor deve perseverar nela. Caso a estratégia adotada em uma etapa se mostrar inadequada, há a opção de pivotar, isto é, abandonar o caminho escolhido e tentar outro. Pivotar, no entanto, é mais do que apenas realizar pequenos ajustes em uma solução proposta. Trata-se de uma mudança radical – a geração de nova hipótese para a solução de um problema vivido pelos clientes e o reinício do ciclo de descoberta ou validação de clientes.

Figura 9.1 – Processo de desenvolvimento de clientes

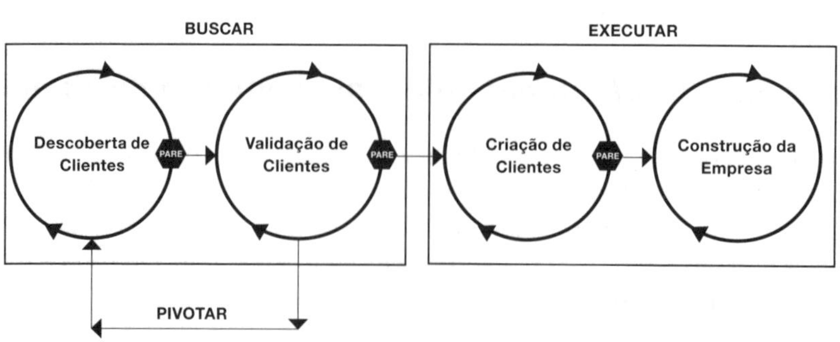

Fonte: BLANK; DORF, 2012, p. 23.

3 BLANK; DORF, 2012.

As duas primeiras etapas compõem a busca do modelo de negócio e as duas últimas, a de execução desse modelo. As etapas mais conectadas com a metodologia da *lean startup* são as duas primeiras e, por isso, serão mais exploradas neste capítulo.

9.1.1 Descoberta de clientes

Um negócio viável é estruturado em cima de soluções para os problemas dos clientes; soluções em formato que os clientes queiram e possam adquirir. Muitos empreendedores iniciam um negócio acreditando que sabem quais são os problemas dos clientes e que possuem a solução ideal para resolvê-los. Entretanto, na verdade, o que os empreenderes em geral têm são apenas suposições. Suposições originárias, entre outros, de sua visão do negócio, da experiência adquirida no setor e de valores pessoais. Mas o problema identificado e a solução imaginada nem sempre batem com os problemas reais vividos pelos clientes e as soluções que eles desejam. Como consequência, o negócio nascente não prospera.

A proposta de Blank e Dorf[4] é que os empreendedores transformem suas suposições em hipóteses que serão testadas no mercado, em interação com os clientes. Esse teste se daria em duas fases: na primeira, a hipótese do problema é submetida ao escrutínio de potenciais clientes e, na segunda, quando o problema real for identificado e validado, o empreendedor passa a testar a hipótese de solução (o produto).

Em cada uma dessas fases, um ciclo de idas e vindas ao mercado se repete: o empreendedor recebe o *feedback* de potenciais clientes, faz os ajustes no diagnóstico do problema e vai novamente para fora da empresa ver se encontrou um problema importante – o ciclo é encerrado somente quando o problema tem sua relevância validada pelos clientes. O mesmo acontece com a solução: o empreendedor testa com clientes a aceitação do produto em construção, alterando seus atributos (qualidade, preço, processo de comercialização etc.) quando necessário. Os *feedbacks* recebidos geram aprendizagem que é aplicada rapidamente em novas versões do produto.

Nesse momento, você pode estar com uma dúvida: como testar um produto ainda em construção? Como fazer isso com agilidade e baixo custo? A resposta que a metodologia da *lean startup* sugere para tal questionamento é a criação de um produto mínimo viável (MPV, sigla utilizada em inglês).

9.1.1.1 Produto mínimo viável ou MPV

Produto mínimo viável é um produto preliminar, construído para apresentar aos clientes um ou mais de seus atributos com o intuito de receber *feedback* e promover rapidamente ajustes a serem testados. Em um *software*, por exemplo, o MPV pode ser uma versão beta com apenas algumas das funcionalidades pretendidas. Existem diferentes formas de construir e apresentar um MPV para os clientes: protótipos eletrônicos, versões beta, páginas web, vídeos e encontros pessoais.

O desenvolvimento tradicional de um produto requer que uma série de requisitos sejam atendidos antes de colocá-lo no mercado, o que resulta em um processo

4 BLANK; DORF, 2012.

relativamente longo e com várias demandas de recursos. O desenvolvimento de um MPV, ao contrário, propõe rapidez para gerar algo que não será definitivo nem estará pronto para venda, mas que possibilitará o teste e validação pelo cliente dos aspectos críticos em avaliação. O MPV visa a aprendizagem: com o *feedback* recebido, o MPV pode ser ajustado e testado novamente até que a validação da hipótese de solução seja completada.

O MPV é, portanto, um produto inacabado, imperfeito, mas que permite apresentar ao cliente o que é central na proposta de valor; o que seria mais importante na solução dos problemas por eles vividos e confirmar ou não se o desenvolvimento da proposta de solução está no bom caminho. Muitas vezes, após o teste de alguns MPV, o empreendor pode esgotar a possibilidade de desenvolvimento de soluções no caminho que escolheu e chegar à conclusão de que o melhor é recomeçar, alterando completamente sua proposta de solução, ou seja, pivotar e reiniciar o processo com outra proposta.

9.1.2 Validação de clientes

Se na etapa anterior do processo de desenvolvimento de clientes, o empreendedor experimentou o mercado e encontrou uma proposta de produto que interessa aos clientes, nesta etapa, a de validação de clientes, os desafios são maiores. Os testes, feitos anteriormente com um pequeno número de clientes e considerando apenas alguns dos elementos do modelo de negócio, ganham em quantidade e em complexidade – um número maior de clientes é almejado e todos os elementos do modelo de negócio passam a ser considerados. Nessa etapa, o empreendedor testa a possibilidade de escalar a empresa e a viabilidade de seu modelo de negócio.

Blank e Dorf[5] propõem um processo de validação de clientes com quatro fases.

1. **Esteja pronto para vender**: trata-se da realização de atividades que resultem na criação de condições de, na fase seguinte, passar efetivamente a vender o produto desenvolvido. Inclui o desenvolvimento de materiais e estratégias de promoção e vendas, a criação de um canal de distribuição e a contratação de uma equipe de vendas.

2. **Saia do edifício**: consiste em ir para o campo e, utilizando os canais escolhidos, tentar vender o produto. Conseguir convencer os clientes a comprarem o produto é a forma mais efetiva de testar a validade do modelo de negócio.

3. **Desenvolva o posicionamento**: após as primeiras vendas, *feedbacks* de clientes e pessoas envolvidas no processo, bem como ajustes das estratégias e estruturas de venda criadas permitem a melhoria do posicionamento do produto e do sistema de venda.

4. **Verifique**: o início de operações mais estruturadas com o mercado e as vendas para um número superior de clientes resultará em informações mais robustas sobre todos os elementos que compõem o modelo de negócios e, em consequência, a avaliação se de fato ele está adequado ou não.

5 BLANK; DORF, 2012.

Ao fim da análise cuidadosa que caracteriza o processo de verificação, o empreendedor terá dados concretos para decidir entre perseverar no modelo de negócio desenvolvido, se este estiver adequado, passando para as etapas de criação de clientes e posteriormente de construção da empresa, ou, se o modelo se mostrar inadequado, pivotar, reiniciando o processo para compreender melhor o problema e desenvolver uma nova proposta de solução.

Parte III

Início do plano de negócio

Capítulo 10

Modelo ou conceito de negócio

O tema modelo de negócio tem recebido grande destaque ultimamente, seja em livros como *Business Model Generation*[1] e *Getting to Plan B*,[2] ou em artigos na internet, palestras e matérias em revistas especializadas (a *Harvard Business Review* dedicou toda uma edição ao tema). A despeito do crescente interesse, poucos textos são esclarecedores sobre o que exatamente são modelos de negócio e qual sua importância para os empreendedores. Um dos melhores textos sobre o tema é o de Joan Magretta e Nan Stone, no Capítulo "A importância dos modelos de negócios", de seu livro *O que é gerenciar e administrar*.[3] A primeira edição é de 1987 e já falava do assunto. O tema pegou fogo com o *boom* dos negócios de internet no final dos anos 1990, pois poucos ambientes propiciavam tanta criatividade na concepção de modelos de negócio inovadores quanto a internet.

Modelo de negócio é simplesmente a lógica utilizada na forma de trocar valor com o cliente. Embora "valor" e "cliente" sejam componentes fundamentais do modelo de negócio, é a **forma de entrega** que melhor o caracteriza, pois representa um conjunto de todos os elementos integrados na entrega do valor ao cliente. Podemos fazer uma analogia entre o modelo de negócio e o projeto arquitetônico de uma casa (já o plano de negócio seria o projeto de engenharia). Assim como em uma casa, as partes do modelo de negócio devem se relacionar entre si e ser harmoniosamente distribuídas para, no conjunto, entregarem um valor para seu usuário.

Todos os negócios têm um modelo, mas a maioria é tradicional, ou seja, produz e vende ou então compra e revende. Começamos a ver as diferenças e as inovações nos modelos de negócio quando encontramos algum aspecto que parece não fazer sentido. Veja o exemplo das impressoras: Por que os preços caíram tanto nos últimos anos? Se você entender a lógica do negócio, vai entender os motivos. As empresas vendem a impressora barata porque ganham dinheiro com os cartuchos de tinta. Ao vender o equipamento, elas ganham um canal de venda de consumíveis. A mesma lógica vale para máquinas de café expresso, com os sachês e *softwares* de gestão integrados aos contratos de manutenção. Eis a grande "sacada" desse tipo de negócio.

Essa sacada é o modelo de negócio, é a sua lógica, é aquilo que faz o negócio ter sentido. Pode parecer simples, mas não é. A lógica do negócio deve fazer sentido para a empresa e não para o cliente ou consumidor. Magretta[4] cita o exemplo dos cheques

1 OSTERWALDER, A.; PIGNEUR, Y. *Business model generation – Inovação em modelos de negócios*: um manual para visionários, inovadores e revolucionários. Rio de Janeiro: Alta Books, 2011.

2 MULLINS, J. W.; KOMISAR, R. *Getting to plan B*: breaking through to a better business model. Boston: Harvard Business Press, 2009.

3 MAGRETTA, J.; STONE, N. *O que é gerenciar e administrar?* Rio de Janeiro: Campus/Elsevier, 2002.

4 MAGRETTA; STONE, 2002.

de viagem. Embora o apelo de valor junto ao cliente seja a segurança que esse produto propicia, para o negócio, o sentido está em conseguir uma forma de obter empréstimo do cliente sem taxa de juros. E saber quem é o cliente tampouco é tarefa óbvia. O cliente nem sempre é quem usa o produto, nem quem paga por ele. O cliente é quem toma a decisão da compra. Por exemplo, o cliente do laboratório farmacêutico não é o paciente que compra o remédio nem a farmácia que o vende, e sim o médico, pois é ele que prescreve o medicamento para o paciente. O cliente da fralda não é o bebê que a usa, nem quem a compra. É a mãe ou o pai que escolhe qual marca será comprada.

Não é fácil modelar um negócio. Existem várias fórmulas, estruturas e roteiros para ajudar nessa tarefa; no próximo capítulo apresentamos o Canvas, um dos instrumentos que podem ser utilizados nessa tarefa, mas a verdade é que o modelo de negócio muitas vezes é construído junto com o estabelecimento do negócio, à medida que a lógica vai se tornando mais clara e se consolidando. Além disso, boas sacadas dependem muito mais de um *insight* cognitivo (popularmente conhecido pela expressão "cair a ficha") do que de uma receita pré-estruturada. Se o empreendedor estiver aberto às novas configurações, vai rapidamente perceber qual é o melhor jeito de entregar valor ao cliente de um modo que faça sentido para seu empreendimento.

Quando pensamos na lógica do negócio, percebemos que existem similaridades no modelo de negócio de empresas de setores completamente diferentes. Por exemplo, o McDonald's tem um modelo de negócio mais parecido com uma linha de produção do que com uma lanchonete; um hospital se parece mais com um hotel do que com uma clínica; a Casas Bahia, com seu modelo de crédito ao consumidor, se parece mais com um banco do que com uma loja de eletrodomésticos. O modelo de negócio é uma resposta estendida à pergunta "Qual é o seu negócio?". A Avon descobriu que o seu negócio não é de cosméticos e sim de distribuição, pois consegue chegar a lugares que muitas empresas não conseguem, e é este o valor que ela entrega. Por isso, ela vende de tudo, de bijuterias a brinquedos, de utilidades domésticas a presentes.

Confundir estratégia com modelo de negócio é um erro comum. A estratégia é pontual e imediata, molda-se às circunstâncias vigentes e deve ser constantemente revisada; já o modelo de negócio é mais constante, leva tempo para ser construído e não é rapidamente adaptado. Podemos dizer que estratégia é a forma como se explora o modelo de negócio para obter uma vantagem competitiva.

Veja o modelo de negócio da Gol Linhas Aéreas quando ela começou. A estratégia era oferecer tarifas baixas para incluir uma faixa do mercado que não era explorada pelo setor de aviação. Muitas empresas também querem oferecer o valor de baixo custo para esse tipo de cliente, porém a Gol inovou na forma de entrega desse valor ao adaptar o modelo de negócio da Southwest Airlines, trazendo aviões novos e padronizados para reduzir custos de manutenção, traçando rotas curtas, eliminando refeições quentes, suprimindo as agências de viagens como intermediárias por meio da venda direta pela internet, e outras ações que, no conjunto, permitiram-lhe oferecer passagens mais acessíveis para o mercado. A TAM, por exemplo, não podia, de uma hora para outra, eliminar as agências do processo, trocar todas as aeronaves por equipamentos novos e padronizados ou redefinir suas rotas. O modelo da Gol simplesmente não podia ser copiado e isso representava uma vantagem competitiva que resultou no sucesso que a companhia conquistou.

O conceito de modelo de negócio abre uma ampla avenida para gestores de negócio pensarem em inovar sem precisar mexer no produto, levando o tema para fora do escopo da Ciência e Tecnologia e expondo as escolas de negócio a um novo desafio: repensar, de modo criativo, a forma como fazemos negócios.

10.1 Padrões de modelos de negócio

Não existe um padrão único de modelo de negócio. Cada empresa e cada mercado têm suas particularidades, e algumas empresas inovam, criando modelos até então desconhecidos. Entretanto, ao longo dos anos, alguns modelos de negócio impactaram o mercado de forma mais contundente e começaram a ser adotados por outras empresas. E tais modelos com características ou comportamentos similares ou com arranjos semelhantes de componentes passaram a ser chamados de padrões de modelos de negócio. Apresentaremos aqui alguns dos modelos mais comuns, relatados por Osterwalder e Pigneur.[5] A apresentação desses exemplos facilitará a compreensão do conceito de modelo de negócio e pode servir de fonte de inspiração para a sua futura empresa.

10.1.1 Modelo grátis

O primeiro modelo-padrão é o grátis. No modelo grátis, clientes não pagantes são financiados por outro segmento de clientes, que pagam por determinados serviços. Um exemplo são as TVs de sinal aberto, como a TV Globo ou o SBT. Você pode captar o sinal e assistir à programação dessas emissoras gratuitamente, sem pagar nada. Para que isso seja possível, as TVs financiam a produção de conteúdo e outras despesas operacionais com as receitas dos anunciantes – outra categoria de clientes. Os anunciantes pagam para inserir publicidade na TV. E quanto maior o número de telespectadores (primeiro segmento de clientes), provavelmente maior será o valor cobrado pelos anúncio. Dessa mesma forma trabalha o serviço de buscas do Google. Você não paga nada para efetuar uma busca, mas as empresas que desejarem aparecer nos primeiros lugares dos resultados de busca, sim.

10.1.2 Modelo *freemium*

O modelo *freemium* é derivado do modelo grátis. Nesse modelo, alguns serviços são gratuitos, outros, na mesma plataforma, são pagos. No Skype, por exemplo, você pode fazer gratuitamente chamadas de Skype para Skype, mas terá que pagar se quiser utilizar outros serviços, como ligar para telefones ou fazer conferências de vídeo com muitas pessoas. Nessa modalidade, as pessoas são atraídas inicialmente pelos serviços gratuitos e depois, em alguns casos, passam a utilizar os serviços adicionais pagos – estes os verdadeiros geradores de caixa para as empresas. Alguns jogos on-line também exploram este modelo. Você pode jogar gratuitamente nos estágios iniciais, mas tão logo

5 OSTERWALDER, A.; PIGNEUR, Y., 2011.

ganhe *expertise* e progrida no jogo, terá que pagar para entrar nos estágios avançados ou que disponibilizem mais recursos. É normal que nesse tipo de modelo de negócio o atendimento aos clientes também seja diferenciado, dependendo da modalidade – gratuita ou paga. Nos serviços gratuitos, o atendimento personalizado é raro ou inexistente – você só terá contato com a empresa via e-mail ou com robôs; já nos serviços pagos, canais alternativos de atendimento ao cliente (chat, telefone) são disponibilizados.

10.1.3 Modelo isca & anzol

No início deste capítulo foi citado o exemplo de empresas que vendem impressoras baratas, para depois ganharem dinheiro com o tôner, ou das empresas que vendem máquinas e cápsulas de café – e ganham mais dinheiro com as cápsulas do que com as máquinas. Nos dois casos, o modelo de negócio segue o padrão isca & anzol: a empresa faz uma oferta inicial atraente, vendendo barato ou mesmo dando o *hardware* para o cliente e este então fica dependente da empresa, pois ela é a única produtora do suprimento-chave (tôner ou café, nos exemplos); suprimento pelo qual cobra caro. Esse padrão de modelo de negócio é também conhecido como "barbeador e lâminas", por ter sido popularizado por empresas do setor de produtos de higiene pessoal que vendem barbeadores nos quais apenas um tipo de lâmina de barbear serve. Uma ameaça ao modelo de negócio isca & anzol é o aparecimento de suprimentos substitutos – como recarga de tôneres, no caso das impressoras, ou cápsulas de café genéricas para as máquinas de café expresso.

10.1.4 Modelo de assinaturas

Um padrão de modelo de negócio muito popular atualmente é o de assinaturas, no qual o fluxo de receita da empresa é garantido por meio da cobrança recorrente (por mês, por exemplo) de um valor em troca de um produto ou serviço. A princípio, esse modelo era mais presente em empresas de mídia impressa (assinaturas de jornais e revistas), mas ele se expandiu para escolas, academias, provedores de conteúdo na internet (como o UOL ou jornais digitais) e TVs a cabo e via *streaming*, como Netflix. Uma variante do modelo são os clubes de assinatura. Se antes existiam os tradicionais clubes de livro que, mediante o pagamento de uma assinatura mensal, enviavam ao assinante dois livro por mês, hoje é possível encontrar clubes de vinho, de cerveja, de alimentos orgânicos e de pães artesanais, entre outros.

10.1.5 Modelo de venda direta

Também conhecido como modelo Tupperware, por ser esta empresa uma das pioneiras na adoção do modelo, que consiste basicamente em utilizar uma rede de revendedores que atuam na demonstração, promoção e venda dos produtos. Modelo semelhante é praticado por empresas como a Avon e a Natura. No Brasil, os revendedores, mulheres em sua maioria, atuam na venda dos produtos em casa ou no trabalho. Algumas empresas adotam esse modelo como o único canal de venda, mas outras adotam múltiplos canais. A Natura, por exemplo, além da venda direta, tem lojas físicas e um canal de vendas on-line.

Capítulo 11

Business Model Canvas

Vimos no capítulo anterior o que são modelos de negócio e qual sua importância. Existem diferentes maneiras de um empreendedor definir e comunicar o seu modelo de negócio. Uma delas é o *Business Model Canvas*, comumente chamado só de *canvas*. Popularizado por Alex Osterwalder e Yves Pigneur em seu livro *Business Model Generation*,[1] o *canvas* se tornou uma referência básica e bastante simples do mundo dos negócios para quem vai empreender e não tem formação administrativa.

Para quem está entrando em contato com esse conceito pela primeira vez, *canvas* é a apropriação de um termo em inglês usado na área de Artes Plásticas para se referir às telas de pintura. Em negócios, ganhou o sentido de um modelo visual por meio do qual o empreendedor apresenta em apenas uma página os principais elementos do seu negócio, conforme mostrado na Figura 11.1.

Figura 11.1 – Canvas

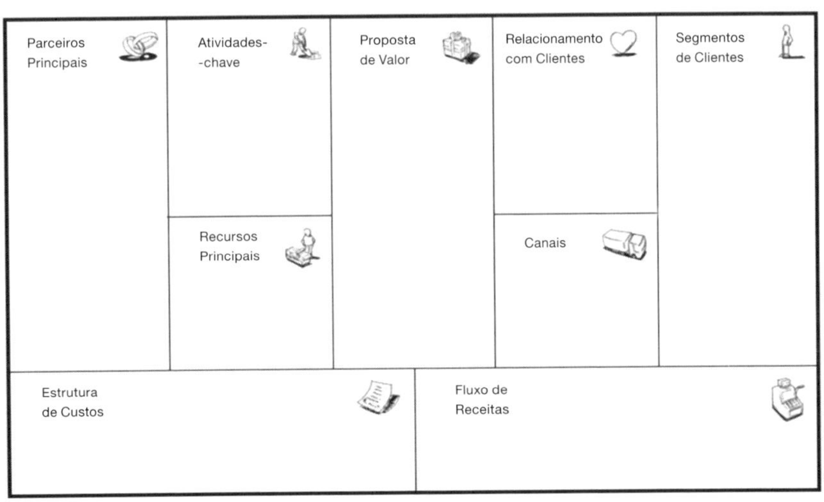

Fonte: OSTERWALDER; PIGNEUR, 2011.

O modelo demonstra qual é o produto que a empresa venderá e para qual tipo de cliente, quais são as matérias-primas necessárias para fabricar esse produto. Demonstra também quais são as atividades e os recursos necessários na fabricação e como levar a proposta de valor do produto para o mercado e atrair a atenção do cliente. Complementando o modelo, a parte financeira indica as fontes de receita do negócio e os respectivos custos e despesas.

1 OSTERWALDER, A.; PIGNEUR, Y., 2011.

As relações estabelecidas entre as partes do modelo é que caracterizam a lógica do negócio e justificam seu funcionamento. Embora não seja ainda um estudo de viabilidade da ideia, o *canvas* serve como um primeiro rascunho de como o negócio irá funcionar. Muitos dizem que é um preâmbulo do futuro plano de negócio e alguns até afirmam que o *canvas* chega a substituir o plano.

Alertamos que o *canvas* não pode substituir o plano de negócio. O plano ainda é uma ferramenta imprescindível para a formação do conceito do negócio. Não é possível montar um empreendimento com base apenas no seu rascunho, sobretudo se o investimento for alto e, proporcionalmente, o risco também.

11.1 Componentes do *canvas*

O *canvas* é composto por nove componentes, distribuídos em uma única folha, conforme visto na Figura 11.1. Os componentes mais à esquerda do *canvas*, como a estrutura de custos, têm impacto maior na eficiência da empresa, já os situados mais do lado direito são os que têm maior impacto na proposta de valor e no conceito do negócio. Normalmente, inicia-se o preenchimento do *canvas* pelo lado direito, partindo do primeiro elemento – os segmentos de clientes. A Tabela 11.1 lista e explica cada um dos nove componentes.

Tabela 11.1 – Componentes do *canvas*

Componente	Descrição
1. Segmentos de clientes	Define os diferentes grupos de pessoas ou organizações que uma empresa busca alcançar e servir.
2. Proposta de valor	Descreve o pacote de produtos e serviços que criam valor para um segmento de cliente específico. A conveniência ou velocidade do serviço e a redução de custo de um produto são exemplos de valor.
3. Canais	Descreve como uma empresa se comunica e alcança seus segmentos de clientes para entregar uma proposta de valor. Os canais são o ponto de contato dos clientes e podem ser canais de comunicação, distribuição ou vendas.
4. Relacionamento com clientes	Descreve os tipos de relação que uma empresa estabelece com segmentos de clientes específicos. Uma empresa deve esclarecer o tipo de relação que quer estabelecer com cada segmento de cliente. As relações podem variar desde pessoais até automatizadas. Os diferentes tipos de relacionamento visam a conquistar ou reter clientes e a ampliar vendas.
5. Fluxo de receitas	Representa o dinheiro que uma empresa gera em cada segmento de cliente. Há diversas maneiras de se gerar fontes de receita, por exemplo, venda de produtos, taxa de uso, taxa de assinatura, licenciamento e anúncios.
6. Recursos principais	Descreve os recursos mais importantes exigidos para fazer um modelo de negócio funcionar. Podem ser recursos financeiros, físicos, humanos, sociais ou intelectuais.

7. Atividades-chave	Descreve as ações mais importantes que uma empresa deve executar para fazer seu modelo de negócio funcionar.
8. Parceiros principais	Descreve a rede de fornecedores e os parceiros que garantem a realização das atividades-chave e ajudam o modelo de negócio a funcionar. Os tipos de relacionamento podem ser, entre outros, alianças estratégicas, *joint ventures* ou apenas a relação fornecedor-comprador.
9. Estrutura de custo	Descreve todos os custos envolvidos na operação do modelo de negócio. Deriva da reflexão sobre os recursos e as atividades de maior custo e consequente identificação dos custos que serão mais importantes para o projeto. Incluem custos fixos (por exemplo, aluguéis) e custos variáveis (por exemplo, suprimentos).

Fonte: OSTERWALDER; PIGNEUR, 2011.

11.2 Exemplo de utilização do *canvas*

Para exemplificar a utilização do *canvas*, vamos analisar o caso de um jornal que é distribuído gratuitamente no transporte público – estações de metrô, trem e ônibus. Como a empresa que produz e distribui o jornal ganha dinheiro se ele é gratuito? Com a venda de anúncios. Mas os anunciantes só vão comprar espaço publicitário no jornal se este tiver um bom número de leitores. Por isso, como mostra o modelo de negócio apresentado na Figura 11.2, o jornal tem dois segmentos de clientes: os passageiros, para os quais entrega informações gratuitas e atualizadas de qualidade; e os anunciantes, para os quais proporciona acesso a consumidores em potencial dos produtos anunciados.

Figura 11.2 – Canvas de um jornal gratuito

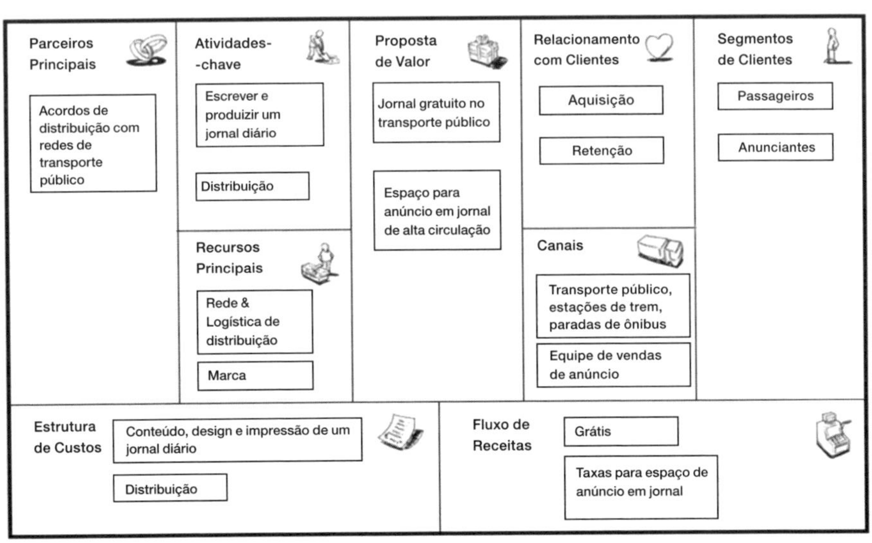

Fonte: adaptado de OSTERWALDER; PIGNEUR, 2011.

Nesse exemplo de *canvas* fica claro que para certos modelos de negócio os parceiros principais desempenham um papel-chave. Sem a autorização e a parceria das empresas de transporte público, o jornal não poderia ser distribuído em locais de grande fluxo de pessoas. Sem o acesso às pessoas, o jornal não teria leitores e consequentemente não atrairia a atenção dos anunciantes. O modelo de negócio do jornal ficaria, portanto, inviabilizado.

11.3 Sugestões para a utilização do *canvas*

1. Se você tem MBA ou formação em Administração ou Negócios, o *canvas* é insuficiente, pois não traz os elementos mais importantes para se analisar o negócio com profundidade, apenas serve para mostrar a lógica do negócio.
2. O *canvas* não é uma ferramenta de inovação, é apenas uma forma mais simplificada de olhar um negócio. Qualquer empreendimento pode ser mapeado no *canvas*, de uma padaria a um aeroporto, de uma montadora de automóveis a uma escola de equitação. Seja um produto ou negócio inovador ou não, o *canvas* mostra os componentes desse negócio.
3. O *canvas* deve ser usado como um rascunho. O que for escrito nele pode e deve ser mudado à medida que a ideia do negócio vai se desenvolvendo e evoluindo, por isso é recomendável imprimir uma versão grande do modelo e pregá-lo na parede, preenchendo os campos com Post-its que podem ser retirados e trocados facilmente.
4. Embora muitos digam que o preenchimento do *canvas* deve começar pelo campo de segmentos de clientes, isso não é obrigatório. Se você tem um produto e vai levá-lo para o cliente, comece pelo componente mais fácil e o que você já tem à mão, ou seja, recursos principais, parceiros e atividades-chave. Se você já conhece o mercado e vai desenvolver o produto para ele, faça o contrário, comece por segmentos de clientes, proposta de valor e canais de comunicação e distribuição.
5. Preencher o *canvas* é fácil, o difícil é enxergar um modelo de negócio viável nas relações entre os campos. A lógica do modelo de negócio é mais importante do que seus componentes em si. É preciso ver se as partes do negócio se interconectam de forma que façam sentido e isso o *canvas*, sem uma boa interpretação, não mostra sozinho.
6. Um bom *canvas* é construído de forma cooperativa, com pessoas que conhecem o setor e o ramo e que possam trazer críticas construtivas ao modelo que está sendo gerado. Um provável cliente, um provável fornecedor e um parceiro estratégico podem complementar o time de desenho do negócio.
7. Por fim, o *canvas* não traz o conceito de estratégia, que é fundamental para qualquer negócio. A visão superficial do modelo apresenta sua estrutura e não os caminhos para a sua implantação. A lógica do negócio pode fazer todo o sentido do mundo, mas se ele não for implantado da forma correta, pode se tornar um grande fracasso.

Capítulo 12

Descrição da empresa

12.1 Segmento da empresa

Existem três segmentos em que uma empresa pode atuar: indústria, comércio e serviços. Mesmo que sua empresa atue em mais de um segmento, indique no plano de negócio a opção que foi formalmente registrada na Junta Comercial da sua cidade. Esse item é importante para o cálculo dos impostos pertinentes a cada segmento. Se tiver dúvidas, acesse o site da Fiesp/Ciesp[1] para conhecer a descrição das categorias.

Podemos mencionar na descrição da empresa o setor ou ramo de atuação do negócio, porém devemos levar em conta que uma descrição mais detalhada de suas particularidades e peculiaridades estará no plano de marketing. Nessa seção, portanto, basta uma breve apresentação do seu setor, de forma genérica, conforme exposto a seguir.

- Primeiro setor: são as empresas públicas. Caracterizam-se por serem de domínio público e orientadas para geração de benefício público. Estatais e serviços públicos estão nesta categoria, como prefeituras, o Banco do Brasil, universidades federais, os Correios etc.
- Segundo setor: são as empresas privadas. Caracterizam-se por serem de domínio privado e orientadas para geração de benefício privado. Nesta categoria, entra a maior parte das empresas atendidas pelos planos de negócio no campo do empreendedorismo.
- Terceiro setor: são as entidades sem fins lucrativos, como os vários tipos de ONG (Organização Não Governamental) ou Oscip (Organização da Sociedade Civil de Interesse Público). Caracterizam-se por serem de domínio privado e orientadas para geração de benefício público. Nesta categoria, entram as associações de classe, fundações, institutos, sociedades e similares.

Para efeitos de plano de negócio, mais do que o setor a que seu negócio pertence, o importante é que a organização tenha como atividade principal alguma atividade comercial, ou seja, que tenha algo para vender, um mercado para penetrar e resultados a atingir; desse modo, naturalmente, a maioria se enquadra no segundo setor.

Além disso, há ainda outra forma de classificação setorial, descrita a seguir.

- Setor primário: caracteriza a indústria extrativista em geral, incluindo mineração, extração petrolífera, agricultura, pesca, apicultura, pecuária, floricultura e geração de energia.

1 Disponível em: https://www.fiesp.com.br. Acesso em: 3 abr. 2019.

- Setor secundário: caracteriza a indústria de transformação, englobando indústrias como automotiva, química, construção, cosméticos, alimentícia, de bebidas e fumo, aviação, brinquedos, calçados, têxtil, papel e madeira, siderurgia e metalurgia, telecomunicações, tecnologia da informação, naval, eletroeletrônica, entre outras.
- Setor terciário: caracteriza a indústria de serviços em geral e o comércio, no qual estão os varejistas de bens de consumo final, por exemplo: entretenimento, produtos financeiros, saúde, educação, comunicação, transporte, turismo, supermercados, magazines, moda, concessionárias, farmácias etc.

Uma empresa pode estar em mais de um setor, caso tenha cobertura de abrangência de atividades e, nesse caso, cada um deles deve ser mencionado e descrito.

Se for o caso, pode ser conveniente descrever também o subsetor, sobretudo quando o setor é demasiadamente grande no plano.

12.2 Porte da empresa

O porte dá uma ideia do tamanho da empresa em termos de faturamento, número de funcionários ou outros indicadores. Para efeito de classificação, seguindo a Lei Complementar n. 123/2006, estabelecemos três níveis de porte, de acordo com o faturamento anual, a saber:

- microempresa: faturamento bruto de até R$ 360.000,00/ano;
- pequena empresa: faturamento bruto entre R$ 360.000,01 a R$ 4.800.000,00/ano;
- média empresa: faturamento bruto entre R$ 4.800.000,01 a R$ 16 milhões/ano;
- grande empresa: faturamento bruto acima de R$ 16 milhões/ano.

Também é possível fazer a classificação de porte de acordo com o número de funcionários:

Tabela 12.1 – Classificação de porte de acordo com o número de funcionários

Porte	Indústria	Comércio e serviços
Micro	01-19	01-09
Pequena	20-99	10-49
Média	100-499	50-99
Grande	Acima de 500	Acima de 100

Fonte: SEBRAE, 2013, p. 17.

O porte da empresa é relevante para determinar sua classificação tributária. Como as regras para a classificação mudam, sobretudo em função da natureza do negócio, recomendamos que o empreendedor consulte um contador para preencher essa parte do plano.

Essa classificação pode mudar ao longo do horizonte de planejamento previsto no plano de negócio. Nesse caso, nada impede o usuário de mudar a classificação com o plano já em execução, contanto que não esqueça de considerar as mudanças nas projeções de tributos, se for o caso.

12.3 Situação da empresa

Muitas pessoas pensam no plano de negócio como um instrumento para uma "empresa nova", o que, porém, não é necessariamente correto. Empresas já em funcionamento devem criar planos de negócio e frequentemente o fazem. Nessa seção, é preciso descrever em que ponto do ciclo de vida a empresa se encontra no momento: se é só uma ideia de negócio (concepção), se já está consolidada e precisa de um aporte de capital para crescer (em crescimento), se iniciou as operações há pouco tempo e já provou a viabilidade da ideia (nascente), se está precisando de capital de giro para uma linha de produtos inteiramente desenvolvida, que já começou a comercializar (consolidada), se já tem muito tempo de existência e está se reinventando (em reestruturação), se está se preparando para abrir o capital ou para ser adquirida (em expansão) etc.

Por empresa nascente, consideramos desde a empresa que só existe na cabeça do empreendedor, quando nada de prático ainda foi realizado, até uma empresa que está em operação e já tenha feito até um aporte de capital inicial, desde que dentro do primeiro ano de vida.

Por empresa consolidada, consideramos aquela que já está em funcionamento, não só produzindo, mas gerando faturamento. Enquanto os planos de negócio de empresas em início de atividade costumam ser redigidos por uma ou duas pessoas, em uma empresa já em andamento uma série de pessoas participa da redação do plano de negócio, em geral um representante de cada área da empresa, que contribuirá em sua área de especialidade.

As empresas já em operação têm uma vantagem sobre as novas no desenvolvimento de um plano de negócio: os números que elas usam para fazer projeções têm alguma base nos fatos e na experiência passada. E as estratégias que delineiam para o seu futuro também estão baseadas em estratégias que já foram usadas e incorporam aquilo que a empresa ganhou com seu sucesso e o que aprendeu com seus erros.

O importante nessa parte é demonstrar que o novo negócio, novo mercado ou nova estratégia está sendo conduzido por uma empresa com experiência prévia e domínio do setor. Os resultados passados da empresa dão credibilidade e confiança quanto ao sucesso do novo negócio.

O mesmo vale para empresas em reestruturação. Nessa categoria, entram tanto as empresas que estão se acomodando às mudanças de mercado, quanto as empresas que estão na fase de declínio do seu ciclo de vida e precisam de um aporte de capital para reinventar o seu negócio e proporcionar uma sobrevida operacional à empresa.

12.4 Breve histórico da empresa

Caso o plano esteja sendo escrito para descrever uma empresa nascente, essa parte pode ser ignorada; caso contrário, é fundamental deixar claro o histórico da empresa, desde sua fundação até o momento presente, destacando os pontos relevantes e principais marcos, suas conquistas, certificados, reconhecimentos, evolução, mudanças significativas e o desempenho financeiro mais recente.

O propósito dessa seção é dar credibilidade ao plano em função do desempenho passado da empresa e/ou dos sócios empreendedores. O interesse do leitor estará focado no sucesso obtido no passado e no aprendizado adquirido com os erros cometidos. É importante mencionar os termos específicos que justificaram a existência do negócio até o presente momento, dando ênfase aos momentos-chave pelos quais a empresa passou ao longo da sua existência.

Uma linha do tempo pode ser um bom artifício para demonstrar, graficamente, os principais destaques da empresa ao longo de sua vida, como na Figura 12.1:

Figura 12.1 – Exemplo de linha do tempo

1983	1987	1991	1995	2001	2003	2008
↓	↓	↓	↓	↓	↓	↓
Fundação	Prêmio Inovação	Mercado Internacional	Inauguração da segunda fábrica	1ª Franquia	Prêmio Empresário do ano	Aquisição da ZYD

Fonte: elaborada pelos autores.

Além disso, será necessário apresentar um resumo dos resultados dos últimos três a cinco anos para os seguintes indicadores (ou similares, dependendo do tipo de negócio):

- faturamento;
- lucro;
- carteira de clientes;
- índice de endividamento;
- participação no mercado;
- balanço patrimonial;
- fluxo de caixa;
- vendas;
- número de funcionários;
- estoques;
- capacidade de produção.

12.5 Natureza do negócio

Item obrigatório para empresas de serviços, em função da ampla variedade que existe. Mais do que simplesmente explicar se atua em indústria, comércio ou serviços, essa parte pede um detalhamento da classificação da empresa, isto é, se é uma distribuidora, uma terceirizada, um representante, um intermediário, de transformação, de alta tecnologia, de internet, franquia etc., assim como o modelo básico de funcionamento e estrutura.

O empreendedor precisa entender que só um bom produto não é suficiente para que sua empresa obtenha êxito. É preciso ter um negócio. Produtos não geram receita por si só; negócios geram receita. E para que se tenha um negócio, é preciso ter uma estratégia e uma estrutura que permitam posicionar o produto no mercado. É comum empresas que possuem um bom produto "morrerem" porque não conseguem posicionar seu produto no mercado. Alguns exemplos para ilustrar essa questão: não basta uma empresa ter um produto tecnologicamente revolucionário se o preço dele estiver acima do que seu cliente pode ou está disposto a pagar; não basta ter um produto "quentíssimo", que pode gerar receita a curto prazo, se os empreendedores não identificarem outros espaços no mercado para explorar depois que o espaço inicial estiver esgotado (uma empresa não nasce para viver apenas dois ou três anos – ela deve ter perspectiva de vida indeterminada e de crescimento contínuo); não adianta uma empresa ter o produto ideal para seu cliente, se não encontrar uma maneira viável de fazer esse produto chegar até ele; não adianta ter um produto interessante, mas sem diferencial, a ponto de qualquer empresa poder copiá-lo sem dificuldade; e assim por diante.

12.6 Missão e visão

As declarações de missão e visão devem ajudar as empresas a inspirar suas estratégias e definições de objetivos de longo prazo.[2] Embora os fundadores dos negócios tenham clareza da missão e da visão, traduzi-las em palavras para um plano de negócio é, na maioria das vezes, bastante difícil. Em primeiro lugar, a diferença entre as duas declarações é que a missão olha para trás, explicando por que a empresa foi criada e qual é o propósito maior que a move, enquanto a visão olha para a frente, explicando aonde a empresa chegará no futuro dessa jornada de negócio. A seguir, apresentamos algumas regras básicas que facilitam a elaboração dessas declarações no plano de negócio (mais detalhes podem ser obtidos no Material de apoio do livro).

Item	Descrição
Ser feita pelo empreendedor	Sem terceiros, uma visão honesta e original do empreendedor
Evitar clichês	Frases prontas e genéricas não cativam nem tocam
Ter identidade	As pessoas leem a declaração e logo imaginam o negócio
Ser curta e concisa	Poucas palavras, no máximo três linhas, simples e direta

2 OLIVEIRA, D. P. R. *Planejamento estratégico*: conceitos, metodologia e práticas. São Paulo: Atlas, 2012.

Refletir valores, princípios e crenças	De acordo com as convicções mais pessoais do empreendedor
Ter escopo definido	Delimita o que o negócio faz ou fará
Demonstrar o valor percebido pelo cliente	O cliente deve se ver na declaração
Ser atemporal	Resistir ao tempo, se possível, por décadas
Inspirar	Todos que a leem, funcionários, clientes terceiros, diretores etc.

12.7 Localização geográfica

Embora a localização seja considerada uma questão pertinente à estratégia de marketing de um negócio, que em muitos casos diferencia os serviços prestados pela empresa em relação aos concorrentes, cabe uma breve descrição a respeito do assunto nessa parte do plano de negócio. Se for uma indústria, mencionar onde estão localizadas as plantas fabris. Se houver uma estrutura de representação e distribuição, discriminar se é uma estrutura própria ou terceirizada. Se não tiver uma sede fixa, informar o fato; informar também a localização das filiais e outras unidades pertencentes à empresa, assim como a vantagem da localização escolhida. Um mapa com as localizações pode ser útil na seção de anexos.

Defina quais são os critérios para a seleção do melhor local, tais como:

- facilidade de acesso, estacionamento e fluxo de tráfego;
- infraestrutura local, com oferta de serviços públicos de transporte, segurança, limpeza, energia elétrica, telefone, gás, água encanada, entre outros;
- potencial de mercado;
- incentivos fiscais;
- facilidade para aquisição de matéria-prima ou mercadoria;
- facilidade de recrutamento de mão de obra;
- atendimento às possíveis exigências da legislação etc.

Alguns cuidados importantes:

- verifique se o local escolhido é compatível e está em conformidade com a legislação de zoneamento urbano do município ou Estado;
- analise a documentação do imóvel, em caso de aluguéis;
- prepare a documentação do imóvel (IPTU, registro de propriedade ou contrato de locação);
- verifique as licenças de funcionamento (licença prévia de funcionamento e vigilância sanitária, licença ambiental, vistoria do corpo de bombeiros etc.).

A infraestrutura disponível também deve ser citada no plano de negócio, pois muitos imóveis, além da localização, oferecem uma infraestrutura excelente, dependendo de onde se encontram. Por exemplo, se o imóvel está localizado em uma região predominantemente empresarial, como um Centro Empresarial, há mais disponibilidade de linhas telefônicas, linhas de dados e de acesso rápido à internet, heliponto, salas de videoconferências ou reuniões e salas de treinamento, que podem ser da própria empresa ou alugadas.

Outro ponto importante é mencionar a abrangência de cobertura do negócio. A empresa pode atuar em diversos escopos: local, nacional, regional, internacional ou misto. Ela pode ser uma empresa de capital nacional investindo no exterior ou uma empresa multinacional que está iniciando as operações no Brasil. Também pode ser uma empresa que possui uma estrutura descentralizada própria que queira focar a atuação nas regiões mais rentáveis e promover uma centralização de operações.

Mencione, enfim, qualquer informação que dê ao leitor uma ideia da abrangência de atuação da empresa em termos de cobertura geográfica, segmentos ou escopo de serviços dentro de uma cadeia de valor.

Capítulo 13

Estratégia de entrada e crescimento

13.1 Descrição da oportunidade

Se existe um forte motivo para que seu negócio seja iniciado agora, então este é o momento para descrever as razões. Ao descrever a oportunidade, é conveniente fazer uma breve explicação do contexto no qual ela foi identificada, do histórico e dos antecedentes. Muitas vezes, ela surgiu da atividade do empreendedor, de contatos que ele tem, ou ainda de alguma ocorrência ou tendência observada.

Boas oportunidades surgem, em geral, de necessidades ou problemas que se identificam no **ambiente**. Por exemplo, o empreendedor pode ter notado que mais e mais empresas estão começando a concentrar suas compras de materiais de consumo pela internet ou que um grande evento internacional vai mobilizar diversos segmentos da economia, como a Copa do Mundo ou as Olimpíadas mobilizaram.

Ressaltando que um fato só se caracteriza em uma oportunidade quando a tendência, situação, o fenômeno ou notícia observada casa com *alguma coisa que o empreendedor tem para oferecer*. Portanto, descreva também competências, habilidades, conhecimentos, aptidões, contatos, recursos, estrutura e experiências que justificam por que o empreendedor pode explorar tal oportunidade.

Por fim, uma oportunidade só se torna relevante quando existe um *mercado* significativo para transformá-la em negócio. Cite quaisquer evidências, ainda que empíricas, que demonstrem algum grau de receptividade do mercado.

Assim, a identificação da oportunidade resume-se na habilidade do empreendedor de agir sobre algo no ambiente para gerar algum valor pelo qual o mercado estaria disposto a pagar. A Figura 13.1 demonstra a relação entre esses fundamentos.

Figura 13.1 – Fundamentos da oportunidade

Fonte: elaborada pelos autores.

13.2 Estratégia empresarial

Estratégia é o processo de escolher um caminho, dentre várias opções, para atingir um determinado objetivo. Escolhido esse caminho, elabora-se então um planejamento estratégico, ou seja, a descrição de um conjunto de passos ou ações que, se realizado dentro das condições e com os recursos esperados, espera-se que cumprirá a estratégia e atingirá o objetivo almejado.

Mas como fazer uma boa escolha? A estratégia pressupõe duas etapas fundamentais: a primeira é a identificação dos possíveis caminhos e a segunda é a escolha em si. Cada etapa requer formas de pensamento completamente diferentes. Identificar possíveis caminhos requer um pensamento aberto, subjetivo, holístico, que envolve a capacidade perceptiva e a intuição. Criatividade aqui representa vantagem competitiva. Para atingir o objetivo, é necessário verificar outras possibilidades de caminhos, outras rotas, outros percursos. Ser líder de mercado, lançar produtos inovadores, adquirir concorrentes, verticalizar a cadeia de produção, aumentar a rede de representantes comerciais, exportar, terceirizar a distribuição, entre outros, são todas possibilidades, caminhos diferentes, estratégias.

Já para fazer a escolha, é preciso ter um pensamento mais objetivo e analítico, estudar os prós e os contras, avaliar os riscos e as vantagens, perceber as particularidades do mercado e dos concorrentes, ter ciência de suas próprias competências. Conhecimento aqui representa vantagem competitiva. Sonegar impostos é certamente um caminho, mas os riscos e as questões éticas envolvidas compensam? Diversificar os negócios é uma boa opção quando sua competência está no capital intelectual? O que dificulta o processo estratégico, além de imaginar os possíveis caminhos, é tomar a decisão de qual caminho escolher sem ter todos os elementos à mão para estar seguro da decisão. Muitos não empreendem porque não se sentem à vontade diante de tal situação e paralisam. Outros não empreendem porque se sentem à vontade demais e correriam riscos desnecessários, sem a devida análise, e acabariam quebrando.

O bom empreendedor elenca um ou mais caminhos que possam ser usados de forma conjunta ou complementar. No processo de escolha, é necessário avaliar as alternativas, o ambiente, os elementos internos e externos ao negócio, outras formas de influência, ações dos competidores, entre outros fatores.[1] Falaremos a seguir de alguns exemplos de estratégia para negócios nascentes (entrada no mercado) e já estabelecidos (estratégias de crescimento).

13.3 Estratégia de entrada no mercado

Para entrar no mercado, uma empresa nascente precisa levar em conta o que é importante dentro do seu setor. Estudar como outras empresas do mesmo ramo ou similares fizeram para conseguir se estabelecer pode ser um excelente aprendizado para escolher alguma estratégia, no mínimo, parecida com a deles.

1 OLIVEIRA, D. P. R. *Planejamento estratégico*: conceitos, metodologia e práticas. São Paulo: Atlas, 2012.

Existem muitas possibilidades de começar um novo negócio. Alguns exemplos de alternativas estratégicas de ação são:

- precificação: entrar com preço baixo por alguns meses, estabelecer um mercado e, aos poucos, ir adequando o preço ao que o mercado pratica;
- parcerias: constituir parcerias com redes de distribuidores para ganhar escala de capilaridade a curto prazo;
- produtos: imitar as práticas e copiar os produtos dos líderes de mercado e depois investir em inovação;
- fornecedores: fechar contratos de exclusividade com fornecedores de matérias-primas escassas;
- tecnologia: comprar tecnologias inovadoras de institutos de pesquisa e desenvolver produtos com base nelas;
- operações: montar uma estrutura enxuta de produção, com base em recursos terceirizados para minimizar custos de entrada no mercado.

Muitas dessas escolhas estão relacionadas com o mercado. Uma pergunta a que o empreendedor precisa responder é: Eu tenho um produto e vou procurar um mercado para ele ou eu sei a qual mercado quero atender e preciso desenvolver um produto para isso? Se a abordagem for mercadológica, é preciso entender bem o mercado e como ele está segmentado para então definir qual será o produto e quais características ele deve ter. Se existe um potencial, é preciso especificar que estratégia será adotada para aumentar a participação. Se for um mercado novo, é necessário explicar como as barreiras de entrada serão rompidas. Será abordando o mercado do principal concorrente? Aumentando o tamanho do mercado criando novos consumidores/clientes ou gerando novas necessidades? Mudando o posicionamento do produto? Ou consolidando, padronizando e diversificando modelos?

O importante no processo de escolha estratégica é ficar atento ao fato de que muitas dessas possibilidades são mutuamente exclusivas, ou seja, ao escolher um caminho, deve-se abrir mão de outra(s) alternativa(s) possível(is). Esse processo, conhecido como *trade-off*,[2] muitas vezes é ignorado e, por isso, empreendedores acabam tomando decisões equivocadas. Um exemplo típico é a escolha entre estratégias baseadas em baixo custo ou em diferenciação. Ao escolher a estratégia de baixo custo, o empreendedor está partindo do pressuposto de que o cliente típico não quer nenhum diferencial, pois não está disposto a pagar mais por ele, o produto, portanto, deve ser o mais básico possível, contendo apenas as características essenciais, com uma estrutura operacional o mais enxuta e eficaz possível. Essa estratégia não é compatível com nenhuma outra que exija investimentos em características adicionais ou melhor qualidade nem em serviços agregados. Já a estratégia de diferenciação parte do pressuposto de que o cliente típico está disposto a pagar mais do que paga ao concorrente se perceber algum diferencial no produto que seja relevante para ele.

2 PORTER, M. E. What is a strategy? *Harvard Business Review*, v. 74, p. 61-78, nov.-dez. 1996.

Nesse tipo de estratégia, o produto deve ser desenvolvido considerando todas as possibilidades de adicionar valores na forma de qualidade, funcionalidades, serviços ou design. Logo, trabalhar com a estratégia de baixo custo não é compatível com a estratégia de diferenciação porque qualquer diferenciação terá um custo e esse custo deve ser incorporado ao preço final do produto.

Além dessas duas abordagens, existe também a de enfoque, que não se compara com a de custo nem com a de diferenciação, pois esse caminho parte do pressuposto de que o mercado é tão segmentado, tão específico e tão pequeno, que não há concorrente ou então há poucos. Ao escolher essa abordagem, o empreendedor tem a vantagem de ter poucos concorrentes, porém sabe que o mercado também é limitado, o que se caracteriza como outro exemplo de *trade-off*: ou o mercado é grande e há muitos concorrentes ou o número de concorrentes é pequeno para um mercado também pequeno. A única exceção acontece para mercados emergentes, ou seja, quando se inova ao criar necessidades não existentes antes, ou seja, criam-se novos mercados.

Figura 13.2 – Processo de *trade-off*

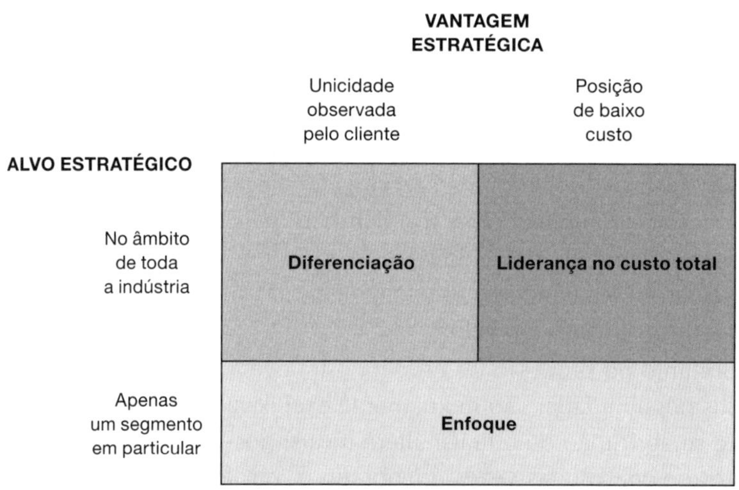

Fonte: PORTER, 1996.

13.4 Estratégia de crescimento

As estratégias de crescimento partem do princípio de que o negócio iniciante já tem algum tempo de vida e chegou a um ponto em que, para crescer, exige uma abordagem diferente da que foi usada para se estabelecer. Em um plano de negócio com horizonte de cinco anos, dificilmente um negócio pode atingir rápido crescimento sem adotar uma estratégia diferente da de entrada. Aqui, apresentamos basicamente duas formas de crescer: aumentando a participação no mercado ou aumentando as vendas no mercado já existente. A Figura 13.3 demonstra essa relação.

Figura 13.3 – Matriz produto *versus* mercado

Fonte: ANSOFF, 1977.

A estratégia mais conservadora é a de **penetração no mercado**, na qual se vende mais do mesmo produto para o mesmo mercado em que o negócio já atua e conhece. O risco é baixo porque as variáveis envolvidas já são conhecidas e dominadas.

A estratégia de **desenvolvimento de produtos** sugere a criação e a oferta de novos produtos para o mercado já existente e parte do pressuposto de que o custo de desenvolvimento de novos mercados é elevado e de alto risco ou então de que o atual mercado de domínio ainda tem espaço porque é mal atendido em suas demandas.

A estratégia de **abertura de novos mercados** sugere o desenvolvimento de novos mercados para levar os produtos já existentes. Parte do pressuposto de que o custo de desenvolvimento de novos produtos é alto ou que o produto é altamente flexível para ser levado a outros mercados com custo mínimo de adaptação.

A estratégia mais inovadora é a de **diversificação**, porém é igualmente a de maior risco, pois mexe ao mesmo tempo com as duas variáveis: levar novos produtos a um mercado não atendido antes. Ela é adequada quando o mercado atual está estagnado ou quando o novo mercado demanda novos produtos com rapidez.

13.5 Competição *versus* cooperação

Nem todas as estratégias precisam ser de competitividade. Dependendo do setor e de sua situação, cooperar com os concorrentes pode ser mais vantajoso para todos que atuam no setor. Esta é uma situação típica de mercados ou setores emergentes da economia, em que há um grande potencial de crescimento que pode ser acelerado se as empresas atuantes se predispuserem a juntar esforços para desenvolver o mercado.

Um bom exemplo é o setor de alimentos orgânicos. Como a população está se conscientizando aos poucos dos valores dos alimentos orgânicos, o mercado ainda é pequeno, porém apresenta uma grande tendência de crescer rapidamente à medida que o público-alvo conhece mais esse tipo de produto. Nesse caso, estratégias baseadas em cooperação são mais eficazes, pois, quanto mais pessoas adotarem esse tipo de alimentação, todos ganharão. Nesse sentido, palestras, artigos, matérias de jornal, campanhas e outras atividades de divulgação e disseminação da cultura orgânica contribuem para o aumento da conscientização e a mudança da cultura e dos hábitos de consumo.

As Figuras 13.4 e 13.5 demonstram uma comparação entre as estratégias de cooperação e de competição. No primeiro modelo, o de competição, o mercado não cresce, então a única forma de uma empresa crescer na participação é "roubando" o mercado dos concorrentes. No segundo modelo, o de cooperação, o mercado cresce para todos, então a empresa pode até continuar com a mesma participação de mercado, porém suas vendas como um todo aumentarão.

Figura 13.4 – Competição

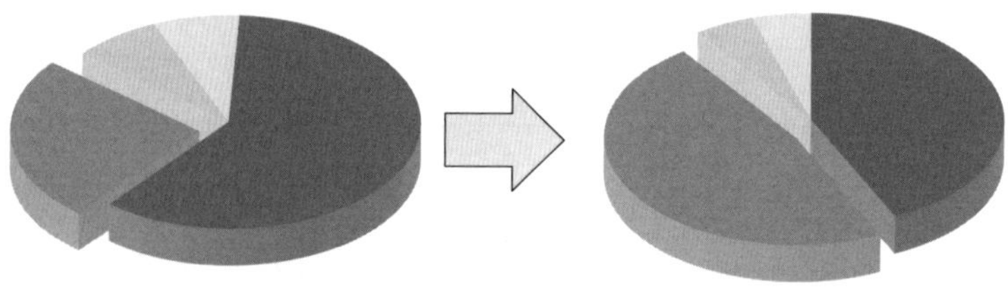

Na competição, o mercado continua igual; a empresa cresce tomando mercado do concorrente. Observe que o mercado total é do mesmo tamanho, mas a fatia aumenta, levando à redução da fatia dos concorrentes.

Fonte: elaborada pelos autores.

Figura 13.5 – Cooperação

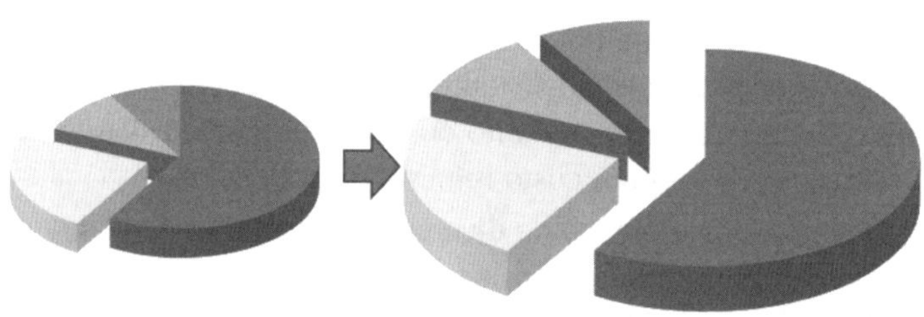

Na cooperação, o mercado cresce; a empresa cresce ajudando o concorrente a também aumentar o mercado. Observe que a fatia é proporcionalmente do mesmo tamanho, mas como o mercado total aumenta, todos os participantes do mercado têm sua fatia aumentada.

Fonte: elaborada pelos autores.

No Material de apoio on-line, outras estratégias de entrada e crescimento podem ser úteis para escrever esta seção do plano de negócio, incluindo o uso adequado dos Fatores Críticos de Sucesso (FCS), o balanceamento do portfólio de produtos (conhecido como Matrix BCG), as Ondas de Competitividade de Nigel Slack e a importância das alianças estratégicas.

13.6 Objetivos estratégicos

Estratégias são os caminhos que a empresa irá trilhar para cumprir sua missão. Elas afetam a empresa como um todo e definem sua postura perante o mercado. Os objetivos estratégicos são elaborados a partir da missão e da visão da empresa e estabelecem os objetivos a longo prazo da corporação (geralmente em um prazo médio de três a cinco anos). O Material de apoio on-line traz mais informações sobre como escrever sua declaração de missão e visão.

Os objetivos são definidos com palavras e frases que indicam intenções gerais da empresa e o caminho básico para chegar ao destino desejado. Eles são o referencial do planejamento estratégico, o que a empresa busca atingir, e devem ser escritos de forma que possam ser medidos, comparados e avaliados.[3]

São mais precisos do que a missão, pois estabelecem resultados concretos a serem atingidos em um determinado prazo e de maneira quantitativa, passível de mensuração. Por exemplo: Qual é a participação de mercado pretendida pela empresa? Quanto ela quer faturar? Em quanto tempo? Quanto quer crescer ao ano? E assim por diante. Podemos dividir os objetivos estratégicos em:

- **situação planejada desejada**: descreva em detalhes o que deseja com a sua empresa, desde sua formação até um horizonte visível. Fale um pouco sobre o seu mercado e qual é a porcentagem dele que você acha que pode atingir, bem como quais são as estratégias de marketing que serão utilizadas para lograr esse objetivo; explique também como definiu a estrutura organizacional de sua empresa. Trace outras considerações de interesse, como planos de expansão, possibilidades de parceria etc. Enfim, descreva de modo geral aonde você quer chegar e como vai fazer isso;
- **foco da empresa**: descreva aqui qual é o foco de seu negócio, ou seja, em que segmento do mercado pretende atuar. Lembre-se de que é muito perigoso atuar em diversas áreas ao mesmo tempo; se pretende abrir uma empresa de turismo, uma possível diversificação futura deve manter este foco; por exemplo, seria perigoso abrir um negócio de alimentação dentro da estrutura de sua empresa. Melhor seria ampliar o negócio com produtos e/ou serviços complementares ao seu ramo de negócio.

Existem ainda outros dois tipos de objetivos, os **táticos** e os **operacionais**. Os objetivos táticos derivam dos estratégicos, têm um horizonte de tempo mais curto e são implantados no nível departamental, com foco mais imediato e um planejamento organizado e estruturado. São os objetivos táticos que inspiram a definição dos objetivos operacionais, com um horizonte de tempo medido em semanas ou meses e implantados em áreas específicas dos departamentos. Veja um breve resumo dos três tipos de objetivos na Tabela 13.1.

Tabela 13.1 – Objetivos estratégicos, táticos e operacionais

Característica	Estratégicos	Táticos	Operacionais
Nível hierárquico	Toda a empresa	Departamentos	Equipe
Abrangência de ação	Global	Departamental	Específica
Horizonte de tempo	5 anos	1 ano	3 meses

3 OLIVEIRA, 2012.

Foco	Visão do futuro	Atual	Imediato
Dependência	Missão e Visão	Objetivos estratégicos	Objetivos táticos
Exemplo de plano	Planejamento estratégico	Plano de marketing	Plano de contingência
Exemplo de meta	Crescer 12% ao ano	Lançar novo produto	Rever contrato de suporte

Fonte: elaborada pelos autores.

Já as **metas** são ações específicas e mensuráveis que constituem os passos para se atingir um objetivo. São definidas por números e resultados a serem alcançados.[4]

Um objetivo pode possuir várias metas específicas que, em conjunto, cumprem o objetivo estipulado. Os objetivos de uma empresa podem ser definidos com frases como "tornar-se líder de mercado" ou "ser a que oferece os menores preços", ou, ainda, "atingir o ponto de equilíbrio em agosto de 2020" e "obter o retorno sobre determinado investimento em 24 meses".

O que define boas metas é o conjunto de características bem definidas que devem ser estabelecidas para o plano de negócio.

- Específicas: devem focar um objetivo específico e nada além dele. É possível ter várias metas diferentes, mas cada uma deve ser específica, enquanto o conjunto pode ser abrangente.
- Mensuráveis: é preciso que as metas possam ser medidas para poder avaliar seu desempenho e definir eventuais correções de rumo.
- Realistas: boas metas devem representar um bom equilíbrio entre desafio e realidade, ou seja, não podem ser fáceis demais de atingir, mas também não podem ser inalcançáveis.
- Definidas no tempo: as metas precisam ter um prazo para cumprimento, caso contrário corre-se o risco de nunca atingi-las porque não há estímulo para realizá-las.
- Relevantes: os resultados obtidos ao se atingir uma meta devem ser importantes para alguém ou para atingir um bem maior.

13.7 Responsabilidade social

Está se tornando cada dia mais comum a participação de empresas em atividades de responsabilidade social.[5] Investidores e parceiros, ao tomar a decisão de se associar a uma empresa, levam em consideração o comprometimento que existe por

4 TIFFANY, P. & PETERSON, S. D. *Planejamento estratégico*: o melhor roteiro para um planejamento estratégico eficaz. Rio de Janeiro: Campus, 1998.

5 KARKOTLI, G.; ARAGÃO, S. D. *Responsabilidade social*: uma contribuição à gestão transformadora das organizações. 4. ed. Petrópolis: Vozes, 2010.

parte dela para com a sociedade e o meio ambiente. Nesse sentido, se a empresa provoca algum dano ambiental, como poluição, sacrifício de áreas verdes ou de fontes naturais de recursos, é esperada alguma medida de compensação ou de minimização desses danos, ainda que em detrimento do próprio negócio. Se a empresa gera algum tipo de impacto positivo na sociedade, independentemente dos resultados do negócio, esse impacto deve ser ressaltado aqui. Se a empresa gera algum tipo de impacto negativo, como trânsito, insegurança ou desemprego, é esperada alguma medida de reparação do dano ou de minimização do seu impacto.

Essas medidas podem revelar um aspecto a ser valorizado durante a análise conjunta de todos os fatores apresentados no plano de negócio. Pode ser o subsídio a algum programa de apoio e promoção social, a instituição de um plano de incentivos entre os funcionários para apoio às comunidades carentes, a doação de equipamentos ou produtos para classes menos privilegiadas, ou a promoção de um evento social, entre outras iniciativas.

Capítulo 14

Descrição do produto/serviço

Nesta parte do plano de negócio, é preciso descrever detalhadamente as características e os benefícios do produto (bem tangível) ou serviço a ser vendido. Deve ficar claro para o leitor quais são as diferenças entre esses dois atributos: as características dizem respeito aos aspectos físicos (tamanho, peso, formato, cor) e às funcionalidades (feito de, usado para, aplicado como), enquanto os benefícios estão relacionados à satisfação do cliente, àquilo que o produto lhe proporciona (conveniência, segurança, garantia, facilidade de uso, felicidade). Se possível, faça uma comparação com os atributos dos produtos da concorrência. Dependendo de quem vai ler o plano, é preciso ter um cuidado adicional com o vocabulário utilizado. O recomendável é empregar uma terminologia apropriada ao repertório do leitor para evitar especificidades de ordem técnica que possam afastar seu interesse.

Se você tem um produto e um serviço (por exemplo, as empresas de entrega de pizza, para as quais contam tanto a qualidade do produto quanto a do serviço de entrega), não deixe de mencionar isso no seu plano de negócio.

Liste também os produtos ou serviços futuros que planeja fornecer quando sua empresa crescer. Você precisará fundamentar suas declarações incluindo cópias de fotos, diagramas e certificados na seção de anexos. No caso de um serviço, um diagrama ajuda, algumas vezes, a transmitir aquilo que está sendo fornecido pela empresa.

14.1 Estrutura do produto

Descreva detalhadamente todas as características percebíveis do produto. Uma foto ou gráfico contribui para demonstrar o que ele é, mas a estrutura também precisa ser apresentada, pois servirá de base para a determinação dos custos diretos do produto. Por isso, descreva a quantidade e as dimensões da matéria-prima de cada componente do produto final. O detalhamento deve ser maior à medida que o custo dessa matéria-prima for maior na composição do produto, seja pelo custo direto ou pelo processo.

14.2 Uso e apelo

Uma vez descrito o produto ou serviço, o empreendedor deve fazer comentários a respeito da natureza dos seus vários usos e daquilo que constitui seu apelo. Essa é a oportunidade de enfatizar as características exclusivas do produto ou serviço e estabelecer o potencial do empreendimento.

Em alguns casos, o apelo pode ser baseado em benefícios tangíveis e funcionais. Por exemplo, um certo produto pode executar uma tarefa mais depressa, ou de forma mais eficaz. Em outros casos, o apelo pode estar baseado em benefícios intangíveis. Por exemplo, telhas são usadas para proteger a casa contra vento, chuva e sol, mas o apelo de alguns tipos específicos de telha é o design, a imagem de sofisticação e bom gosto.

Uma boa pesquisa de mercado pode ser crucial nesta parte do plano. Às vezes, achamos que o cliente compra nosso produto por um motivo e acabamos descobrindo que o apelo é completamente diferente do que imaginávamos. Um dono de bar, por exemplo, pode achar que as pessoas vão lá para beber e conversar e pode se surpreender ao descobrir que vão para paquerar. Uma marca de colônia pode achar que seu cliente é o homem que quer se sentir atraente para as mulheres, quando na verdade seu cliente são as mulheres que compram presentes para seus namorados ou maridos. Entender bem o principal apelo de seu produto ajuda a definir não só o mercado, mas principalmente a estabelecer a melhor estratégia de produto e de comunicação.

Também é útil informar uma relação de especialistas ou usuários já familiarizados com os produtos ou serviços e que farão comentários favoráveis sobre eles. Tais testemunhos podem ser incluídos, sob a forma de carta ou relatório, na parte de anexos.

14.3 Potencial e vantagens competitivas do produto/serviço

Nesta parte, o empreendedor vai descrever como o produto/serviço é competitivo em relação ao mercado e mencionar suas vantagens em relação à concorrência. Algumas dessas características podem ser o preço, a qualidade, o prazo de entrega, as funcionalidades, as características únicas, a flexibilidade para se adequar às necessidades do cliente etc. Também deve apontar, ainda, se há características que o produto não detém hoje, mas possui pleno potencial para desenvolver no futuro e aumentar a sua competitividade. Se isso representar um valor agregado percebido pelo cliente, a projeção de faturamento deve ser corrigida a partir dessa data futura.

É possível que esta parte do plano se encaixe melhor na seção de valor do cliente ou de análise da concorrência, pois a análise competitiva do produto sempre leva em consideração seu posicionamento competitivo em relação aos principais concorrentes na capacidade de entrega de benefícios cujo cliente consegue enxergar o valor entregue como algo importante para si. Se a grande vantagem competitiva do negócio residir no próprio produto, então é melhor deixar essa análise nesta seção mesmo.

O importante é descrever os aspectos mais competitivos do produto e, se possível, traçar um comparativo com os concorrentes e mostrar o modelo de valor do cliente e a dimensão da competitividade descrita na seção de estratégia do negócio. Em negócios nascentes, é possível que faltem informações sobre aspectos de competitividade, uma vez que muitos diferenciais só se tornam evidentes quando o produto já está no mercado. Nesse caso, deixe claro quais são as características de diferenciação com maior potencial, que estejam no planejamento do desenvolvimento do produto, com base em pesquisas realizadas no mercado.

14.4 Habilidades de certificação de normas técnicas e metrologia

O empreendedor deve investigar na literatura do setor e com profissionais do meio quais são os requisitos legais mínimos para a liberação do produto no mercado.

O aspecto legal vai além das inspeções e autorizações para operar o negócio, pois esses requisitos se referem exclusivamente ao produto em si.

A maior parte das atividades produtivas deve respeitar um conjunto de requisitos estabelecidos pela coletividade para uniformizar as ofertas e garantir padrões mínimos de qualidade. Embora a imposição de muitas normas acabe limitando a capacidade de inovação, elas são fundamentais para garantir mais confiabilidade aos produtos e serviços. De livros a DVDs, de cintos de segurança a cabeamento de rede, de serrotes a tanques de oxigênio, de formas de tijolo a mesas, todos os produtos devem obedecer a padrões preestabelecidos em suas respectivas áreas de produção.

A Associação Brasileira de Normas Técnicas (ABNT) é o primeiro órgão que deve ser procurado para buscar referências técnicas. A maioria dos setores da economia é normatizada pela ABNT[1] ou então a ABNT centraliza as entidades internacionais de normatização, como a International Standardization Organization (ISO), International Electrotechnical Commission (IEC), National Fire Protection Association (NFPA), Associação Mercosul de Normalização (AMN) e Padrões Industriais Japoneses (JIS).

Outra instituição importante a se consultar é o Inmetro,[2] órgão do governo que estabelece padrões de segurança e normas de conformidade e exerce a fiscalização sobre as empresas no Brasil no cumprimento de padrões e normas. É preciso também consultar os órgãos reguladores específicos do seu ramo de atividade. Alguns setores da economia são altamente regulados pelo governo, como os setores bancário (Febraban), de telecomunicações (Anatel), elétrico (Aneel), de serviços de saúde (ANS), de alimentos e bebidas (Anvisa), de aviação civil (Anac), de cinema e audiovisual (Ancine), de petróleo e gás (ANP), de transportes (ANTT), entre outras agências reguladoras e normativas.

Cada setor possui formas próprias de se organizar ou de reunir interesses em comum, sempre com o intuito de obter credibilidade junto aos integrantes e representatividade junto a órgãos do governo. Essas organizações podem ser associações de classe, como a Associação Comercial de São Paulo (ACSP), as federações da indústria, como a Federação da Indústria de Minas Gerais (FIEMG), os sindicatos patronais, como o Sindicato das Indústrias Farmacêuticas (Sindusfarma), e assim por diante.

14.5 Propriedade industrial ou direitos associados

O direito à propriedade assegura ao seu autor proteção contra o uso sem autorização por terceiros de sua produção intelectual. Essa proteção se faz pelo registro de patentes, licenças, direitos autorais, marcas de produtos. Mesmo que não se preveja que tais proteções venham a ter qualquer influência sobre o negócio, deve ser feito algum comentário a respeito.

Na quase totalidade dos países, o direito à propriedade é assegurado por uma legislação específica que envolve:

1 Disponível em: http://www.abnt.org.br. Acesso em: 4 abr. 2019.

2 Disponível em: http://www.inmetro.gov.br. Acesso em: 4 abr. 2019.

- patentes para invenções ou inovações tecnológicas;
- direito autoral para livros, músicas e programas de computador;
- registro de nomes, marcas e logotipos.

A maioria dos países, por acordos internacionais, aceita o reconhecimento mútuo dos direitos de propriedade, ou seja, o registro em um país é automaticamente reconhecido no outro. Para isso, são estabelecidas regras básicas que devem ser seguidas pelos sete países signatários do acordo, que possuem reconhecimento do direito autoral.

No Brasil, o órgão que efetua o registro de marcas e patentes e o depósito de obras protegidas pelo direito autoral é o Instituto Nacional de Propriedade Industrial (INPI), autarquia federal vinculada ao Ministério de Desenvolvimento, Indústria e Comércio Exterior. No site do INPI[3] pode ser encontrada toda a legislação brasileira sobre o assunto.

Além de concessão de marcas e patentes, o INPI também é responsável pela averbação dos contratos de transferência de tecnologia, pelo registro de programas de computador, contratos de franquia empresarial, registro de desenho industrial e de indicações geográficas. Com relação às marcas e patentes, o INPI faz a seguinte distinção:

- marca: é todo sinal distintivo, visualmente perceptível, que identifica e distingue produtos e serviços de outros análogos, de procedência diversa, bem como certifica sua conformidade com determinadas normas ou especificações técnicas;
- patente: é um título de propriedade temporária sobre uma invenção ou modelo de utilidade, outorgado pelo Estado aos inventores ou autores ou outras pessoas físicas ou jurídicas detentoras de direitos sobre a criação. Em contrapartida, o inventor se obriga a revelar detalhadamente todo o conteúdo técnico da matéria protegida pela patente. Durante o prazo de vigência da patente, o titular tem o direito de excluir terceiros, sem sua prévia autorização, de atos relativos à matéria protegida, tais como fabricação, comercialização, importação, uso, venda etc.

Além disso, é importante notar que essas proteções não se aplicam somente ao produto ou serviço final. O processo de fabricação de um produto ou uma característica isolada de um produto multidimensional também podem ser patenteados. De uma forma geral, existem aspectos únicos que podem não ser patenteados, mas devem ser descritos aqui, ou aspectos únicos qualificados como segredo de mercado. O benefício dessa proteção é evidente e pode permitir ao seu detentor alguma vantagem competitiva por um certo período. Isso pode ser especialmente importante no caso de uma empresa em estágio inicial.

As licenças não se limitam apenas a produtos de alta tecnologia; uma empresa pode garantir uma licença para ser distribuidora exclusiva de um produto. Certificações, certificados, regulamentações etc. também se enquadram nessa categoria.

3 Disponível em: http://www.inpi.gov.br. Acesso em: 4 abr. 2019.

14.6 Estágio evolutivo de cada linha de produto/serviço

Trata-se de descrever a situação em que se encontra o desenvolvimento de cada produto/serviço, mesmo que seja só o projeto que ainda não saiu do papel, ou um protótipo que você ainda vai começar a pesquisar e desenvolver, ou pode ser que o produto já esteja consolidado mas vai sofrer modificações. Neste momento também pode ser relevante descrever o processo evolutivo de um produto consolidado ou em processo de reestruturação. É possível, por exemplo, explicar como as mudanças incorporadas no produto original ao longo do tempo serviram para lhe agregar valor até torná-lo o que é hoje. Pode valer a pena, também, discriminar as eventuais etapas evolutivas futuras do produto. Essa parte deve ser redigida de acordo com o objetivo do plano: se forem muitas linhas de produto ou serviço, basta escrever apenas o que for relevante para o plano ou a principal linha de produtos. Também é válido inserir fotos das versões anteriores do produto.

Este ponto pode ser crítico para o negócio dependendo do momento em que o plano será utilizado para obter recursos ou apoios. Se o negócio depende do desenvolvimento do produto, então é bem provável que ele aconteça simultaneamente ao desenvolvimento do plano, pois, se o empreendedor já tem a intenção de lançar um produto com fins lucrativos, deve pensar no negócio paralelamente ao produto. Muitas funcionalidades e características do produto serão concebidas em função da sua atratividade para o mercado e do potencial para o desenvolvimento de negócios.

Em algum momento, o plano de negócio estará pronto para ser usado a fim de captar recursos ou conseguir apoios externos. É esperado que, nesse ponto, a maior parte do ciclo de desenvolvimento do produto já esteja completa e que os estágios de desenvolvimento já tenham sido descritos no plano de negócio. Porém, se o grau de dependência de tecnologia for muito alto, talvez seja necessário o levantamento de capital e recursos para o desenvolvimento do produto. Nesse caso, o plano seria escrito para esse fim. O grande problema nesse tipo de situação é que a ideia de negócio costuma estar em estágio muito menos maduro do que o produto e o plano não passaria de uma projeção baseada em conjecturas com baixo grau de certeza.

Se for esse o seu caso, considere a possibilidade de usar fundos externos apropriados com a finalidade de transformar uma tecnologia em um produto que não exija um plano de negócio elaborado. Existem muitos fundos de pesquisa, de natureza pública ou privada, destinados apenas a esse fim e que não exigem contrapartida na forma de resultados, como a Finep ou as Fundações de Amparo à Pesquisa.

Caso o produto seja baseado em tecnologia, mencione as atividades de pesquisa e desenvolvimento que estão originando ou originaram os produtos e serviços que serão comercializados. Em alguns modelos de negócio, como discos, livros e *softwares*, há um grande esforço de desenvolvimento do produto antes de se iniciar as vendas em escala. Cada produto novo gera essas atividades. Muitas atividades caracterizadas por projetos, como construção, móveis sob encomenda ou sistemas aplicativos, também possuem um considerável trabalho de planejamento e gestão de atividades de desenvolvimento do produto/serviço. Qualquer empresa que comercialize produtos de base tecnológica deve possuir, necessariamente, uma política interna de pesquisa e desenvolvimento.

Empresas de pequeno porte geralmente não possuem recursos para instalar laboratórios de pesquisa e desenvolvimento dentro da própria empresa, mas podem recorrer a parceiros como institutos de pesquisa e universidades. É preciso que o orçamento dessas empresas preveja uma parcela significativa para pesquisa e desenvolvimento.

A empresa também deve cultivar um plano de desenvolvimento de novos projetos, produtos e tecnologias, que atendam às demandas futuras do mercado, e deve expressar, nesse item, quais são suas perspectivas para o futuro. É importante que o empreendedor perceba que todo produto tem um ciclo de vida e que, para manter-se na vanguarda, é preciso pesquisar continuamente e desenvolver novos projetos. Não é efetivo centrar-se apenas no projeto/produto atual. Devem-se incluir outras ideias complementares e sugestões de evolução do produto/serviço.

14.7 Tecnologia aplicada ao produto/serviço

Hoje em dia, a empresa que desenvolve produtos com teor tecnológico, tanto no processo de produção como no produto em si, deve sempre procurar dominar o máximo da tecnologia possível. Se a empresa é detentora da tecnologia, isso deve ser enfatizado no plano de negócio como um diferencial competitivo em relação à concorrência.

Para manter-se competitivo, é necessário manter-se atualizado quanto às tendências tecnológicas e especialmente as empresas intensivas em tecnologia dependem do desenvolvimento contínuo de produtos e serviços que promovam a inovação tecnológica. Se estiver usando tecnologia exclusiva ou de última geração do produto/serviço, deve-se descrever a natureza da tecnologia, sua origem e os principais estudos relacionados. É importante também especificar o grau de dependência da tecnologia, ou seja, até que ponto a tecnologia exerce influência sobre o produto/serviço, assim como o grau de sensibilidade do produto à sua mudança. No entanto, se a empresa depende de fornecedores ou parceiros tecnológicos, deve demonstrar como fará para diminuir ou eliminar essa dependência. Se isso não for possível, então deve estabelecer estratégias de proteção a esse risco. Pode ser que a tecnologia seja usada uma única vez no desenvolvimento do produto, mas pode ser que ela seja requerida no processo produtivo contínuo. Assim, é preciso saber por quanto tempo a atual tecnologia o mantém em posição competitiva.

Se o produto é novo e único no mercado e a empresa é parceira de quem detém a tecnologia, uma boa alternativa seria requerer o depósito de patente do produto antes de partir para a comercialização. Se a tecnologia já está disseminada no mercado, a empresa deve demonstrar que não terá problemas com sua utilização, obtendo uma licença de uso. Se a empresa possui parceiros fortes, como institutos de pesquisa ou universidades, deve citá-los e explicar como ocorre essa interação e quais partes do negócio cabem a cada envolvido.

Parte IV

Estudo do ambiente

Capítulo 15

Análise setorial

Consiste em descrever o setor do negócio, incluindo a análise da indústria ao longo dos últimos anos. Em alguns casos, setores secundários – como o de clientes ou de fornecedores – podem estar diretamente relacionados ao seu setor, e vale a pena explicar pormenores que possam ser úteis na compreensão do negócio. Tome como exemplo uma fábrica de cintos de segurança que atende uma montadora de automóveis. Ambas atuam no segmento da indústria automotiva e devem descrever esse setor de forma geral e, em seguida, concentrar-se nas especificidades do subsetor no qual cada uma está inserida. Já uma fábrica de garrafas PET pode ter como mercado tanto empresas de refrigerantes quanto aquelas que comercializam óleo de cozinha, ou seja, setores diferentes. Nesse caso, o plano deve trazer uma descrição breve e abrangente do setor de embalagens de plástico, mais especificamente o de garrafas PET, mas deixar a descrição dos mercados de bebidas e óleos de cozinha para a seção de marketing, pois trata-se de mercado e não mais de setor.

É importante ter bem esclarecida essa diferença entre setor e mercado.[1] O setor é a área de atuação da empresa e o mercado é geralmente subdividido em concorrente, consumidor e fornecedor. Por exemplo, um dos segmentos do setor de *agrobusiness* é o processamento de milho, que pode ter como mercados a indústria de balas, a indústria de refrigerantes e a indústria de corantes. Em suma, setor é onde a empresa atua e mercado é para quem ela vende.

De uma forma geral, procure responder às seguintes perguntas, antes de colocar as informações do setor no plano de negócio:

- Quais fatores influenciam as projeções de crescimento do setor?
- Por que o setor se mostra promissor?
- Quais são as oportunidades e as ameaças (riscos) desse setor?

15.1 Limitações e entraves do setor

Aqui devem ser descritas as restrições que afetam o setor, incluindo leis, influência política, normatização de órgãos do governo ou de entidades e associações de classe. Informe se há sensibilidade perante efeitos macroeconômicos ou influências internacionais, exposição a greves e manifestações. Atenha-se a informações não relacionadas à dificuldade de abordagem de mercado, à alta competitividade ou ao poder de barganha de fornecedores, que são tratados em outros itens. Aqui, o crucial

1 KOTLER, P.; ARMSTRONG, G. *Principles of marketing*. 12. ed. New Jersey: Pearson/Prentice Hall, 2008.

é identificar pontos que são inerentes ao setor, como força dos sindicatos na indústria metalúrgica, resistências culturais à assimilação de novos hábitos ou até mesmo restrições impostas pela legislação às práticas adotadas na indústria. Falta de disponibilidade de mão de obra especializada, limitações de tecnologia disponível, dificuldade na obtenção de recursos básicos ou forte influência de cartéis ou monopólios também fazem parte desse item. Em alguns casos, a análise do mesmo setor em outros países pode dar dicas sobre essas limitações.

Uma informação altamente relevante, porém de difícil obtenção, são as particularidades do setor. Alguns dados sobre o funcionamento do setor só são de domínio de quem atua há algum tempo nele e tem experiência no ramo e não são obtidas por fontes secundárias de domínio público. Portanto, relações de natureza política em licitações públicas, pré-acordos com sindicatos na contratação de mão de obra, intermediação de consultorias especializadas na prestação de serviços, obtenção de certidões falsas para participar de concorrências, oligopólios e cartéis, entre outras práticas, lícitas ou não, porém já estabelecidas e institucionalizadas em certos setores, não estão escritas em nenhum lugar e devem ser analisadas ao se considerar o estabelecimento de um novo negócio. Não é raro empreendedores se arrependerem de entrar em setores cujas práticas conflitam com seus valores e princípios pessoais.

15.2 Segmentação

A segmentação é a decomposição do setor em outros subsetores, pois ele pode ser amplo demais quando sua empresa é muito especializada. Assim, o setor de bebidas é segmentado em alcoólicas e não alcoólicas, sucos e refrigerantes, sucos naturais e em pó, sucos concentrados e prontos para beber etc. Observe que tal segmentação pode não fazer sentido para a fábrica que só faz suco em pó adoçado. Por isso é necessário detalhar um nível abaixo pelo menos, ou até mais, dependendo da disponibilidade de informações que houver.

O grande desafio do empreendedor é obter informações específicas sobre os segmentos do setor no qual atua, pois informações sobre o setor macro não são suficientes para direcionar as decisões estratégicas do negócio. Uma empresa que fabrica tinta para impressoras de rótulos de plástico mole para embalagens dificilmente pode confiar em um dado que demonstra retração do crescimento do setor de embalagens, uma vez que as embalagens que utilizam rótulos de plástico mole correspondem a 22% do setor e as gráficas especializadas nesse mercado representam 18% de todos os rótulos impressos. No entanto, não existem informações confiáveis sobre o segmento específico em que essa empresa atua.

Assim, sabendo que os dados do setor como um todo são pouco relevantes ou significativos e que não existem dados disponíveis sobre o segmento específico no qual o negócio está posicionado, a saída do empreendedor é buscar o máximo de informações confiáveis sobre o menor segmento possível. A Figura 15.1 demonstra essa lógica.

Figura 15.1 – Informações sobre o segmento

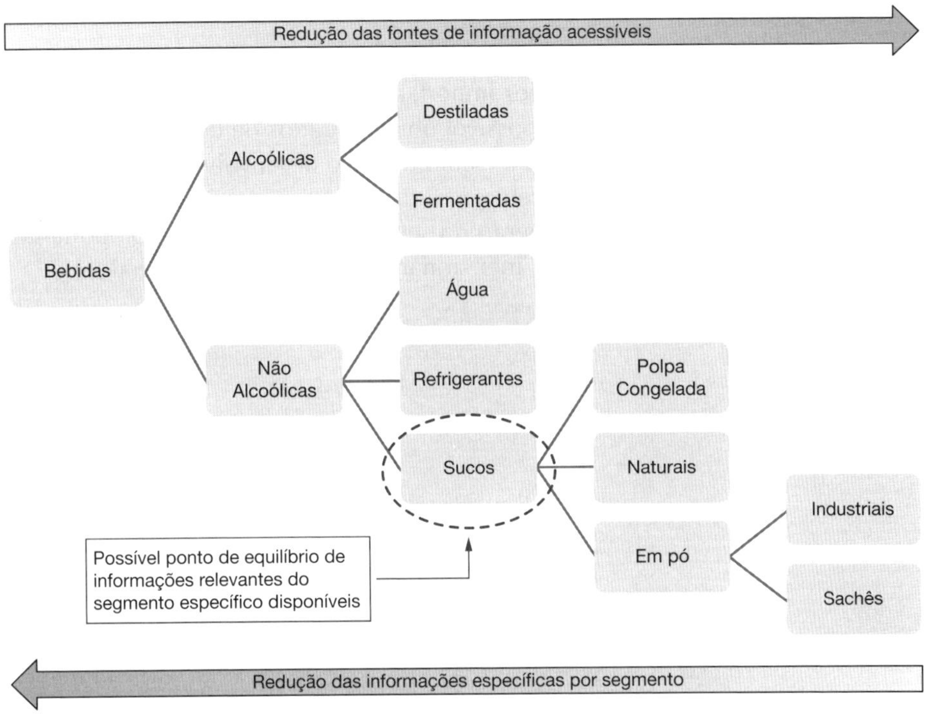

Fonte: elaborada pelos autores.

15.3 Panorama atual e principais tendências do setor

Uma vez obtida fonte de informação confiável, específica do menor segmento possível do setor, é preciso preparar uma descrição da atual situação do setor, assim como das principais tendências. Revistas ou mídia especializada e órgãos de pesquisa independentes costumam ser as fontes de informação mais consultadas. Artigos que explorem o desempenho do setor, em termos históricos, juntamente com suas influências, podem dar ótimas indicações dos rumos que o setor tomará no futuro próximo. Estudos específicos realizados por entidades de classe também oferecem um bom reflexo do setor para o processo de tomada de decisões estratégicas a médio e longo prazo. Tendências do setor podem incorporar previsões de crescimento, estagnação ou encolhimento, bem como o surgimento de novos padrões de comportamento do consumidor, influência de desempenho de setores ligados direta ou indiretamente ao setor estudado e outros fatores que podem influenciar e determinar as tendências futuras no setor.

Além das fontes formais de informação, é conveniente o empreendedor buscar fontes de conhecimento tácito, ou seja, não documentado, porém tão confiável quanto o conhecimento formal. Esse tipo de fonte vem da experiência de empreendedores do ramo, profissionais da área, especialistas, consultores, professores e executivos que atuam no setor e detêm esse tipo de conhecimento. No caso de análise de tendências, quanto menos fontes de informações específicas do segmento estiverem disponíveis, maior é a necessidade de confiar nas informações subjetivas prestadas por profissionais experientes do ramo.

Tamanho do setor no Brasil e no exterior (se for o caso), assim como a taxa de crescimento histórica são informações importantes a serem consideradas nas projeções do plano. Com essas fontes, é possível obter os dados de desempenho do setor e de seus segmentos. Essas informações serão úteis no desenvolvimento do plano de marketing e na elaboração das estratégias futuras para o negócio. Existem muitas circunstâncias em que o comportamento do setor influi também no comportamento do mercado-alvo. Se esse for o caso, mencionar o fato na análise setorial.

Capítulo 16

Pesquisa de mercado

Mesmo que o empreendedor tenha domínio do ramo e ampla experiência, são raras as situações em que ele não precisa fazer uma pesquisa de mercado quando está desenvolvendo seu plano de negócio. Ainda que tenha plena segurança de que conhece o mercado e suas necessidades e de que não precisa fazer uma pesquisa para conhecê-lo ainda mais ou melhor, sem ela sua visão sempre vai ser apenas uma interpretação e, nesse ponto, a pesquisa ajuda a legitimar algumas informações que estão presentes em outros pontos do plano. Se o empreendedor pretende convencer alguém a apoiar sua ideia de negócio, essa legitimação é importante para que não pareça que ele se baseou apenas em sua visão pessoal do mercado.

Esse tipo de pesquisa consiste em determinar características do mercado, como expectativas, necessidades e aceitação ou rejeição de alguma ideia, produto ou pessoa por meio de um processo de investigação feito com base em uma amostra desse mercado.[1] Trata-se de um trabalho muito especializado e caro, e o pequeno empresário normalmente não tem como arcar com tais custos na fase inicial do negócio. Por isso, muitas vezes tem que fazer a pesquisa por conta própria. Na internet, há ferramentas próprias para esse fim, como o Survey Monkey.[2]

16.1 Fontes de dados

Existem dois tipos de fontes básicas de informação: as primárias e as secundárias. As fontes primárias são dados obtidos pela pesquisa direta, ou seja, quando se investiga diretamente junto ao público-alvo do negócio. Já as fontes secundárias são compostas de fontes alternativas, como estudos prontos elaborados por institutos de pesquisa. Verifique na literatura do seu setor ou indústria quais são as principais fontes de informação, sobretudo as pesquisas e os estudos já feitos na área. Essas informações podem estar disponíveis em revistas especializadas e sites na internet; câmaras setoriais e associações de classe também possuem dados relevantes.

As fontes secundárias podem dar uma visão geral do mercado e da indústria, mas é preciso ter cuidado ao considerá-las, pois podem não ser suficientes para se entender as especificidades do mercado-alvo e de seus segmentos. Enquanto os dados secundários geralmente são amplos e generalistas, entender o mercado ou setor de maneira segmentada é essencial para se tomar melhores decisões estratégicas. Por exemplo: você tem uma fábrica de sucos em pó, mas os dados secundários que encontrou são sobre o setor de bebidas em geral – que inclui refrigerantes, água, bebidas alcoólicas

1 DIAS, S. R. (Org.). *Pesquisa de mercado*. São Paulo: Saraiva, 2011.

2 Disponível em: http://www.surveymonkey.com. Acesso em: 5 abr. 2019.

– e não permitem o embasamento de decisões estratégicas por serem demasiadamente amplos e subjetivos. Por esse motivo, você não pode abrir mão das pesquisas em fontes primárias. Embora sejam mais trabalhosas, trazem os dados específicos dos segmentos do negócio.

Vale lembrar que dados baseados em amostras reais geralmente estão disponíveis apenas para quem encomendou – e pagou – as pesquisas com as informações relevantes para o negócio. Detalhes de obtenção de dados nesse tipo de pesquisa estão descritos a seguir.

16.2 Definição da amostra

Uma boa pesquisa primária de mercado envolve várias etapas. A primeira é estabelecer a amostragem com a qual a pesquisa será feita. Uma boa amostra representa em menor escala o mercado a ser atingido. Assim, se o mercado-alvo for composto de homens com mais de 50 anos, que vivem em São Paulo e frequentam parques, é preciso definir uma amostra composta de representantes com essas mesmas características, mas em escala menor. Caso seja uma pesquisa exploratória, ou seja, justamente para identificar qual é o perfil do seu mercado, é preciso ter uma amostra representativa da população; por exemplo, se a população é formada por 17% de jovens com menos de 15 anos e 43% de descendentes de italianos, então a amostra também precisa ter essa mesma característica, em escala menor, mas mantendo a proporção de 17% de jovens com menos de 15 anos e 43% de descendentes de italianos. Isso permite que, quando tabulados, os resultados possam ser projetados para toda a população de modo que possa refletir, de fato, a realidade.

Além da idade, todas as variáveis ou características do mercado que se deseja estudar devem ser consideradas. Se o mercado for de pessoa física, alguns exemplos de características são: gênero, classe social, localização, hábitos de consumo, entre outros. Se o mercado for de pessoa jurídica, os exemplos são: porte, localização, número de funcionários, natureza do capital, tempo de existência, faturamento etc. Essas características são importantes para definir os critérios de escolha de uma amostra que seja a mais próxima possível da representatividade da população.

16.3 Coleta de dados

Uma vez definida a amostra, é preciso escolher o instrumento de coleta de dados. Os mais comuns são: questionário, entrevista e *focus group*. O questionário é usado quando o número de pessoas é alto demais para entrevistar cada uma individualmente ou quando é preciso tabular os resultados de forma objetiva e quantitativa. A entrevista é indicada quando informações mais detalhadas são necessárias, quando o número de pessoas é pequeno ou quando os dados a serem obtidos são subjetivos e de natureza qualitativa. O *focus group* é uma técnica de profundidade de análise que ajuda a entender o comportamento das pessoas em dadas circunstâncias; envolve a escolha de um grupo seleto de pessoas que, em uma reunião, conversam livremente entre si sobre um determinado tema enquanto os pesquisadores vão anotando as conclusões e ideias geradas por meio da interação e da troca.

Outra técnica utilizada é a da observação do ambiente. Nesse caso, o pesquisador deve se dirigir ao local onde o público-alvo manifesta o comportamento a ser observado, como a situação de consumo do produto que ele deseja vender. Munido de caneta e papel, se possível gravação em vídeo,[3] o pesquisador procura observar reações, comportamentos, atitudes, ações, decisões e tudo o mais que puder registrar para conhecer melhor o seu mercado. Tais observações podem ser passivas ou ativas. Na observação passiva, ele apenas assiste ao que acontece, sem interagir com o processo. Na observação ativa, o pesquisador interage com o meio, de forma a provocar situações com o propósito de despertar reações no público estudado.

Por fim, não podemos nos esquecer da análise de documentos. Essa técnica é útil quando o empreendedor precisa estudar leis, relatórios, demonstrativos, planilhas e toda e qualquer documentação que lhe deem mais subsídios a respeito do seu mercado-alvo. A prática é particularmente interessante se o empreendedor tiver acesso a documentos públicos de concorrentes ou parceiros.

16.4 Elaboração das questões

O próximo passo é desenvolver as questões da pesquisa. No caso de um questionário, é importante fazer as perguntas certas para atingir o objetivo desejado. Existem questões abertas e fechadas. As questões abertas permitem resposta dissertativa e é difícil tabular depois; portanto, é melhor usá-las com parcimônia e apenas para o que for necessário. Perguntas fechadas dão opções para o respondente escolher e podem ser de múltipla escolha ou não. Idade, salário e endereço são exemplos de perguntas sem múltipla escolha de resposta, com preenchimento livre, mas que continuam sendo perguntas fechadas.

No caso de pesquisas exploratórias, é bom sempre deixar um campo aberto como última opção em cada pergunta, genericamente chamado de "outros", pois assim se abre um leque de alternativas não previstas. As primeiras perguntas devem ser de natureza demográfica, como nome, empresa, idade, gênero, residência, nacionalidade, formação etc. Essas perguntas são importantes em pesquisas exploratórias porque, ao tabular os dados, é possível identificar com facilidade que tipo de perfil de respondente dá determinados tipos de resposta e, assim, permite mapear o mercado. Seja criterioso na escolha das questões e procure perguntar apenas o necessário. Lembre-se de que não é preciso perguntar tudo de uma vez, pois muitas perguntas podem cansar o respondente e às vezes se desviam do objetivo do questionário. Posteriormente, você pode conduzir outros questionários para descobrir novas informações.

Perguntas sobre opinião geralmente usam escalas numéricas de 1 a 5 ou 1 a 7, sendo 1 para "discordo totalmente" e 5 (ou 7) para "concordo plenamente". Para não confundir o respondente, procure formular perguntas de forma que se encaixem sempre nesse padrão de resposta (ou seja, não mude as escalas ao longo do questionário do tipo "nunca" para "sempre" ou "muito feio" para "bastante bonito").

3 Importante ressaltar que os vídeos são para fins de estudo, não podem ser divulgados sem a autorização dos envolvidos, por conta de direitos de imagem.

Algumas informações não podem ser obtidas por meio de perguntas diretas. Um exemplo típico é "Quanto você aceitaria pagar por este produto", pois o respondente nem sempre considera a questão seriamente e tende a dizer que aceitaria pagar um determinado valor quando, na prática, não pagaria. Para esse fim, existem técnicas apropriadas para obter uma resposta mais precisa. Uma delas é fazer perguntas comparativas como "Se tivesse dinheiro, você escolheria o produto A ou o produto B?", com vários tipos de comparação para sentir o valor atribuído ao produto ou serviço pelo respondente e, assim, chegar ao melhor posicionamento de preço.

Evite também fazer perguntas de juízo de valor. Escalas do tipo "caro" e "barato" ou "novo" e "velho" ou ainda "grande" e "pequeno" dependem da interpretação que o respondente dá ao atributo da questão e podem levar a conclusões equivocadas na tabulação das respostas. Não se esqueça de prestar atenção à ordem das perguntas. Às vezes, a resposta de uma pergunta pode induzir a resposta das perguntas posteriores. Procure verificar isso ao ordenar as questões.

No caso de entrevistas, algumas regras básicas são: não tome mais de uma hora do entrevistado; planeje a entrevista definindo de antemão as perguntas que pretende fazer e formule-as de modo que não induzam o entrevistado a "enviesar" a resposta; faça a entrevista em um local em que o entrevistado se sinta confortável e verifique se há alguma restrição à sua gravação; deixe claro o objetivo da entrevista, o uso que será dado às informações prestadas e o anonimato ou não da identidade do entrevistado e não o force a responder a nada; comece com algumas perguntas como "quebra-gelo" para criar um clima de naturalidade e espontaneidade; use a intuição para perceber se o rumo da entrevista pode exigir outros tipos de pergunta; evite que o entrevistado se prolongue na resposta desviando-se do assunto, procure coletar outros sinais não verbais que o entrevistado demonstra ao responder; ao final, deixe um canal aberto para voltar a entrar em contato caso necessite de informações adicionais.

16.5 Validação do instrumento de coleta

Antes de aplicar pela primeira vez o instrumento de coleta junto à amostra selecionada, é recomendável fazer um teste com um grupo pequeno para validar o instrumento. É possível que algumas perguntas estejam claras para o pesquisador, mas não para o respondente, o que pode comprometer todo o trabalho. Portanto, certifique-se da clareza do instrumento. Verifique também se o número de respostas obtidas atende a um mínimo para que seja considerada uma boa amostra. Às vezes, 10% de respondentes em uma grande amostra são mais relevantes do que 60% de respostas de uma pequena amostra. Continue fazendo mais coletas até que o número seja representativo da população estudada. Ao tabular os resultados dos questionários, use uma ferramenta apropriada, preferencialmente um *software* estatístico para fazer o tratamento dos dados, mas uma planilha do Excel já ajuda bastante. É preciso ter muito cuidado na interpretação dos resultados textuais do questionário ou da entrevista para que ela não seja contaminada pelo viés de preferência do pesquisador, distorcendo o uso dos dados para que digam o que o ele quer.

Preste atenção particularmente aos resultados que contrariam a expectativa do empreendedor. Se forem resultados autênticos, o empreendedor pode ser forçado a rever alguns pressupostos do negócio. Os resultados da pesquisa podem embasar várias partes do plano de negócio, e deve ser descrito na seção de anexos um detalhamento da metodologia adotada. É conveniente mostrar também nos anexos a tabulação dos resultados e o instrumento de coleta de dados utilizado.

Existem várias outras dicas e cuidados a tomar para fazer uma boa pesquisa de mercado que não cabem neste curto capítulo. O importante é que o empreendedor não tome nenhuma decisão estratégica importante baseando-se exclusivamente nesses resultados. A pesquisa de mercado é apenas mais um dos indicadores que o empreendedor usa ao definir seu modelo de negócio. Os resultados podem não ter validade estatística, porém são uma demonstração do esforço do empreendedor em querer conhecer o seu mercado e, por isso, a pesquisa é sempre bem-vista pelo investidor. Se a relação com o investidor progredir, ao fechar o acordo ele fará uma pesquisa mais detalhada que vai dar mais segurança ao plano de negócio.

Capítulo 17

Mercados-alvo e segmentos

17.1 Características do mercado-alvo e seus segmentos

Na descrição do mercado-alvo e seus segmentos, o empreendedor indica para quem venderá seus produtos ou serviços. Caso você venda diretamente para os consumidores, pode fazer uma apresentação mais detalhada no item "Perfil dos clientes". Caso contrário, indique se venderá para representantes, varejistas, distribuidores, governo, mercado nacional ou internacional, pessoa física ou jurídica etc. Explique a eventual existência de peculiaridades do mercado, como práticas de fornecimento, características únicas que não sejam iguais às de outros mercados, particularidades do modelo de negócio, influências relacionadas ao processo de tomada da decisão de compra – como a existência de *lobby* ou cartel –, categorização dos beneficiários, usuários, consumidores, compradores e tomadores de decisão. Informe o grau de regulamentação do setor e o poder do governo no estabelecimento e cumprimento de leis e regras para as atividades relacionadas ao mercado consumidor. Também é recomendável, se for o caso, detalhar a posição do cliente na cadeia de valor completa do produto/serviço, ou seja, por quantos outros mercados o seu produto passará antes de ser consumido.

Além dessas informações, pode ser conveniente descrever também:

- até que ponto é fácil ou difícil entrar nesse mercado, quais barreiras existem e como uma empresa nascente pode superá-las;
- até que ponto é fácil fechar vendas com esse mercado, se são poucos negócios com alta lucratividade ou muitos negócios de porte pequeno;
- qual é a força que esse mercado tem comparado ao concorrente. Se ao sentir que a empresa não traz os benefícios esperados, é relativamente fácil mudar para outro mercado;
- qual é o potencial de rentabilidade do negócio hoje e no futuro;
- qual é a margem de sensibilidade dos preços, ou seja, se é possível entrar no mercado com um valor e depois mudá-lo para cima ou para baixo;
- a frequência e quantidade de compras típicas do cliente, isto é, seus hábitos de compra.

17.2 Tamanho do mercado

O empreendedor deve explicar, com base em suas fontes de informações primárias ou secundárias, qual é o tamanho esperado do mercado e o que o caracteriza, considerando apenas o mercado específico em que a empresa irá atuar. Leve em consideração a distribuição dos produtos por classes de mercado e segmentações geográficas e de clientes. Procure, na medida do possível, detalhar o tamanho do mercado em termos de: mercado total, mercado que pode ser atingido no início da atuação, mercado que se espera conquistar em cinco anos, tamanho potencial total que se poderia atingir e tamanho do mercado que definitivamente estará fora do escopo da empresa.

Como essa informação será a base para as estimativas de vendas, lembre-se de diferenciar claramente o tamanho do mercado do volume de vendas. Ao estimar o tamanho específico do mercado, é possível estimar o tamanho desse segmento em relação ao mercado total. Ao estimar as vendas, deve ser considerado o percentual do mercado-alvo que se pretende atingir ao longo do tempo, incluindo a possível taxa de crescimento. Dependendo do modelo de valor do cliente, é possível estimar uma taxa de crescimento maior, igual ou menor do que a taxa de crescimento do concorrente. O uso de *benchmarks* (comparação com o concorrente) é útil para projeções mais próximas da realidade quando o empreendedor não possui experiências prévias, a não ser que o produto ou serviço tenha tal grau de inovação na entrega de valores específicos que não permita fazer projeções comparáveis com o que os concorrentes praticam.

17.3 Cobertura geográfica

Aplicável em qualquer situação que envolva o atendimento a um mercado delimitado. Complemente a informação de localização do negócio registrada antes, caso seja uma empresa com contato direto com o consumidor. Essa informação também deve estar associada à resposta dada ao item de logística e distribuição do produto.

Atente-se para o fato de que o tamanho do mercado não tem relação direta com a cobertura geográfica. Um produto pode estar direcionado a um público extremamente restrito em termos de características e perfil, mas altamente pulverizado pelo país, condição típica de empresas de internet (comércio eletrônico).

Essa informação será importante na estimativa dos custos de distribuição. Quanto maior o direcionamento do negócio para a estratégia de enfoque, maior será a necessidade de assumir que o mercado está geograficamente disperso e pulverizado, exigindo uma contrapartida de investimentos no atendimento remoto aos clientes.

Dependendo do tipo de negócio, é possível que essa seção seja inócua, uma vez que muitos negócios não requerem expansão geográfica e são viáveis mesmo sendo operados em um único local.

17.4 Segmentação

A segmentação consiste em dividir o mercado em parcelas que sejam o mais homogêneas possíveis, com o objetivo de formular estratégias de marketing. Uma pequena empresa deve segmentar o mercado, identificando o seu nicho, pois, assim, tem a oportunidade de elaborar estratégias de marketing bem sintonizadas com o público-alvo, buscando satisfazer com profundidade às suas necessidades.

Existem três variáveis básicas de segmentação:

1. variáveis geográficas: trata-se das diferentes localidades onde os mercados são encontrados, como cidades, zonas, bairros etc.;
2. variáveis demográficas: dizem respeito a características da população, como idade, sexo, renda, grau de escolaridade etc. Têm sido a segmentação mais utilizada pelas empresas, devido à sua facilidade operacional;
3. variáveis psicográficas: referem-se aos indivíduos e a seus diversos aspectos como estilo de vida, atitudes, personalidade, padrões de comportamento.

Como já explicitado na descrição do setor, também na descrição do mercado é importante descer ao menor segmento possível. Quanto mais segmentado, melhores serão as decisões estratégicas adotadas.

A empresa pode ter outros produtos/serviços que atendem a mercados distintos, além do mercado principal. Se uma proporção relevante do faturamento vier desse(s) mercado(s), replique aqui as informações gerais, sobretudo um estudo de grau de atratividade. Uma empresa pode aproveitar sua capacidade ociosa de caminhões de entrega e sublocá-los para outras empresas, gerando mais uma fonte de ganhos. Um grande jogador de futebol, que tem contrato com seu clube, pode gerar outra fonte de receita pela exploração comercial de sua imagem, e assim por diante.

17.5 Tendências de mercado

Informe desde quando a empresa atua nesse mercado e se a participação nele ocorre desde o início das operações ou se foi consequência de uma estratégia de participação e definição do modelo de negócio. Se for esse o caso, descreva o processo de migração de mercados e os motivos que levaram a tal abordagem. Se participa em vários mercados, determine a relação produto-mercado-tempo de entrada. Busque informações sobre a fatia de participação atual e as perspectivas de participação futuras.

Compare a atual participação com o tamanho do mercado e estime, para os segmentos que pretende abranger, qual é o potencial de penetração, ou seja, o quanto ainda é possível aumentar a participação em função da demanda verificada. Um gráfico de participação de mercado e potencial seria recomendável na seção de anexos.

Faça alguma previsão e estimativas de mudanças no mercado a curto e médio prazo. Evite boatos e busque dados baseados em informações reais, como a construção de novas vias de acesso, abertura de um fornecedor próximo, designação da cidade como centro turístico etc., ou seja, todo e qualquer fato relevante que possa impactar positivamente o mercado-alvo.

Essas estimativas serão importantes para a definição das projeções de vendas. Uma parte do crescimento das vendas está baseada na estratégia do negócio e na sua capacidade de expandir sua atuação no mercado existente; outra parte do crescimento está baseada no potencial de desenvolvimento do próprio mercado, independentemente do seu negócio. É o crescimento natural e orgânico que beneficia todo o setor e não apenas sua empresa.

17.6 Perfil dos clientes

Quem são as pessoas ou organizações que comprarão os seus produtos e procurarão os seus serviços? Informe-se o máximo que puder a respeito do mercado, procure descobrir quais são os fatores que influenciam seus futuros clientes na decisão de comprar produtos ou serviços: qualidade, preço, facilidade de acesso, garantia, forma de pagamento, moda, atendimento, embalagem, aparência, praticidade, utilidade etc.

É importante estar atento ao definir quem é o cliente. Ele não é apenas quem vai comprar. Cliente é quem vai tomar a decisão de compra. Por exemplo: Quem é o cliente de uma empresa que fabrica fraldas descartáveis? A farmácia que distribui? O bebê que usa? A pessoa que compra? Ou a mãe ou pai que escolhe a marca preferida? São os pais, pois são eles quem tomam a decisão da compra, ainda que sejam influenciados por terceiros e pelo bebê, mas é deles a palavra final. Portanto, toda a campanha de comunicação é direcionada aos pais.

Procure entender como funciona o processo de escolha do cliente. Caracterize-o em termos de poder de barganha, influência política, porte, processos internos de licitação ou pagamentos, ciclo de compras, exigências legais, distribuição geográfica etc. Busque informações como:

- **consumidor final**:
  - idade, gênero, nível de renda, tipo de trabalho, nível de instrução;
  - estado civil, número de filhos, local de residência, local de trabalho, patrimônio;
  - hábitos, gostos, formas de lazer, comportamentos típicos, processo de tomada de decisão;
  - tipo de personalidade, tendências que segue, fontes de conhecimento, valores e princípios.
- **empresas**:
  - número de funcionários, localização, número de filiais, faturamento, organograma;
  - ano de fundação, perfil da diretoria, modelo de gestão, produtos e serviços;
  - posicionamento no mercado, sustentabilidade, relacionamento com colaboradores, relacionamento com acionistas, taxa de crescimento.

17.7 Modelo de valor do cliente

Essa parte deve ser preenchida quando o cliente e o consumidor forem entidades distintas. Uma distribuidora de bebidas, por exemplo, possui cliente (bar) e consumidor (pessoa física), que têm características distintas. Deve-se identificar os motivos reais pelos quais o consumidor opta pelo seu produto, ou por um produto que contenha material de sua fabricação, e as necessidades intrínsecas que ele busca atender. Por exemplo, enquanto alguns compram relógios para ver as horas, outros compram para demonstrar um estilo pessoal, um *status*; ou seja, identifique o que existe por trás da compra, o que efetivamente motiva o consumidor a adquirir o seu produto ou serviço.

Existem vários motivos pelos quais os clientes adquirem o seu produto, mas é preciso ter cuidado para não repetir o que já foi descrito no perfil do cliente e no apelo do produto. Aqui a análise está mais direcionada para a relação percebida de custo-benefício na cabeça do cliente. Para essa análise, é importante ter em mente os aspectos a seguir.

- **Intensidade do valor**: os valores possuem escalas de importância na percepção do cliente. O grau de importância é a intensidade da atribuição de valor do produto do ponto de vista do cliente. Alguns atributos, por exemplo, precisam vir obrigatoriamente com o produto ou então este não é reconhecido como tal. São os valores básicos, aqueles que caracterizam minimamente o produto, que precisam existir ou o produto não é um produto. Um telefone, por exemplo, precisa fazer ligações. Uma casa precisa ter teto, um carro precisa se locomover, uma caneta precisa escrever, e assim por diante. Essas funcionalidades são os primeiros atributos de valor que o empreendedor precisa desenvolver nos produtos que fabrica.

  No segundo nível estão os valores esperados. Na percepção de valor do cliente, ele sabe que não são itens obrigatórios para caracterizar o produto, mas espera que estejam presentes. No caso de um celular, é esperado que ele contenha uma agenda, o que não é obrigatório para ser considerado um telefone, no entanto, como todos têm, o cliente espera que o seu celular também tenha.

  No terceiro nível estão os valores desejados. O cliente sabe que não tem, mas gostaria muito que tivesse. É nesse ponto que o empreendedor pode começar a diferenciar seu produto, desenvolvendo funcionalidades diferentes do concorrente. Mas só pode chegar nesse ponto se os valores básicos e esperados já foram desenvolvidos. No exemplo do celular, podemos citar como valor desejado um bom suporte do *call center*, pois o cliente sabe que o atendimento costuma ser ruim, mas compra o produto na esperança de ser bem atendido quando precisar.

  No último nível se concentram as características que podem surpreender o cliente, pois são os valores inesperados, aquilo que nem o cliente sabe que seu produto ou serviço pode fazer. O valor percebido desses atributos é muito variável, podendo até ser negativo, pois algum desses atributos pode surpreender ou chocar o cliente negativamente, portanto é a dimensão de valor de maior risco e só pode ser implementado com amplo conhecimento do comportamento do cliente. Continuando no exemplo do celular, seria como se o cliente descobrisse que seu aparelho reconhece as digitais do dono e desbloqueia ao toque ou que tem funções diferenciadas de edição de fotos que não foram divulgadas.

Figura 17.1 – Intensidade do valor

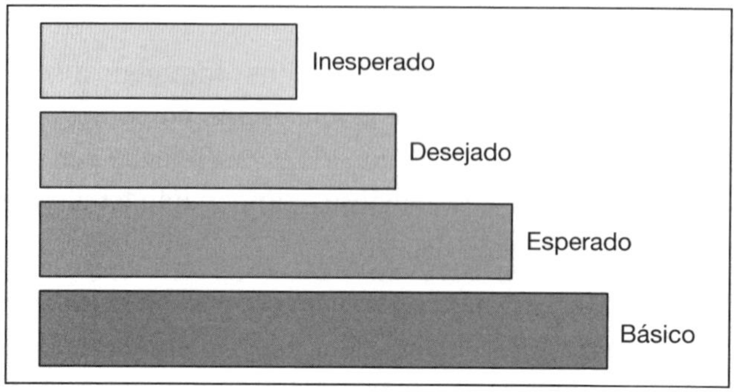

Fonte: elaborada pelos autores.

- **Tangibilidade do valor**: alguns valores são facilmente verificados, identificados, medidos e controlados, como lucro, custo, despesa, margens, comissões, economias etc. São itens que o cliente pode mensurar, tocar, contar. Também pode ser o preço, o tempo gasto para utilizar o produto, o número de pontos de atendimento, o peso e dimensões do produto, cores, modelos, alcance de utilização.

  Os benefícios intangíveis são mais difíceis de medir e controlar. São mais subjetivos, porém são os que melhor refletem a percepção de valor do cliente. Alguns exemplos: satisfação, atendimento de um desejo ou sonho, relacionamento pessoal, *status*, orgulho, confiança, identidade, senso de realização.

  A importância em diferenciar valores tangíveis dos intangíveis está no estabelecimento das estratégias de marketing e vendas. Muito da qualidade do produto é medido por indicadores tangíveis do negócio, vendas, faturamento, lucro, número de reclamações, percentual de recompra, devoluções etc. No entanto, o investimento para aumentar a percepção de valor do cliente deve focar o intangível, pois é o intangível que vai gerar impacto sobre os indicadores tangíveis, é uma consequência de um valor bem criado e gerido.

- **Percepção de valor**: nesta mesma linha de raciocínio, a percepção do consumidor de "caro" ou "barato" é diretamente proporcional à sua comparação interna do que está sendo entregue com o que ele quer. Se o preço cobrado pelo produto for maior do que sua percepção de valor, ele achará o produto caro e dificilmente o comprará. Se o preço cobrado pelo produto for menor do que sua percepção de valor, ele achará o produto barato e poderá comprar, mas o empreendedor estará perdendo receita, pois o cliente estaria disposto a pagar mais pelo produto. O ponto ideal é quando o preço cobrado pelo produto for igual à sua percepção de valor, pois aí se estabelece uma sensação de justiça de ambos os lados. Este componente será mais bem explicado na formulação do preço do produto (Capítulo 22). A Figura 17.2 ilustra a relação:

Figura 17.2 – Relação entre a percepção de valor do cliente e do negócio

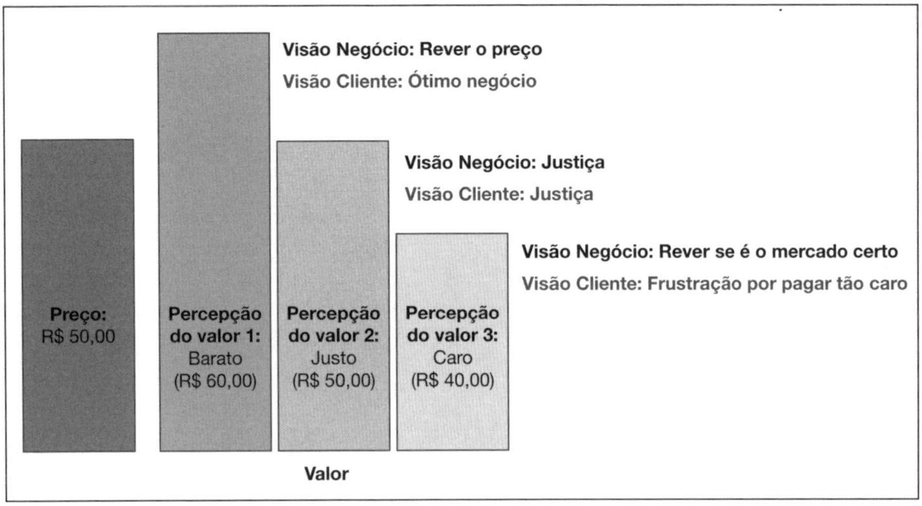

Fonte: elaborada pelos autores.

Capítulo 18

Concorrência e outras influências

Registre todas as informações sobre as pessoas e empresas que negociam mercadorias ou serviços iguais ou semelhantes aos que você pretende colocar no mercado. Use essas mercadorias ou serviços já oferecidos para conhecer o mercado concorrente. Preste atenção em características como: qualidade, preço, acabamento, durabilidade, funcionalidade, embalagem, tamanho, qualidade no atendimento, facilidade de acesso, forma de pagamento etc.

E ainda:

- experimente as mercadorias ou serviços dos concorrentes e analise o que pode ser melhorado no seu;
- verifique o nível de satisfação do consumidor em relação às mercadorias ou serviços disponíveis;
- faça um levantamento de quantas empresas estão oferecendo produtos ou serviços semelhantes aos seus;
- avalie o tamanho dessas empresas.

Mencione, se possível, as fontes de informação sobre a concorrência. Mesmo que não haja concorrente direto, descreva como a necessidade do cliente está sendo atendida hoje. Podem existir produtos ou serviços substitutos ou o próprio cliente pode estar atendendo a essa necessidade por conta própria. Procure saber qual é o nível da concorrência relevante, tratando de expor aquilo que é realmente competitivo. A concorrência pode acontecer em nível de organização, de produto específico ou de linha de produtos. No nível de organização, toda a empresa é concorrente, com todos os produtos e serviços que oferece. No nível de linha de produtos, algumas linhas são concorrentes diretos, mas não toda a empresa, que oferece também produtos para outras necessidades. O mesmo acontece com relação a produtos específicos, quando o concorrente tem vários produtos, mas apenas um ou poucos competem diretamente com os seus. Essa informação é relevante não apenas para entender como cada produto está estrategicamente posicionado no portfólio do concorrente, mas também para perceber como ele usa seus outros produtos para alavancar as vendas daquele(s) que compete(m) diretamente com o seu produto.

Analise preços praticados, serviços de qualidade que eles prestam, como efetuam o pós-venda, como tratam o cliente, quais são suas falhas etc. Procure o seu concorrente, converse com ele, acesse seu site e as mídias sociais na internet, converse com seus clientes. Entenda perfeitamente como ele opera: dos pontos falhos dele pode sair a sua grande oportunidade! Um gráfico comparativo seria recomendável na seção de anexos.

Em mercados com baixo potencial de crescimento e muitos concorrentes, ou com poucos concorrentes muito influentes no mercado, qualquer movimento estratégico deles com impacto percebido pelo mercado pode ser fatal para o seu negócio. Adequar-se rapidamente aos movimentos dos concorrentes torna-se então um fator necessário para se manter competitivo. Essas adequações podem exigir do negócio reposicionamentos, reestruturações organizacionais, mudanças nos produtos, entre outros fatores, sob o risco de perder mercado. Descubra, portanto, quais movimentos dos concorrentes obrigam o seu negócio a reagir para manter a competitividade.

18.1 Concorrentes indiretos

Podem existir produtos e serviços concorrentes que não competem diretamente com o seu negócio, já outros podem atender ao mercado por meio do seu fornecedor, ou até de seu cliente. O empreendedor, portanto, não deve concentrar-se apenas nas empresas que desenvolvem produtos e serviços iguais aos seus; deve estar atento a tudo o que acontece à sua volta, pois produtos, serviços e tecnologias que aparentemente não constituem uma ameaça podem vir a substituir o seu produto e tornar seu negócio obsoleto.

Por exemplo, a água pode substituir o refrigerante, um cruzeiro pode substituir o hotel, a pipoca pode substituir um lanche. O empreendedor precisa conhecer muito bem o mercado para elencar os possíveis produtos substitutos e traçar estratégias de combate e proteção. Identifique quais são os possíveis produtos substitutos que têm o poder de obrigá-lo a reagir para manter a competitividade.

Existem ainda os novos entrantes, uma categoria de concorrente normalmente ignorada, pois não existia antes, mas que pode surgir a qualquer momento e ameaçar o seu mercado. Não é difícil imaginar por que são ignorados, é porque é difícil detectá-los. As estratégias de defesa, nesse tipo de situação, em parte, consistem em entender as tendências do mercado para saber quem serão os novos entrantes, mas, por outro lado, consistem também em criar mecanismos de barreira, seja na forma de legislações de proteção de mercado, contratos de representação exclusivos, tecnologia exclusiva, forte relacionamento com o mercado etc. Descubra quais empresas ou produtos não são seus concorrentes hoje, mas têm o potencial de ser no futuro, ou quais concorrentes não estão no seu mercado hoje, mas podem invadi-lo a qualquer momento.

Identifique também a fatia de mercado da empresa que os principais concorrentes detêm. Tal informação pode ser obtida por meio de pesquisas de mercado, que também indicam a influência do líder nos rumos mercadológicos, grau de concorrência e grau de pulverização do mercado (isto é, quando existem muitos concorrentes e não há um líder claramente definido).

18.2 Forças e fraquezas dos concorrentes

Estude os principais pontos fortes e pontos fracos de cada concorrente direto. A análise da concorrência deve ser feita com relação a aspectos e características importantes de seu produto/serviço, comparando cada um deles com os produtos/serviços dos concorrentes, considerando aspectos como preço, canais de distribuição, reputação, gerência, posição financeira, tecnologia e segmentação. Identifique a estratégia de médio e longo prazo dos concorrentes. Quais são os diferenciais e as vantagens competitivas? Qual fraqueza do concorrente poderia se tornar uma força da sua empresa?

Nessa avaliação, as fontes de informações são diversas: desde a aquisição do produto concorrente para análise, uma a uma, das características anunciadas, até pesquisa com usuários, na literatura do setor, em feiras e exposições, na internet etc. Muitas vezes também são utilizados relatórios de avaliação e comparação entre produtos de concorrentes distintos feitos por entidades idôneas e insuspeitas de pretender favorecer a algum dos produtos.

O grau de dependência do mercado pode caracterizar uma fraqueza do concorrente. Procure saber se o produto/serviço oferecido, e que compete com o seu, é o carro-chefe dele ou se é secundário. Não há necessidade de efetuar uma análise como essa com todos os concorrentes, basta fazer a comparação com os diretos. Analise também se a perda de um cliente para a sua empresa gera um impacto muito grande ou não para o concorrente, ou vice-versa: se a perda de um cliente seu significa uma aquisição importante para ele.

Essa análise também pode levar em consideração a participação do produto que compete com o seu no portfólio de produtos do concorrente. É possível que um produto que tenha alta participação no mercado represente apenas 10% do total do faturamento. Nesse caso, talvez o produto não seja tão importante para ele, assim como o inverso também pode acontecer, ou seja, produtos que tenham baixa participação no mercado, mas representam a maior parte do faturamento total do concorrente.

O posicionamento no ciclo de vida também pode ser uma informação importante. Se o produto concorrente for o carro-chefe atualmente, certamente sua abordagem de competitividade será diferente do que se o produto estiver em declínio, em processo de saída do mercado.

Indique o que os concorrentes podem fazer para impedir o seu negócio de entrar no mercado e quanto tempo ele levaria para neutralizar a sua vantagem competitiva ou para imitá-lo, e vice-versa. Nesse item, é importante que o empreendedor perceba que, se o mercado em questão é muito atraente e não impõe muitas barreiras a novos entrantes, certamente outras empresas em breve irão se instalar.

Uma boa forma de fazer uma análise completa dos concorrentes é preenchendo o formulário de análise de competitividade. Veja o exemplo no Quadro 18.1:

Quadro 18.1 – Formulário de análise de competitividade

Análise comparativa da posição competitiva					
Nossa empresa: X	Principais concorrentes: A – B – C –				
Valor para o cliente	**POSIÇÃO COMPETITIVA**				
	Fraca	**Ameaçada**	**Favorável**	**Forte**	**Dominante**
Variedade de opções					
Entrega imediata					
Facilidade de uso do site					

Fonte: elaborado pelos autores.

Para preencher o formulário de análise comparativa da posição competitiva, siga os passos descritos a seguir.

a) Escreva o nome da sua empresa no campo **Nossa empresa**, em frente ao **X**.
b) Identifique os seus três concorrentes diretos mais relevantes e preencha seus nomes na frente das respectivas letras **A**, **B** e **C**, no campo **Principais concorrentes**.
c) Liste os dez valores mais importantes para o cliente na coluna **Valor para o cliente**, um por linha. Lembre-se de se colocar no lugar do cliente para responder o que efetivamente é importante para ele, e não para o empreendedor.
d) Analise como sua empresa consegue entregar cada valor para o cliente e classifique-a nas posições **Fraca**, **Ameaçada**, **Favorável**, **Forte** ou **Dominante**, colocando um X (que representa sua empresa) na coluna apropriada. Repita a análise até preencher todos os valores listados.
e) Volte ao início do formulário e agora analise como os seus concorrentes entregam os mesmos valores do cliente, assinalando as letras equivalentes a cada um deles nos campos correspondentes.
f) Não há problema se houver mais de uma letra no mesmo campo.

A partir dessa análise, é possível verificar a sua situação em relação aos concorrentes e determinar suas estratégias de competitividade.

Se a empresa ainda é nascente, avalie apenas os concorrentes.

18.3 Outras influências externas

Além dos concorrentes, existem outros elementos externos à empresa que podem exercer influências positivas ou negativas sobre o seu negócio. Tais influências não podem ser esquecidas, muito menos ignoradas, pois, dependendo do grau de prestígio e alcance delas, o impacto que podem exercer sobre seu empreendimento pode ser extremamente danoso e, às vezes, irreparável. Cada tipo de negócio requer um estudo específico das influências que deve contemplar. A seguir, alguns exemplos mais comuns.

- **Governo**. Não fale aqui de carga tributária, pois esse tema é tratado em outra seção. Também não precisa repetir o que já foi descrito na análise setorial, pois aquelas influências se referem ao setor como um todo. Aqui, atenha-se às especificidades do seu negócio, como órgãos reguladores do setor, relacionamento com membros do governo, possíveis ameaças e oportunidades etc.
- **Imprensa**. Qual é a influência da mídia no seu negócio? Ela pode ser interagir de forma benéfica, na divulgação da marca e na construção de uma imagem positiva, porém pode representar uma ameaça caso surjam matérias contrárias ao seu tipo de negócio ou denúncias contra sua empresa. Se o seu negócio é altamente dependente da imagem, então a imprensa deve ser tratada com muito cuidado.
- **Sindicatos**. Alguns setores sofrem mais do que outros a influência dos sindicatos de trabalhadores; bancos, montadoras e escolas são alguns exemplos. Nesses casos, é primordial cultivar um bom relacionamento com representantes desses órgãos a fim de evitar conflitos desnecessários.
- **ONGs e Oscips**. Representantes do terceiro setor podem exercer influência no seu negócio dependendo do impacto social ou ambiental provocado por ele. Por outro lado, a mobilização de funcionários em torno de causas defendidas por algumas dessas instituições ajuda a estreitar os laços e promover um clima de cooperação e apoio mútuo;
- **Comunidade**. Seja no bairro, na cidade ou na região, a empresa geralmente constrói vínculos fortes com a comunidade local à medida que o negócio cresce e se desenvolve, sobretudo em função da geração de empregos, o que, para efeitos de crescimento econômico, contribui com o desenvolvimento econômico local. Ações de apoio a entidades que representam a comunidade podem ser recomendáveis para manter ou construir uma imagem positiva. Pode ser por meio de associações de moradores ou até mesmo pela igreja local.
- **Universidades**. Dependendo do grau de dependência tecnológica, pode haver a necessidade de aproximação com universidades e centros de pesquisa, não só com o objetivo de desenvolvimento de tecnologias, mas também para a captação de capital intelectual.
- **Associações de classe**. Algumas classes profissionais são mais organizadas do que outras e possuem associações como OAB ou CREA. Aproximar-se dessas entidades pode ser um bom caminho para gerar oportunidades de negócios e parcerias ou para recrutamento e seleção de talentos.
- **Facções criminais**. Caso o negócio esteja instalado em regiões de alto risco social, com presença de facções criminais que podem gerar impactos negativos sobre o negócio, medidas de precaução e proteção devem ser pensadas para todos os casos possíveis.

Parte V

Estratégias e projeções

Capítulo 19

Comunicação

Por melhor que seja o produto ou serviço, os clientes não compram o que não sabem que existe. A estratégia de comunicação visa divulgar o produto para o seu público-alvo com o objetivo de despertar seu interesse para a compra. Nesse sentido, as duas principais estratégias de comunicação são a criação de uma identidade e a divulgação, que serão tratadas neste capítulo.

19.1 Identidade e estratégia de marca e imagem

As pessoas escolhem um produto pelo que a sua imagem transmite. Essa imagem é inspirada na identidade que o empreendedor imputa à sua empresa e seus produtos e é refletida na forma de uma marca.

19.1.1 Identidade

Toda a estratégia de comunicação de uma empresa é definida a partir de sua **identidade**, que é o conjunto de qualidades que dão um caráter único a uma empresa ou a um produto. Tais qualidades estão relacionadas com a missão da empresa e sua visão de futuro, por isso, normalmente, são os fundadores que as definem, pois eles dão seu "toque" ao negócio. Algumas pessoas chamam isso de DNA da empresa, ou seja, o seu código genético, aquelas características que, no conjunto, mostram o que a empresa é.

A identidade é refletida de diversas maneiras: na forma como as pessoas se relacionam entre si, na forma como os líderes tratam seus liderados, no balanceamento entre a formalidade e a informalidade, nas estruturas físicas, na organização geral, nas atividades fora da empresa, na forma como os funcionários se dirigem aos clientes, na política de investimentos, no clima organizacional e em diversos outros aspectos da cultura interna. Em empresas nascentes, o empreendedor pode até não conseguir transpor em palavras no plano de negócio qual é exatamente a identidade da empresa, mas, à medida que o negócio vai se desenvolvendo e se configurando, a identidade vai surgindo de forma espontânea.

19.1.2 Estratégia de marca

Se o negócio tiver uma marca própria cujo valor é percebido pelo cliente, ela deve ser descrita.

- Mencione se a estratégia da marca é focada no produto ou na empresa.
- Informe se a marca é registrada ou se pretende registrá-la.

- Explique o significado e o histórico da marca.
- Descreva o seu processo de construção e a estratégia de valorização.
- Apresente as medidas para proteger a marca ou para certificar-se de que a empresa pode utilizá-la, caso seja de terceiros.
- Verifique se existem marcas parecidas ou se a mesma marca já é usada em outros setores.

A marca deve refletir os valores da empresa, seus princípios e sua identidade. As pessoas terão dificuldade em defender uma marca se não estiver alinhada com os valores de fato vivenciados no dia a dia da empresa. Ela não precisa ter um nome conhecido, mas é necessária, sim, a intenção de torná-la conhecida pelo público de interesse no curto prazo, de forma que a própria marca represente a empresa ou seus produtos.

Uma marca focada na empresa é importante quando: existem poucos produtos; existem muitos produtos; os produtos não são bens de consumo; ou quando os produtos não precisam ter identidade própria. Nesses casos, espera-se que o mercado reconheça a empresa e se relacione com o produto a partir da marca da empresa.

Já as marcas focadas no produto são preferíveis quando: o número de produtos permite um controle e uma gestão da marca adequados; os produtos são para consumo; ou quando os produtos precisam se diferenciar entre si, pois atendem necessidades ou públicos diferentes. Nesses casos, uma marca focada na empresa pode confundir o posicionamento na mente do consumidor e, por isso, uma marca para cada produto ou grupo de produtos similares é mais recomendável.

Outro fator a se considerar com relação à marca é sua associação a outras marcas do grupo ou da empresa. Uma boa estratégia de marca ajuda a criar um conceito do produto na mente do consumidor, de forma que ele se sinta atraído pelo conjunto das ofertas da empresa e não apenas por um ou outro produto. Essa unicidade na estratégia da marca não apenas dá esse senso de união, mas otimiza esforços de comunicação e divulgação.

19.1.2.1 O logotipo

Para reforçar a marca, algumas empresas criam um logotipo para seus produtos ou para a própria empresa. O logotipo ajuda a estabelecer uma identidade e cria vínculos na memória das pessoas. Pode ser um símbolo, um personagem, uma foto, uma sigla estilizada ou apenas o nome da marca escrito com uma fonte específica. Todos os detalhes devem ser cuidadosamente pensados para representar a marca e transmitir sua identidade. Ao se pensar em logotipos, é preciso considerar formatos, tamanhos, cores e componentes. Dependendo da estratégia de comunicação, pode ser que haja a necessidade de que seja simples de copiar ou de reconhecer.

Além disso, os estudos de logotipo devem ser acompanhados de outros estudos, como impressos, uniformes, materiais, brindes, website e qualquer outra oportunidade de exposição da marca. A identidade visual precisa considerar não apenas o desenho do logotipo, mas as cores, o formato dos impressos, os elementos de composição, o uso das peças de divulgação e toda variável que ajude a fazer a ligação entre o logotipo e a identidade visual esperada.

19.1.3 Estratégia de imagem

A imagem é uma das partes mais complexas da criação da identidade da empresa, pois ela não é construída a partir do que a empresa faz, mas sim a partir do que o consumidor ou cliente percebe a respeito dela. O conjunto de percepções desenvolvido pelo cliente, a cada interação com a marca, cria a imagem da empresa, que pode ser positiva ou negativa, dependendo das circunstâncias. Toda e qualquer oportunidade de interação do cliente com a marca contribui para a formação e consolidação da imagem, seja no *call center*, nas notícias veiculadas pela imprensa, no estilo dos anúncios, no atendimento pessoal, em boatos, no design das instalações, na decoração da sala de recepção, no estilo do funcionário que a representa, na cortesia do atendimento, na embalagem dos produtos, nos serviços de pós-venda, na forma como a empresa se relaciona com a comunidade local, em como trata as questões de responsabilidade social – enfim, tudo.

19.2 Divulgação

Três fatores devem ser considerados no plano de divulgação da empresa e de seus produtos ou serviços: a publicidade, a propaganda e a promoção.[1]

19.2.1 Publicidade

Corresponde ao uso de formas diversificadas para divulgar uma marca. Ao contrário da propaganda, que são anúncios pagos, a publicidade explora formas de gerar exposição da marca para o público desejado. Qualquer forma de "fazer barulho" em publicidade é válida.

- **Eventos**: ao realizar eventos, procure chamar pessoas da área que influenciam decisões, artistas, especialistas e figuras públicas.[2] Pague para que eles apareçam, se for o caso, e divulgue amplamente os nomes confirmados que virão ao evento. Não se sinta intimidado em transformar um evento em uma verdadeira festa. O que vale é divulgar o produto e não necessariamente fazer algo sóbrio, obscuro e facilmente esquecível. Procure aproveitar contatos que possam ser usados para chegar às pessoas mais importantes e em evidência. Entre em contato com seus empresários ou assessores para explorar as possibilidades. Dependendo do seu produto, pode até conseguir o envolvimento de todos sem gastar nada.
- **Imprensa**: elabore artigos que despertem a atenção da mídia especializada, aceite convites para dar entrevistas ou para participar de matérias jornalísticas sobre o assunto de interesse do seu negócio. Uma boa assessoria de imprensa ajuda a inserir a marca em diversos veículos. Para uma inserção mais efetiva, é

1 KOTLER, P.; ARMSTRONG, G. *Principles of marketing*. 12. ed. New Jersey: Pearson/Prentice Hall, 2008.

2 SCARBOROUGH, N. M. et al. *Effective small business management:* an entrepreneurial approach. 9. ed. New Jersey: Pearson Prentice Hall, 2009.

importante ter um negócio com apelo social ou de interesse da comunidade de uma forma geral. Se não encontrar espaço na mídia, experimente criar o seu próprio boletim (*newsletter*) de distribuição para uma rede de contatos ligados direta ou indiretamente ao seu público-alvo.

- **Patrocínios**: se você não é bom para falar em público, ofereça-se para patrocinar eventos, seminários e *workshops* de temas relacionados ao seu negócio. Para isso, aproxime-se de entidades e associações, públicas ou privadas, que reúnam o seu público-alvo. Também vale patrocinar eventos, celebridades ou espaços que não estejam diretamente relacionados ao seu negócio, mas ao seu público. O patrocínio não precisa ser financeiro. Muitas vezes, doar o seu tempo, seu conhecimento ou sua imagem já pode ser de muita valia para uma determinada comunidade da qual é interesse se aproximar.
- **Website**: é preciso ter cuidado especial com a criação da página institucional. Hoje em dia, para determinados segmentos do mercado, é uma condição obrigatória ter uma boa página na internet. O espaço virtual, além de ter baixo custo, oferece uma enorme gama de possibilidades, não só para prestar informações e divulgar o conceito do negócio, como para efetivamente realizar as transações comerciais. Evite sites muito poluídos de informação. Crie um *layout* que demonstre a identidade da empresa, gaste um bom tempo na arquitetura do site montando um desenho que privilegie a navegabilidade e objetividade das informações. Vá além da página e use outros recursos da rede para gerar uma interatividade positiva com o internauta de forma que ele se identifique com a marca e esteja mais receptivo às ofertas comerciais, por exemplo: blogs patrocinados, *fan pages*, comunidades nas mídias sociais, *newsletters*, microblogs, canais em sites de divulgação de conteúdo, como YouTube, Vimeo, Slideshare, Prezi etc.
- **Feiras**: a publicidade não é utilizada necessariamente para vender o produto ao consumidor final. Também pode ser usada para divulgar a empresa e seus produtos para públicos distintos, com intuito informativo e não comercial; é a chamada publicidade institucional. Um bom exemplo dessa abordagem é a participação em feiras do setor ou congressos da área. Embora o foco desses eventos não seja efetivar negócios, eles podem ser muito relevantes para divulgar uma marca ou alcançar futuras prospecções de mercado. Se forem usados os serviços de uma agência profissional ou assessoria de imprensa ou de imagem, deve ser incluída uma declaração a esse respeito no plano de negócio.

19.2.2 Propaganda

Tem o objetivo de fazer com que uma mensagem atinja uma audiência selecionada, com o propósito de informar, convencer e reforçar o conceito do produto junto aos consumidores. Isso é feito mediante anúncios e pelo uso de vários veículos de comunicação. A escolha de cada um depende do público que se quer atingir. E mesmo em cada veículo, é possível segmentar o público-alvo, focando ainda mais a audiência, selecionando horários específicos, dias da semana, época do ano etc. Uma campanha publicitária na televisão para o lançamento de um novo sabor de refrigerante, por exemplo, deve ser veiculada durante o período da manhã ou da tarde, quando os jovens assistem aos programas com os quais se identificam. Os veículos de comunicação mais utilizados são: televisão, rádio, mala direta, *outdoors*, distribuição de panfletos e brindes, *banners* na internet, *displays* em pontos de vendas, *busdoor* (anúncios em ônibus), anúncios em jornais e associações de bairro, anúncios em guias setoriais, entre outros.

Fazer propaganda geralmente custa caro, por isso a escolha dos veículos adequados e da periodicidade da propaganda são fundamentais para que a empresa otimize o capital investido. Às vezes, a propaganda mal gerida também pode destruir um produto e o empreendedor deve estar atento para evitar essa repercussão. Por exemplo, se a empresa anunciar o produto na televisão, que tem um alcance considerável, e não estiver preparada para produzir a quantidade necessária a fim de atender à demanda gerada, pode frustrar o consumidor e levá-lo a optar pelo produto concorrente.

Uma decisão importante a ser tomada é se a propaganda será feita para a empresa (institucionalmente) ou para cada um de seus produtos ou serviços isolados. A decisão depende muito do modelo de negócio. Produtos diferentes e variados requerem a venda da imagem institucional, como os varejistas de uma forma geral. No caso de empresas que vendem para outras empresas (B2B – *business to business*), talvez seja mais importante criar uma identidade da empresa do que várias identidades de produtos. Quando o portfólio de produtos visa atender a mercados diferentes entre si, a propaganda deve ser direcionada ao produto, e assim por diante.

O uso de propaganda e a escolha dos canais mais apropriados dependem dos objetivos e das finalidades do negócio, conforme mostra a Figura 19.1:

Figura 19.1 – Uso da propaganda de acordo com os objetivos do negócio

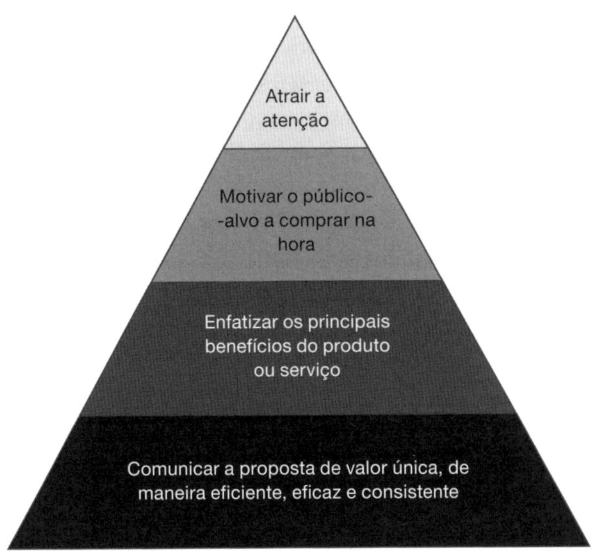

Fonte: SCARBOROUGH et al., 2009.

Dessa forma, para atrair a atenção, usa-se um canal como *banner* ou *outdoor* com mensagens curtas em locais de ampla visibilidade do público em geral. Para enfatizar os principais benefícios do produto ou serviço, usam-se mais folhetos ou prospectos, que são mais direcionados. Anúncios em veículos especializados podem trazer uma mensagem mais específica para comunicar a proposta de valor única.

Quanto mais detalhada é a comunicação, maior é a aproximação do cliente com o produto, porém maior pode ser a rejeição inicial também. O objetivo do uso do canal deve ser o de facilitar o processo de venda, agilizando o tempo para fechamento da transação e reduzindo o esforço de vendas. Quanto mais eficaz for o processo de comunicação, maiores serão as chances de o cliente entrar em contato já com a intenção de concretizar o pedido de venda.

Lembre-se de que o mundo da publicidade está mudando. O mercado está cada vez menos receptivo a mensagens transmitidas de forma tradicional. A ascensão da internet, das mídias sociais e a exposição do público a outras fontes de informação e dados estão ampliando a consciência do consumidor e aumentando o seu senso crítico em relação aos meios de propaganda mais tradicionais. Algumas formas de evitar os canais de propaganda tradicionais são: boca a boca, uso de formadores de opinião, canais públicos onde o consumidor possa falar sobre o produto ou serviço, Facebook, Instagram, entre outros.

19.2.3 Promoção

A promoção também ajuda a estimular a venda de produtos e é muito usada quando o objetivo é lançar novos produtos no mercado, desfazer-se de produtos estocados, estimular a repetição da compra, aumentar o volume de vendas a curto prazo, desfazer-se de versões/modelos antigos do produto ou barrar o crescimento das vendas do concorrente. Resume-se em oferecer uma vantagem adicional ao cliente, como desconto no preço, brinde, produto extra, cupons de desconto, amostras grátis. As palavras mais utilizadas na campanha geralmente são: "ganhe", "economize", "grátis", "imperdível", "pechincha", "loucura", "aproveite", e outras similares.

Os cuidados a serem tomados com as promoções dizem respeito à tolerância do seu público-alvo a esse tipo de abordagem. Muitas vezes, de acordo com o perfil do público, o valor percebido de um produto pode ser depreciado quando este entra em uma liquidação ou saldão. É preciso entender muito bem como funciona o modelo de valor do cliente para saber qual estratégia tem mais apelo para o mercado-alvo. O uso da criatividade pode ser um fator diferencial na adoção de estratégias promocionais inovadoras.

O objetivo final de incluir essa informação ao plano de negócio é fazer uma estimativa do orçamento promocional, que inclui não só a especificação do orçamento reservado a essas despesas, mas sobretudo a origem desse orçamento. Uma parte deve vir do capital inicial investido, mas o ideal é que o orçamento seja um percentual das vendas geradas. Uma maneira de obter um parâmetro mínimo do quanto deve ser designado para promoções e vendas é fazer uma comparação com o concorrente e procurar não alocar um montante muito diferente, a não ser que tal decisão seja justificada por uma estratégia de entrada ou de competitividade.

O empreendedor pode decidir alocar um orçamento mínimo para despesas de comunicação, porém, dependendo do negócio, esse tipo de economia pode ocasionar impactos negativos nas vendas. É preciso balancear as despesas de comunicação com as despesas de vendas a fim de encontrar o equilíbrio no faturamento total projetado para tomar as melhores decisões de investimento em comunicação.

Lembre-se de que todas as iniciativas de comunicação terão efeito temporário se o produto ou serviço oferecido não tiver a qualidade que atenda às expectativas do mercado. Por isso, o alinhamento do modelo de valor do cliente com a estratégia adotada e a funcionalidade oferecida pelo produto ou serviço são condições prévias ao modelo de comunicação adotado. Criar falsas expectativas com publicidade e propaganda pode causar danos irreversíveis ao negócio.

Capítulo 20

Estratégia de vendas

20.1 Força de vendas

Depois de chamar a atenção do público-alvo e despertar o seu interesse pelo produto ou serviço, é preciso concretizar a transação de venda. Nesta seção você deve especificar como será feita a venda e que canais serão utilizados. Algumas opções de canais podem ser:

- **venda direta por meio de vendedores**. Primeira alternativa em geral usada para negócios nascentes. Usa-se normalmente o próprio corpo de funcionários e, na maioria das vezes, o próprio empreendedor assume a frente comercial da empresa e a contratação de vendedores é feita conforme aumenta o volume de vendas. À medida que o negócio se desenvolve, o empreendedor precisa tomar a decisão de manter a estrutura de vendas por meio de equipe própria ou, se valer a pena, trocar ou adotar outros modelos de vendas. O critério principal a ser considerado aqui é o valor agregado de um vendedor próprio ao negócio. Muitos negócios que dependem de relacionamento requerem equipe própria pela importância estratégica do vendedor; em outros casos, o processo de venda pode ser terceirizado ou automatizado por representar pouco valor agregado ao processo;
- **venda por distribuidoras/revendas**. Alternativa que representa uma maneira de aumentar a força de vendas de forma ampla e pulverizada, por meio de canais especializados que não só vendem, mas prestam atendimento de pós-venda e cuidam da logística de entrega e implantação. É recomendável quando o produto ou serviço tem baixo grau de complexidade, não há necessidade de contato direto com o público-alvo e este é muito pulverizado geograficamente;
- **venda por franquias**. O modelo de franquia assemelha-se ao de distribuição, porém é mais eficaz em alguns aspectos. Caso o produto requeira um processo padronizado de venda, atendimento, entrega, serviço e pós-venda, o modelo de franquias é o mais apropriado por estabelecer regras claras de cumprimento de processos. Outra vantagem com relação às revendas é que a franquia normalmente dedica-se exclusivamente à marca e inclui uma série de outros elementos do negócio que são replicáveis, enquanto a revenda não requer essa fidelidade e o revendedor pode comercializar outras marcas, inclusive a do concorrente;
- **venda por representantes comerciais**. Ao contrário das revendas ou distribuidoras, os representantes comerciais são profissionais autônomos que representam sua marca e fazem visitas de campo para a venda direta ao consumidor ou revenda. Desempenham o mesmo trabalho da equipe de vendas, porém não

são funcionários, recebem uma remuneração variável proporcional às suas vendas e estão mais próximos do cliente;

- **venda por telemarketing (direta ou terceirizada) ou internet**. Também conhecidos como canais de vendas à distância, usam recursos tecnológicos de comunicação para abranger o maior número possível de clientes (ou de representantes). Originalmente, esses canais eram usados mais para prospecção de clientes, porém o índice crescente de rejeição e consequentes impactos negativos na marca por conta de reclamações de clientes vêm mudando a natureza desse canal, aumentando o seu uso para fidelização, atendimento e efetivação de transações;
- **venda por catálogos**. Os catálogos são brochuras que trazem detalhes sobre os produtos comercializados pela empresa, com informações técnicas e fotos. São muito úteis porque servem a propósitos distintos. Primeiro, são uma ótima forma de comunicar os produtos e serviços ao cliente; segundo, o cliente já realiza a transação com facilidade e rapidez; e, por fim, reduz a influência e a necessidade de canais intermediários;
- **venda do produto integrado a outro(s) produto(s) ou serviço(s)**. São as chamadas "vendas casadas", nas quais se condiciona a compra de um produto por parte do cliente com a compra de outro. Essa prática é proibida no Brasil, no entanto, pode-se atrair o cliente com promoções e preços mais acessíveis para que ele adquira combos ou produtos similares ao que se interessou inicialmente. Trata-se de uma estratégia adequada quando se tem um portfólio maior de ofertas de produtos de categorias semelhantes ou para o lançamento de um novo produto para o mesmo mercado. Muitas lojas on-line utilizam do histórico de pesquisa e consumo de seus clientes para oferecer o famoso: "Compre junto e ganhe X de desconto". Já a estratégia de combos é muito utilizada por empresas que oferecem serviços de TV a Cabo, Internet Banda Larga e Telefonia.

O primeiro critério de escolha do canal de vendas deve partir das práticas do mercado. Dificilmente o empreendedor se arrisca a inovar nos seus canais de venda em plena fase de *startup*, quando o grau de incerteza é muito alto. O preferível, para reduzir o risco percebido, é adotar modelos que já funcionam bem entre os concorrentes, para só então, já familiarizado com o processo, promover mudanças.

O licenciamento é uma forma simples de ampliar a rede de distribuição e vendas. Nesse modelo, a empresa seleciona e credencia outras empresas para atuar na comercialização do seu produto, fornece treinamento, estoque e método e ainda os remunera por resultados atingidos. O contrário também pode acontecer, ou seja, em vez de o empreendedor licenciar seu produto para terceiros, pode obter a licença para comercializar os produtos que outros produziram.

Além do canal, o empreendedor deve descrever como funcionará o processo comercial, desde a fase de prospecção de novos clientes até a configuração do modelo de efetivação de negócios. O argumento central de venda que será adotado deve ficar explícito, ou seja, o que será enfatizado no produto/serviço como ponto forte para que ele seja atrativo para o público-alvo. Por exemplo, podem ser enfatizados fatores como preço, qualidade, marca, garantia/assistência técnica, benefícios potenciais ao cliente etc. Refira-se à descrição do produto para elaborar um bom argumento de vendas.

Se houver um departamento de relações públicas, especifique como funciona esta área e que benefícios a sua atuação proporciona. Dependendo do caso, eventos de relacionamento, sempre com uma característica informal e com alto apelo de valor para atrair o público-alvo, como um café da manhã, um *happy hour*, podem ser úteis para gerar *leads* (oportunidades) de negócio. Outras formas de relações públicas podem ser relevantes quando o tipo de negócio é distribuído e existem muitos canais de distribuição e vendas, como revendas, representantes comerciais, subsidiárias, franquias. Como exemplo, citamos visitas às instalações da fábrica, eventos com parceiros estratégicos, *workshops* de integração etc.

Nesse momento, não há necessidade de entrar em detalhes sobre o processo de venda no plano de negócio. Como fazer a prospecção, como lidar com objeções, como criar empatia com o cliente, saber o momento de fechar a venda e demais técnicas pessoais de vendas são importantes, porém não vão gerar qualquer impacto na análise do plano. É preciso focar nos detalhes do processo de venda se a descrição do processo der subsídios para justificar e entender os custos e investimentos na área comercial da empresa.

Assim, o modelo de comissionamento, as taxas de franquias e outros custos diretos devem ser considerados como despesas diretas de vendas. O modelo de venda direta, sem intermediários, é vantajoso porque reduz tais custos, porém requer um investimento maior na estruturação de uma força de vendas especial. O uso de tecnologia pode ser um meio-termo que proporciona um amplo alcance de mercado de forma direta e, ao mesmo tempo, com baixo custo, porém, para alguns tipos de negócio, essa abordagem tem resultados limitados, uma vez que requer conhecimentos específicos para atingir o público desejado.

Por último, é importante ressaltar se a equipe requer treinamento específico para poder conduzir suas atividades, sobretudo se a venda do produto/serviço exigir conhecimentos técnicos específicos. Essas despesas de treinamento da equipe de vendas devem ser dimensionadas de forma a se adequar à rotatividade esperada de pessoal na área, que deve ser considerada em termos de prática de mercado e salário pago. Dependendo do caso, modelos de treinamento padronizados e contínuos devem ser previstos.

20.2 *E-commerce*

A internet tornou-se um dos principais canais para chegar diretamente até o consumidor final e quase nenhum negócio pode ignorar esse meio hoje em dia. Os principais benefícios de venda pela internet são:[1]

- **possibilidade de trazer novos clientes**. A facilidade de acesso à internet possibilita novas audiências para o seu site. Páginas bem estruturadas, simples e bem

1 ZIMMERER, T. M.; SCARBOROUGH, N. M. *Essentials of entrepreneurship and small business management*. 5. ed. New Jersey: Pearson Prentice Hall, 2008.

organizadas atraem novos clientes que têm a chance de conhecer melhor a empresa e seus produtos e efetivamente comprar pelo site;

- **capacidade de atingir mercados globais**. Pequenas empresas não têm muita capacidade de expandir seus mercados para muito além das fronteiras geográficas de onde estão instaladas fisicamente. A internet, por seu alcance, derruba essas limitações e amplia o mercado potencial para todo o globo;
- **possibilidade de estar 100% do tempo disponível**. 24 horas por dia, 7 dias por semana, 365 dias por ano é a disponibilidade desse canal para o mercado, muito maior do que o tempo em que as lojas físicas podem ficar abertas. Quanto mais tempo o negócio ficar aberto, mais chances tem de realizar mais vendas;
- **capacidade de oferecer melhor atendimento ao cliente**. A internet possui funcionalidades para encurtar a distância entre o comprador e o vendedor, possibilitando acesso imediato aos representantes da empresa para tirar dúvidas, reclamar, comprar, sugerir e interagir, de uma forma geral, em tempo real e *on-line*, como nenhum outro canal permite;
- **poder de educar e informar**. O público da internet demanda muita informação sobre os produtos que adquire. Se organizados de forma clara, com fácil localização e com o nível de detalhe exigido, sempre oferecido em camadas de profundidade de informação, a internet é um canal no qual não há limites para atender a essa demanda;
- **redução de custos**. A internet pode reduzir substancialmente os custos para gerar oportunidades de venda. Com um ciclo de venda cada vez menor e cada vez mais previsível, os custos de gestão de estoques diminuem muito, os custos de propaganda e divulgação são reduzidos para menos da metade, assim como as despesas administrativas relacionadas a cada venda automatizada;
- **geração de novos negócios**. Pela internet, é muito mais fácil lançar novos produtos, novos serviços e novos negócios. Um canal que unifica a pesquisa de mercado, o teste de conceito, a divulgação e a comunicação, as vendas e o atendimento gera benefícios para todas as partes envolvidas;
- **controle e acompanhamento das vendas**. Enquanto a internet favorece o processo de divulgação e vendas, a tecnologia de sistemas associada aos dados armazenados pelas operações transacionais pode prover um conjunto de informações gerenciais de alta confiabilidade e detalhamento que auxiliam no processo de planejamento e de tomada de decisões estratégicas sobre o negócio.

Esses benefícios, entretanto, não têm iguais proporções para todos os tipos de negócio. Para alguns modelos, a internet contribui mais, para outros, nem tanto. Se o setor de uma forma geral ainda não evoluiu no sentido de usar a rede global de forma extensiva, quem utiliza precisa se esforçar um pouco mais para criar um público para seu canal.

O fato de alguns internautas ainda terem pouca disposição para pagar por conteúdo e serviços pela internet significa que a maior parte dos custos e investimentos nesse canal deverão ser subsidiados pelas vendas. Assim, um negócio que gera muita interatividade com o público, mas poucos resultados associados ao faturamento, pode representar uma grande dor de cabeça e prejuízos seguidos.

Negócios de nicho podem tirar grande proveito da internet, porém apenas se souberem usar os recursos para localizar o segmento-alvo do mercado de seu interesse. O acesso aberto e amplo pode acabar atraindo um público que não representa o seu mercado, ocasionando muito investimento para pouco retorno.

Outra dificuldade potencial é a competição interna por canais. O acesso proporcionalmente barato da internet pode canalizar os esforços para o uso desse canal em detrimento de investimentos necessários em outras mídias mais tradicionais. Avalie se o seu negócio pode se dar ao luxo de abster-se de usar outras mídias e reavalie a proporção de investimento por canal em função de resultados esperados e projetados.

Para produtos ou serviços de natureza customizável ou personalizada, é preciso saber usar as ferramentas de interatividade na web para analisar até que ponto um canal virtual pode substituir eficazmente a interatividade pessoal na definição de escopo e especificações do produto.

Um dos custos que não se beneficiam pelo canal da internet é o de logística e transporte. Não considerar esse fato pode levar o negócio a abranger mercados remotos em que os custos de logística podem se tornar proibitivos, seja por características do negócio, seja pela relação entre pulverização do mercado *versus* volume de vendas.

Embora existam várias ferramentas gratuitas para qualquer um construir um site simples, se a decisão for de avançar no uso da ferramenta para concretizar transações comerciais, o empreendedor precisa considerar o custo para desenvolver algo exclusivo, de alta qualidade e que ofereça segurança e a possibilidade de adequação e escalabilidade de volume, o que nem sempre um serviço gratuito pode oferecer.

Da mesma forma que a internet pode ser um excelente canal para uma divulgação boca a boca viral, também pode se transformar na grande vilã do negócio em caso de problemas ou falhas no produto ou serviço que reverberem em postagens de opiniões de usuários e consumidores, com grande potencial de as reclamações se espalharem pelas redes sociais em velocidade muito maior do que a capacidade do empreendedor de reverter a situação.

As barreiras limitadas entre uma empresa e outra na internet podem representar, por um lado, um ponto negativo, pois a atenção do cliente a seu negócio se torna mais frágil e tênue, mas, por outro lado, abre uma enorme rede de possibilidades de parcerias com outras empresas, muitas delas de grande porte e várias de outras localidades. Parcerias estratégicas é a palavra-chave do sucesso na internet.

Por fim, Hodgetts e Kuratko[2] sugerem que o empreendedor avalie a sua dependência e necessidade da internet e de *e-commerce* para definir o tamanho do orçamento que dedicará à tecnologia no seu plano de negócio. Se o empreendedor não tiver formação técnica, deve buscar um bom profissional do mercado ou um sócio com essa formação para garantir a viabilidade do negócio. Nesses casos, é altamente recomendável manter toda a estrutura para si e não terceirizar nada, muito menos depender de pequenas empresas fornecedoras de *software* e ferramentas de segurança que, embora baratas, podem quebrar ou deixar de operar a qualquer momento, levando, inclusive, à descontinuidade dos negócios.

---

2 HODGETTS, R. M.; KURATKO, D. F. *Small business management*: essential tools and skills for entrepreneurial success. Pathways, EUA: Wiley, 2008.

Capítulo 21

Distribuição, logística e localização

Os canais de distribuição dizem respeito às diferentes maneiras que a empresa pode adotar para levar o seu produto até o consumidor. Envolvem desde os canais de marketing até a distribuição física e prestação de serviços ao cliente. A distribuição está intrinsecamente ligada aos canais de comunicação e de venda, uma vez que, em muitos casos, os mesmos canais servem para comunicar, vender e entregar os produtos. Como os processos de comunicação e de vendas já foram descritos em capítulos anteriores, trataremos aqui apenas dos canais de distribuição e logística.

21.1 Cadeia de suprimentos

Conjunto de ações e controles definidos para garantir o suprimento de matéria-prima e insumos necessários à fabricação do produto ou realização do serviço. Em alguns negócios, uma gestão adequada da cadeia de suprimentos garante a competitividade da empresa, uma vez que, em atividades fortemente apoiadas em processos, como manufaturas de forma geral, a excelência na gestão da eficácia dos fluxos operacionais garante: uso otimizado dos recursos, redução de desperdícios, redução dos ciclos de tempo e minimização de custos operacionais no transporte, na armazenagem e manipulação de recursos.

A Figura 21.1 demonstra o modelo básico de fluxo de materiais em um processo de produção típico.

Figura 21.1 – Modelo básico de fluxo de materiais em um processo de produção típico

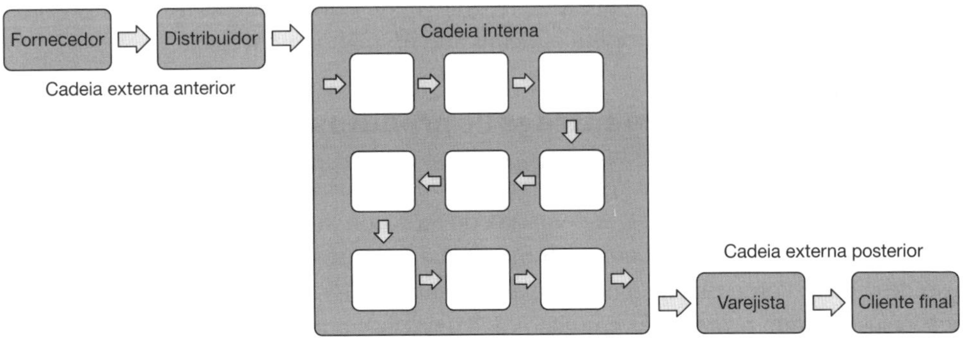

Fonte: elaborada pelos autores.

A cadeia externa corresponde a todas as empresas que entregam produtos e serviços que servem como componentes no processo de produção, que são usados para gerar os produtos ou serviços finais entregues ao cliente.

A cadeia externa anterior é formada por empresas que fornecem os elementos necessários ao processo produtivo. Se tomarmos como exemplo uma fábrica de ração, podemos citar como cadeia externa anterior uma fazenda de laranjas, que entrega laranjas a uma indústria de suco e vende bagaço para a empresa de ração. Ou ainda uma empresa de lubrificante, que vende para uma fábrica de peças e presta manutenção à máquina extrusora que produz os *pellets* de ração.

A fragilidade do sistema de logística de entrega de suprimentos depende do elo mais fraco dessa cadeia, o que implica dizer que não basta o empreendedor se preocupar apenas com os seus fornecedores e parceiros diretos, ele deve cuidar de todos os pontos críticos da cadeia de suprimentos, o que será tratado no Capítulo 25.

A cadeia externa posterior é formada por empresas que utilizam os produtos e serviços gerados por sua empresa e que são utilizados como componentes para gerar os produtos finais para o consumidor final. No exemplo da fábrica de ração, podemos citar como cadeia externa posterior a empresa que distribui a ração pronta para *pet shops*, que, por sua vez, a vendem aos seus clientes que são donos de cães e gatos, que vão consumir a ração.

A cadeia interna corresponde às áreas e seções dentro da empresa que executam cada parte do processo de transformação da matéria-prima e dos insumos no produto final. Assim, a matéria-prima fica armazenada no estoque, segue para o processo produtivo, passa pela linha de transformação, recebe insumos e sai como produto final que, em seguida, recebe o acabamento, é embalado, agrupado em lotes, encaixotado e expedido. No meio do processo, o produto deve passar por sistemas de controle de qualidade, verificações de inspeção, recolhimento de amostras para análises e testes e outros subprocessos dependendo de sua natureza e das certificações e métricas estabelecidas. A cadeia interna será mais detalhada no Capítulo 24.

Ambos os tipos de cadeia são importantes no plano de negócios por dois motivos: primeiro, porque estabelecem uma visão geral do processo que, mais à frente no plano, é detalhado com a descrição de todas as partes envolvidas, do esquema de distribuição aos parceiros, terceiros, fornecedores e demais prestadores de serviços; segundo, porque a visão do processo como um todo permite dar credibilidade às projeções de custos e despesas do processo produtivo, detalhado no plano financeiro.

21.2 Procedimentos de entrega de produtos e serviços acabados

O processo de logística de distribuição de produtos acabados é extremamente crítico para algumas indústrias. A demanda de mercado indica que até 25% dos custos totais recaem sobre a cadeia que distribui os produtos aos clientes. Nesse item, é preciso descrever o processo de utilização dos canais de distribuição, relevante sobretudo nos casos em que o prazo de entrega e as condições que garantem a integridade do produto sejam primordiais ao negócio. Os materiais fluem em um processo produtivo e são estocados em diferentes pontos, incluindo até pontos fora da empresa, antes que sejam entregues aos clientes. Armazéns e pontos de estoque intermediários podem simplificar o processo logístico, reduzindo o tempo de entrega e o número de rotas, entre outros benefícios. Também vale esclarecer o modo de transporte que será utilizado (rodovia, ferrovia, hidrovia, via aérea ou dutos), ressaltando as vantagens do uso do meio escolhido.

Alguns tipos de produtos são perecíveis e requerem armazenamento especial, outros são grandes demais para ter um estoque local muito alto, outros ainda são muito frágeis e requerem manipulação especializada. Também existem os produtos perigosos, os pesados, os caros e vários outros com características de armazenamento próprias que podem determinar a forma como serão distribuídos. A gestão dos estoques e inventários será detalhada no Capítulo 25.

Dependendo das características específicas do produto, o uso de estoques de controle intermediário pode ser necessário. Empresas que entregam em São Paulo, por exemplo, bem como em qualquer outra grande metrópole, podem achar os custos de movimentação de produtos nesses centros urbanos muito caros; assim, um centro de distribuição fora da metrópole, a partir de onde serão feitas pequenas entregas para os consumidores das cidades pode sair mais barato.

Em alguns casos, o consumo em uma determinada região pode ser tão alto que, em vez de transportar os produtos, pode sair mais barato, a longo prazo, instalar uma planta fabril na região. Em outros casos em que é preciso mão de obra especializada para manipular os produtos, uma alta rotatividade de pessoal pode representar custos de treinamento inviáveis e uma equipe própria pode ser mais barata que uma terceirizada.

Existem situações em que bens de consumo de alto giro e grande dispersão geográfica necessitam de vários pontos estratégicos de distribuição, algo como um grande centro de distribuição regional, que envia para depósitos intermediários em cada cidade, que, por sua vez, distribuem para a rede varejista e daí para o consumidor final. Administrar uma rede como essa pode requerer uma equipe especializada, pois custos reduzidos nessa escala representam grandes economias para a empresa.

O modo de transporte também deve ser verificado com cuidado. Bens de consumo são normalmente transportados por via rodoviária, que, no Brasil, representa o meio de menor custo e maior alcance. Negócios que importam ou exportam normalmente usam transportes marítimos. Produtos de maior valor agregado, mais caros ou de menor porte podem contar com transporte aeroviário, que, embora mais caro, pode compensar em termos de competitividade e atendimento de necessidades específicas do cliente. Produtos transportados em grandes volumes para conectar modais diferentes podem usar ferrovias. Dutos são específicos para grandes volumes líquidos.[1] Em casos de comércio internacional, para compra ou venda, consulte um especialista em comércio exterior para conhecer os trâmites, as obrigações legais, as taxas e custos, os prazos e ciclos de tempo e as particularidades de cada tipo de produto. O grau de complexidade desses processos pode inviabilizar negócios que dependam de importação ou exportação de produtos e materiais.

Para empresas de serviços ou que prestam serviços junto com a entrega do produto, como instalação ou montagem, vale a pena explicar se a equipe de entrega também implementa ou executa o outro serviço ou se outra equipe deve fazê-lo. A combinação de produto e serviços é que determina as decisões de balanceamento entre o uso de pessoal

1 SLACK, N. et al. *Administração da produção*. São Paulo: Atlas, 1997.

próprio ou de terceiros para a entrega e execução do serviço. Em muitos casos, quem entrega também presta o serviço. Em outros casos, a entrega é terceirizada, e o serviço é realizado com equipe própria. Em outras situações, acontece o contrário, a entrega é com pessoal próprio, mas o serviço é realizado por terceiros. Pode acontecer também de a entrega e o serviço serem terceirizados. O grau de diferenciação competitiva ou de importância estratégica é que determina o que deve ser terceirizado ou o que deve ser próprio.

21.3 Análise de localização

Em muitos casos, a localização pode ser um fator que define o sucesso ou o fracasso do negócio. O desafio é ter a mente aberta para escolher o melhor local, o que significa que o parâmetro tradicional de estar sempre o mais perto possível do cliente não necessariamente se aplica a todos os casos. O critério principal é instalar o negócio perto de seus recursos mais escassos e necessários. Ao contrário do que o senso comum indica, nem sempre o mercado é o recurso mais importante ou escasso dependendo do tipo de negócio.

Uma refinadora de cana-de-açúcar, por exemplo, precisa estar perto de seus fornecedores e não do cliente, pois é uma das formas de reduzir os custos de produção de um produto que é tipicamente comoditizado (comum), já que o transporte é mais eficaz e rápido se o negócio estiver situado perto das fazendas produtoras de cana.

Uma empresa de tecnologia, por sua vez, precisa estar próxima de seu recurso mais importante e ao mesmo tempo mais escasso, o capital intelectual, por isso é comum encontrarmos empresas de tecnologia ao redor de centros de pesquisa ou universidades. Uma transportadora precisa estar em locais de fácil acesso a canais de escoamento e de custo de armazenagem baixo.

De certa maneira, todos os aspectos devem ser considerados em conjunto na hora de escolher o local: Existem incentivos fiscais na região? Existe mão de obra qualificada? Existe uma infraestrutura mínima básica? É fácil receber matéria-prima e insumos? Há potencial de alto crescimento? É fácil desenvolver uma rede de possíveis fornecedores? Existem concorrentes diretos próximos? Existem quaisquer barreiras ou incentivos legais para o seu tipo de negócio? A comunidade local vai aceitar o seu tipo de negócio? Os serviços públicos têm boa qualidade?

No caso de estar próximo aos clientes, negócios corporativos são diferentes de varejo. Nesse caso, é preciso averiguar também os concorrentes, os outros tipos de negócio próximos ao seu, a rede de transporte, o potencial para criar incentivos ou as barreiras de natureza emocional, a circulação de representantes do público-alvo, o potencial para crescimento, as facilidades como estacionamento, visibilidade etc.[2]

Negócios nascentes de baixa complexidade costumam começar na casa do empreendedor. Não há problema nenhum em começar o negócio dessa forma, mas no plano de negócio é preciso estimar uma estrutura maior, pois é sabido que o empreendedor não vai ficar na garagem de sua casa durante os próximos cinco anos depois de

2 SCARBOROUGH, N. M. et al. *Effective small business management*: an entrepreneurial approach. 9. ed. New Jersey: Pearson Prentice Hall, 2009.

começar o negócio. Assim, não só é preciso estimar os custos de uma localidade para começar o negócio, mas também incluir os seus planos de expansão, em termos geográficos e de infraestrutura para os próximos cinco anos.

A decisão do local também leva em consideração a preferência pessoal do empreendedor. Embora não deva ser o primeiro critério na escolha, o empreendedor vai buscar um local de sua conveniência. Muitos empreendedores encontram no negócio próprio a forma mais viável de voltar à sua cidade natal, assim a escolha do negócio se dá em função da localidade. A proximidade e o conhecimento prévio do empreendedor em relação ao bairro ou região também podem influenciar a decisão.[3]

Outro ponto importante a ser considerado é o volume de investimento a ser feito no imóvel onde o negócio vai ser instalado. Na maioria das vezes, alugar o espaço é mais recomendável do que comprar. Em primeiro lugar, essa decisão favorece o investimento de recursos em aspectos mais relevantes e relacionados com o negócio. Para ter a sede própria nem sempre é preciso ter a posse do imóvel e, mesmo que assim o seja, costuma ser para transmitir mais credibilidade perante o público como um negócio estruturado e estável, o que, atualmente, já não representa o mesmo valor. Vaidade do empreendedor é outro motivo para adquirir o imóvel, mas é uma decisão emocional e, muitas vezes, carece da racionalidade de uma análise de negócio.

Em segundo lugar, ao alugar o imóvel, o empreendedor ganha mais flexibilidade para mudar para um local melhor no futuro. Isso é muito comum no estágio inicial de vida do empreendimento, que ainda não possui muita segurança a respeito do comportamento do mercado e quando o empreendedor está em plena fase de aprendizado, cometendo alguns pequenos erros sobre a localização. A aquisição do imóvel também limita a possibilidade de crescimento se o espaço não for apropriado para expansão física.

Somente alguns casos justificam a aquisição do imóvel. Cada um deles pode justificar individualmente a aquisição, mas a decisão deve levar em consideração os prós e os contras.

- **Capital em abundância**: se não houver risco de desviar o capital investido para a imobilização de ativos com a compra de um imóvel, a aquisição pode ser uma boa forma de aumentar o patrimônio da empresa.
- **Capital social**: caso um dos sócios já possua um imóvel que seja apropriado para instalar o negócio, não seria o caso de uma aquisição, mas de incorporação do imóvel como participação no capital da empresa. Nem sempre faz sentido se desfazer do imóvel para alugar outro.
- **Especulação imobiliária**: caso a região esteja se valorizando, é provável que os custos de aluguel aumentem proporcionalmente com o tempo. Adquirir o imóvel pode ser uma boa decisão, porém é uma decisão financeira, como opção de investimento com o objetivo de um retorno futuro. Como se trata de um investimento de baixa liquidez, não é recomendado comprometer a maior parte do patrimônio que poderia ser usado como capital de giro em caso de necessidade.

3 LONGENECKER, J. G. et al. *Administração de pequenas empresas*. 13. ed. São Paulo: Cengage Learning, 2011.

- **Dificuldade de negociação**: adquirir o imóvel pode ser uma boa saída para resolver dificuldades que podem surgir com o proprietário do imóvel. Esses desacordos nem sempre são por preços, mas pela discordância do proprietário em aceitar as modificações que o empreendedor planeja fazer no imóvel e que podem dificultar sua atratividade para locação para outros usos no futuro.

21.4 Design e *layout*

Uma vez escolhido o local, a próxima questão é o estudo da distribuição do espaço desse local em função do orçamento disponível. Para cada tipo de negócio, há um design e *layout* específico e mais apropriado. Em primeiro lugar, o tamanho deve ser adequado às operações diárias do negócio. Deve permitir o fluxo livre de pessoas, sobretudo clientes, ter um estoque para giro rápido e imediato, vitrines e *displays*, banheiros, escritório, áreas de trabalho etc. *Layouts* ineficientes reduzem a produtividade dos funcionários e podem criar caos organizacional.[4]

Quanto ao *layout*, a forma como os elementos estão distribuídos no espaço pode atrair ou afastar clientes. Esses elementos incluem móveis, iluminação, espaços comuns, espaços de circulação etc. Não se esqueça de atender aos requisitos legais, como acesso a deficientes físicos, saídas de emergência e infraestrutura básica.

É esperado que o espaço já acomode futuros planos de expansão. Em algumas situações, mudar de endereço pode ser uma grande dor de cabeça, sobretudo no varejo, quando os clientes já sabem onde encontrá-lo, e uma mudança pode significar perda de clientes. Às vezes, vale a pena gastar mais tempo para encontrar um local mais amplo e adequado do que fechar acordo com a primeira opção que surge.

A aparência externa também é importante, pois, junto com o logotipo e a marca, integra a identidade visual que forma uma imagem para o consumidor. A aparência deve incluir elementos de design que remetam à personalidade do negócio. Os clientes devem olhar para o espaço físico e se identificar com ele, sentindo-se à vontade para entrar e conhecer o produto.

4 ZIMMERER, T. M.; SCARBOROUGH, N. M. *Essentials of entrepreneurship and small business management*. 5. ed. New Jersey: Pearson Prentice Hall, 2008.

Capítulo 22

Política de precificação

A estratégia de preços é um conjunto de ações planejadas para que o preço do produto ou serviço seja competitivo, esteja na faixa que o mercado pode e aceita pagar e consiga ser razoável em função do benefício alcançado com o produto ou serviço. A política de precificação é um dos fatores mais importantes do negócio, pois pode influenciar uma série de fatores críticos de sucesso.[1]

O volume de vendas pode aumentar ou diminuir dependendo da política de preços, consequentemente a receita total e a lucratividade também. A participação no mercado varia em função das vendas e, portanto, também pode ser influenciada pelo preço. Baixo poder de barganha com clientes e fornecedores restringe a margem de manobra de preços, o que leva à perda de competitividade. A imagem da empresa perante o cliente também pode ser influenciada pelo preço.

Por outro lado, também há a influência de uma série de outros fatores: o custo dos produtos vendidos ou da matéria-prima é o principal deles, mas o nível de demanda esperada para o produto ou serviço também influencia a precificação. A percepção de valor do cliente e ações dos concorrentes podem forçar mudanças nos preços, assim como as margens de lucro esperadas.

Zimmerer e Scarborough[2] sugerem três estratégias distintas para a precificação: um nivelamento de baixo para cima, de cima para baixo e pela média. O nivelamento de baixo para cima estabelece que o preço mínimo deve, pelo menos, cobrir os custos e as despesas. A abordagem de cima para baixo estabelece que o preço máximo não deve ultrapassar a percepção de valor do cliente e a abordagem média estabelece que o preço não precisa ser nem o mínimo e nem o máximo, mas estar balizado pelo mercado concorrente. A Figura 22.1 apresenta esse modelo.

Figura 22.1 – Estratégias de precificação: abordagem de cima para baixo, de baixo para cima e média

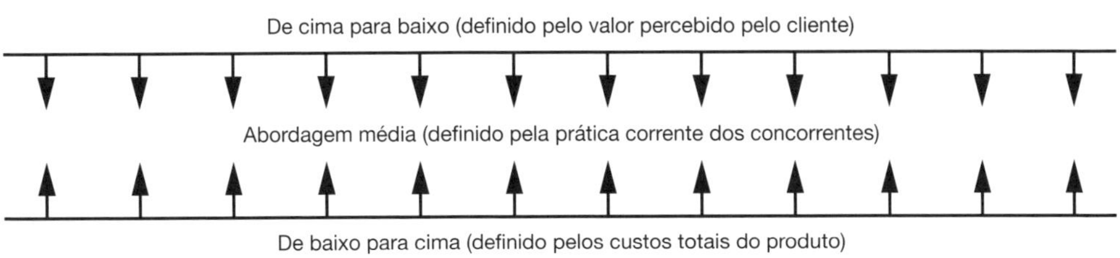

Fonte: elaborada pelos autores.

1 BEULKE, R.; BERTO, D. J. *Precificação*: sinergia do marketing e das finanças. São Paulo: Saraiva, 2011.

2 ZIMMERER, T. M.; SCARBOROUGH, N. M. *Essentials of entrepreneurship and small business management*. 5. ed. New Jersey: Pearson Prentice Hall, 2008.

A estratégia mais fácil de implementar e, normalmente, a primeira a ser adotada é a de baixo para cima. Não é esperado que o preço do produto esteja abaixo do seu custo, pois, se isso acontecer, o negócio tem prejuízo. Os dois únicos casos em que isso pode acontecer é quando se adota uma estratégia de entrada no mercado com preços abaixo do custo para atrair o público ou quando o preço baixo é compensado pelo lucro de outros produtos comercializados. Em ambos os casos, o preço baixo é uma alternativa estratégica, mas é pontual e não pode ser mantida por muito tempo.

No caso de produtos/serviços mais pendentes à comoditização, o preço praticado pelo mercado irá balizar a composição do preço do seu próprio produto/serviço. É interessante listar um *ranking* de preços que permita estabelecer um comparativo com a concorrência.

O custo total inclui três fontes: custo direto do bem, custo de venda (salário mais comissões do vendedor) e custos indiretos (administrativo, estoque, impostos etc.).[3] Todos os custos que são diretamente relacionados ao produto podem ser facilmente atribuídos para cada produto individualmente. Os custos indiretos, por incorrerem em todo o negócio e não apenas para um único produto, tornam a conta mais complexa e, por isso, para facilitar a análise do negócio, estabelece-se uma margem de contribuição suficiente para cobrir todos os custos indiretos projetados.

Caso esta seja a abordagem de estabelecimento de preços adotada, é preciso determinar a composição do preço, se possível mencionando a estrutura de custos variáveis e a proporção dos custos fixos para o volume de vendas estimado. A Figura 22.2 ilustra a composição do preço:

Figura 22.2 – Composição do preço

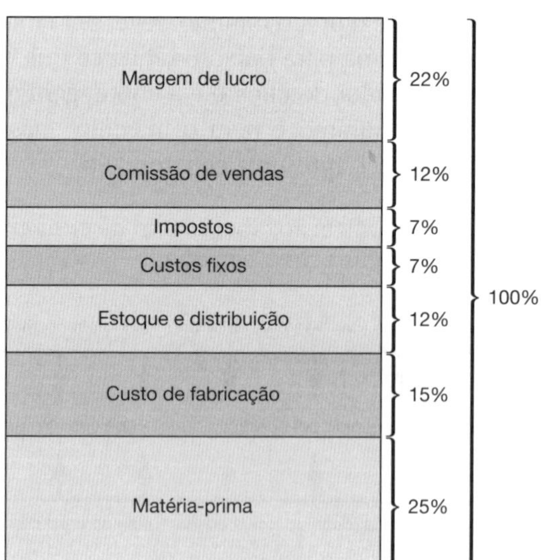

Fonte: elaborada pelos autores.

3 LONGENECKER, J. G. et al. *Administração de pequenas empresas*. 13. ed. São Paulo: Cengage Learning, 2011.

Na abordagem média, o preço é balizado em função das práticas já adotadas pelos concorrentes. Aqui parte-se do pressuposto de que o empreendedor pode mapear algumas referências externas de concorrentes para descobrir qual é a prática de precificação adotada por eles, e então procura adotar modelos semelhantes para que tenha condições de competir minimamente.

Essa estratégia pode funcionar se o produto oferecer funções e atributos similares aos da concorrência, mas pode representar um grande desperdício de oportunidade se o produto oferecer mais benefícios e funcionalidades de valor para o cliente e não explorar adequadamente uma margem maior no preço. Também não funcionará se o produto não oferecer atributos mínimos valorizados pelo cliente e for precificado de forma similar ao do concorrente, pois o cliente não perceberá os valores propostos e então o produto não vai vender.

Uma preocupação maior deve ser a combinação dessa estratégia com a estratégia de baixo custo. Caso o preço final, nivelado pela concorrência, acabar ficando abaixo do preço de custo, então o negócio não está sendo eficaz na sua gestão de custos, ou o empreendedor concorrente está usando uma estratégia para impedi-lo de entrar no mercado. Em ambos os casos, o preço pode ser ajustado de forma a manter o mercado em paridade com o volume de vendas esperado.

22.1 Percepção de valor pelo cliente

A terceira abordagem é a mais complexa, porém a mais apropriada se for bem utilizada. Consiste em definir o preço em função da percepção de valor do cliente sobre o produto ou serviço. Nesta abordagem, produtos/serviços que competem no âmbito de foco ou diferenciação não têm influência dos concorrentes na elaboração do preço. O cliente pode mudar sua percepção do valor do produto de acordo com uma série de fatores, dentre os quais citamos alguns a seguir.

- **Relacionamento com o cliente**. Quando o cliente é bem tratado, respeitado, ouvido e atendido, ele vai querer voltar a comprar. O produto vale o preço que é cobrado porque o relacionamento que é criado proporciona um alto valor na sua percepção. Mas da mesma forma que podem ser construídos, valores podem ser destruídos, até mesmo para bons produtos caso o cliente tenha problemas durante a experiência de compra e relacionamento com a empresa. Um bom relacionamento com o cliente garante não só margem para um preço maior, mas um aumento natural da fidelidade do cliente à marca.
- **Qualidade**. Um produto ou serviço de alta qualidade aumenta a percepção de valor do cliente, fazendo com que ele esteja disposto a pagar mais, porque o produto adquirido é confiável, quebra muito pouco, funciona bem, resolve o problema, atende a necessidade, cumpre as expectativas. Da mesma forma, a má qualidade do produto ou serviço pode levar à destruição de valor, ocasionando inclusive a rejeição do cliente.
- **Marca**. Uma marca bem construída remete a um valor alto percebido pelo cliente. Independentemente do produto, o cliente pode decidir comprar porque conhece a marca, porque a marca lhe é familiar, porque todas as pessoas que ele conhece usam e gostam da marca. Toda a identidade visual é construída para

criar essa percepção por parte do cliente e o preço deve cobrir não só os custos de construção da marca, mas uma margem maior de lucro decorrente. O cliente está disposto a pagar a mais porque ele tem um benefício, na sua percepção, maior do que comprando o produto do concorrente.

- **Variedade**. Quantidade de modelos, tipos, tamanhos, cores, produtos ou serviços complementares, todos esses fatores contribuem para aumentar o número de opções para o cliente e, consequentemente, a percepção de valor. O cliente que procura a sua empresa e não encontra o que precisa, ou o que quer, decide comprar em outro lugar e provavelmente nunca mais voltará à sua empresa.
- **Comodidade**. O cliente constrói uma imagem positiva e sua percepção de valor aumenta à proporção que recebe mais regalias, benefícios, vantagens exclusivas. Assim, entregas em domicílio, embalagem para presente, ajustes e acertos ao produto final, semipreparação, serviços complementares, limpeza etc. criam uma percepção positiva de valor.
- **Raridade**. Produtos que não são encontrados em mais nenhum lugar ou que existem em poucas unidades no mercado fazem a percepção de valor aumentar por causa de sua escassez, representando, para o cliente, uma exclusividade, uma conquista, um *status*.
- **Flexibilidade**. Capacidade da empresa de ouvir o que o cliente quer e atender cada demanda específica dele. A flexibilidade diz respeito também à habilidade para mudar rapidamente seu modelo de produção, para se adequar a demandas específicas e, até mesmo, pontuais.
- **Sofisticação e *status***. Clientes valorizam o que é exclusivo, o que é feito sob encomenda, o que é carregado de sofisticação, bom gosto, com artefatos e adornos ricos e únicos. Atribui valor, enfim, a tudo o que o faz se sentir especial e diferenciado. O *status* não é o que a pessoa é ou julga ser, mas como ela gostaria de ser vista pelos demais.

A decisão de compra por parte do cliente ocorre quando a sua percepção de valor coincide ou supera o preço que é cobrado pelo produto ou serviço, conforme apresentado no Capítulo 17, e não ocorre quando a percepção de valor é menor que o preço, conforme mostra a Figura 22.3:

Figura 22.3 – Preço *versus* percepção de valor pelo cliente

Fonte: elaborada pelos autores.

Assim, quando a percepção de valor do cliente for abaixo do preço cobrado, ele acha que o produto é caro, seja porque não foi feito um bom trabalho de marketing para criar valor na mente do consumidor, seja porque o cliente não enxergou o valor nas características do produto. Por isso, ele toma a decisão de não comprar.

Quando a percepção de valor equivale ao preço cobrado, o cliente acha o preço justo porque sua percepção de quanto valem os benefícios oferecidos pelo produto coincide com o preço cobrado e então ele decide comprar.

Quando a percepção de valor é superior ao preço cobrado, o cliente vê uma pechincha, pois considera que está levando mais do que está pagando e também toma a decisão de compra.

Embora possa parecer que as duas últimas situações são as melhores, do ponto de vista do negócio, apenas a situação de justiça para ambas as partes é a ideal, pois quando a percepção de valor do cliente é maior do que o preço do produto, o empreendedor está perdendo a oportunidade de vender a um preço maior. Essa é a situação mais desejada, na qual se constrói de forma eficaz essa percepção de valor na mente do consumidor a ponto do preço do produto ter uma flexibilidade maior para aumentar as margens.

22.1.1 Cadeia de valor

Os valores são atribuídos pelo cliente em função do valor percebido no produto ou serviço. Ao desenvolver e construir o produto, cada elemento da linha de produção agrega algum tipo de valor a ele, procurando atender ao máximo possível todas as demandas esperadas e desejadas do cliente. No entanto, se o cliente não perceber o valor intrínseco de um determinado elemento da cadeia, não haverá a correspondente relação com o preço e, consequentemente, o cliente achará o produto caro. Para que tenha uma percepção justa do valor do produto é preciso que cada ponto da cadeia de valor tenha alguma contribuição relevante e percebida como útil pelo cliente, a ponto de ele se dispor a pagar por esse valor agregado. Assim, por exemplo, um computador pode ter memória, processador, modem de alta velocidade, monitor de 30 polegadas e teclado especial de números. Se o cliente não achar este último item importante para o seu computador, o esforço e o custo para incluir no produto esse tipo de teclado acabam sendo desperdiçados, pois ele não está disposto a pagar mais por esse recurso adicionado ao produto.

Um exemplo de construção de um computador demonstra esse raciocínio:

Figura 22.4 – Cadeia de valor: exemplo de construção de um computador

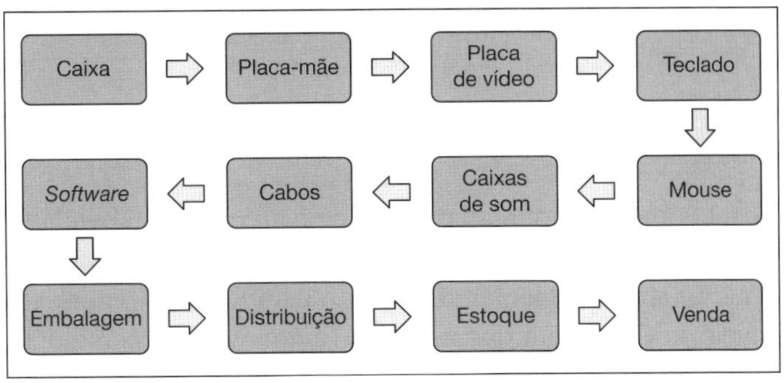

Fonte: elaborada pelos autores.

Cada um desses elementos adiciona algum valor ao produto. Embora itens como distribuição, controle do estoque e processo de venda não estejam visíveis, essas atividades fazem parte do produto e são necessárias. Se o cliente estiver disposto a comprar diretamente na fábrica, esses elementos podem ser excluídos do preço final e o produto fica mais barato. Se quiser usar o seu próprio sistema operacional, o item *software* é um valor agregado que não é percebido pelo cliente, pois ele vai ignorá-lo para instalar o seu próprio sistema, e assim o produto vai lhe parecer caro.

O trabalho do empreendedor é conhecer muito bem o mercado para inserir no produto apenas atributos que tenham um valor percebido pelo cliente. Quando se atende uma variedade grande de segmentos, com características diferentes, o empreendedor verifica o custo de produção para ter vários modelos que atendam, pela sua cadeia de valor, a percepções diferentes de valor por parte dos clientes diferentes. Todo elemento que não gera um valor percebido deve ser removido do produto e, consequentemente, da cadeia de valor no processo construtivo, de forma que o produto fique com um preço final mais adequado à percepção de valor do cliente.

22.2 Elasticidade de demanda

Um conceito que ajuda a entender a relação entre a percepção de valor do consumidor e a estratégia de precificação, em um aspecto mais amplo, é a curva de elasticidade de demanda. Demanda elástica acontece quando o acréscimo em preço diminui a receita total ou uma redução do preço aumenta. A demanda é inelástica quando um acréscimo do preço aumenta a receita total e uma redução de preço diminui. Os gráficos da Figura 22.5 exemplificam esse conceito:

Figura 22.5 – Gráficos de demandas inelástica e elástica

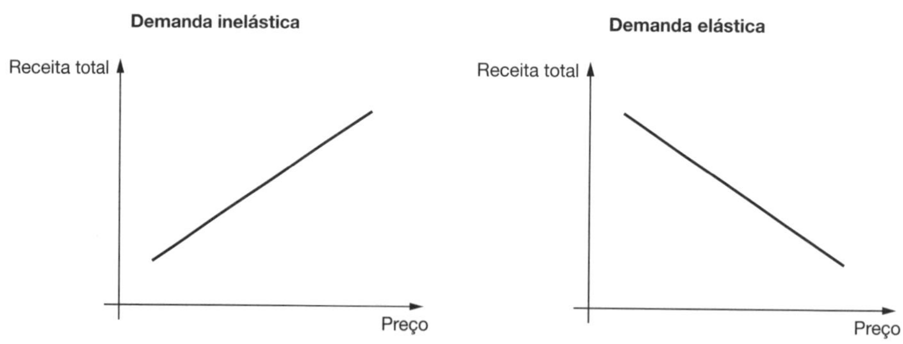

Fonte: elaborada pelos autores.

Podemos citar como exemplo um produto cujo preço foi estabelecido em R$ 10,00. A esse preço, com volume médio de vendas de 5.000 unidades, gera-se um faturamento total de R$ 50 mil. Quando aumentamos o preço para R$ 15,00, por exemplo, dois cenários são possíveis: a) O consumidor sente esse aumento de preço e deixa de comprar. O volume médio de vendas cai para 2.000 unidades, gerando um faturamento total de R$ 30 mil. Essa queda na receita total decorrente do aumento do preço demonstra que esse mercado tem uma demanda elástica, ou seja, sensível a alterações no preço. b) O consumidor sente pouco essa mudança do preço e, embora uma parte do mercado deixe de comprar, a maior parte continua fiel ao produto. Assim, o volume médio de vendas cai para 4.000 unidades, gerando um faturamento total de R$ 60 mil, ou seja, o volume de vendas até cai, mas o faturamento total aumenta.

O empreendedor precisa descobrir qual é o comportamento típico do seu mercado a partir da análise do setor e da concorrência. Se houver alguma desconfiança de que o mercado tem um comportamento de demanda elástica, é possível que o empreendedor tenha pouca flexibilidade para aumentar o preço depois de lançar o produto, exigindo melhores pesquisas de mercado e estratégias mais certeiras de determinação do preço de entrada. Nesse caso, precisa lidar bem com flutuações de custos do mercado e não repassar integralmente no preço para o cliente cada variação do custo. Uma boa gestão da margem de lucro está implícita nessa condição, uma vez que o concorrente pode ser um elemento que provoca a elasticidade da demanda.

No caso de demandas essencialmente inelásticas, há uma tolerância maior do mercado às alterações de preço, fazendo com que ele mude pouco o seu comportamento de compra com um eventual aumento do preço do produto. Nesse caso, o empreendedor tem mais flexibilidade para "experimentar" o preço até encontrar o mais adequado e o plano de negócio deve explicar os elementos da composição dos preços que são inflexíveis e quais são flexíveis o suficiente para acomodar a elasticidade do mercado.

A estratégia de preços também deve estar alinhada com o ciclo de vida do produto. Produtos novos utilizam preço de penetração que, dependendo da sua elasticidade, pode ser alto para ganhar decréscimo depois ou precisa ser baixo para ir aumentando até nivelar o volume de demanda. Produtos já velhos, prontos para serem descontinuados, devem receber um preço promocional, do tipo liquidação, para encerrar o estoque e justificar sua saída do portfólio.

Embora o preço seja estabelecido em função de sua margem de lucro potencial, grandes líderes na verdade procuram garantir um preço que proporcione um retorno mínimo do capital investido, ou seja, uma margem de lucro ampla o suficiente para incorporar a amortização do investimento inicial para a implantação do negócio.

Outras estratégias de preço são descritas a seguir.[4]

- **Preço elevado ou *premium***: quando a proposta de valor é alta porque o produto tem potencial para ser percebido como exclusivo, sofisticado e caro. É quando o próprio preço cria uma percepção de valor alto. O contrário também acontece: se o produto é lançado com um preço muito baixo, o consumidor atribui um baixo valor a ele. Muitas vezes, mesmo que o produto seja produzido a um custo mais competitivo do que o do concorrente, precisa ser lançado com preços parecidos com os que já são praticados no mercado, sob o risco de ser discriminado e rejeitado pelos consumidores.

---

4 SCARBOROUGH, N. M. et al. *Effective small business management*: an entrepreneurial approach. 9. ed. New Jersey: Pearson Prentice Hall, 2009.

- **Preço variável**: quando o relacionamento direto com o cliente, as características personalizadas do produto, o número de variáveis de componentes de valor do cliente ou a prática de mercado permitem ou até exigem concessões e descontos para certos clientes, sob determinados critérios e de acordo com variáveis que dificultam o estabelecimento de um preço-padrão. Nesse caso, não há um preço fixo considerado e as projeções são feitas de acordo com o cálculo do preço médio praticado ou segmentado por categoria de cliente ou por produto.
- **Alinhamento de preços**: nesta prática, os produtos são classificados em categorias diferentes, mesmo que não haja distinções fundamentais entre eles (muitas vezes, apenas a embalagem é diferente). Suco em pó, por exemplo, pode ser vendido em sachês ou a granel; na primeira categoria, é vendido no varejo; na segunda, é direcionado a empresas como bares e restaurantes. O produto em si muda muito pouco, mas a estratégia de precificação é totalmente distinta e permite um melhor controle dos preços do que a adoção de políticas variáveis de desconto.
- **Preços geográficos**: estratégia válida para produtos que são distribuídos em várias regiões, nacional ou internacionalmente, e variam de acordo com as características geográficas do mercado, em função de custos de transporte e estoque diferentes e também em função do comportamento típico do cliente de cada região, que pode atribuir valores diferentes para o mesmo produto. Um produto que compete com vários concorrentes em uma região, e o mesmo produto vendido em outra região na qual não há concorrentes diretos, pode, e certamente terá, preços diferentes.
- **Preço de oportunidade**: acontece quando não há concorrentes diretos competindo pelo mercado. O cliente considera que é um produto escasso e atribui um valor mais alto a ele, permitindo a prática de preços mais elevados. Isso pode acontecer quando um mercado novo é aberto, quando se lança um produto novo (também chamado de "preço de entrada"), quando há uma demanda acima do esperado, quando o concorrente quebra ou abandona um mercado, quando há desabastecimento por efeitos de sazonalidade ou quando a produção é limitada.
- **Preço de liquidação**: quando há necessidade de fazer uma campanha promocional para liquidar estoques, trocar coleções, combater a concorrência, descontinuar produtos, desovar produtos defeituosos ou promover a marca. Nesse caso, o preço não se compara com o custo, podendo até ser vendido abaixo dele, pois a intenção não é lucrar ou atingir o ponto de equilíbrio e sim outras necessidades estratégicas do negócio.
- **Preço econômico**: estratégia adotada quando o mercado atua em baixo custo e a abordagem de preço é de baixo para cima. A gestão dos custos diretos é fundamental para a adoção dessa estratégia.
- **Preço de desnatação**: estratégia que combina preço de entrada alto com uma política contínua de redução por meio de promoções e descontos até encontrar

o preço mais adequado ao mercado. Essa estratégia é usada quando se conhece pouco o mercado, quando não existem concorrentes diretos ou quando o comportamento de demanda é tipicamente inelástico.

- **Preço pacote**: permite que vários produtos da mesma família sejam vendidos juntos, estabelecendo um preço único que equilibra as margens de lucro e facilita a venda de produtos de baixo giro de estoque. Essa estratégia permite uma percepção de valor maior do cliente, uma vez que o preço do pacote deve ser menor do que o preço individual de cada um de seus componentes.
- **Preço guarda-chuva**: parecido com o preço pacote, porém em vez de ser um preço para um conjunto de produtos e serviços, apenas parte do preço é para o conjunto, o outro componente do preço vem de cada produto/serviço individualmente. Essa estratégia funciona bem com negócios de altos custos fixos e alta variedade de composição de preços dos produtos do pacote, pois possibilita uma análise melhor do cliente durante a decisão de compra que permite uma percepção de valor maior criada pela transparência na negociação.
- ***Markup***: no setor varejista, o *markup* é um sistema de definição de preço gerenciável.[5] Ao calcular o preço de venda de um item em particular, o varejista adiciona uma porcentagem de *markup*, envolvendo os custos operacionais, as reduções de preços subsequentes e o lucro desejado. No varejo, essa prática é comum porque permite uma visão mais perceptível da margem de lucro, invertendo a lógica da gestão dos custos. Isso acontece quando o negócio compete na dimensão de custos baixos, tornando-se viável com a prática de margens baixas e a alta escala de produção, e quando o negócio adquire porte e influência suficientes para impor condições de compra de seus fornecedores, para ter flexibilidade na gestão dos custos, uma vez que não há processo produtivo.

5 LONGENECKER, J. G. et al. *Administração de pequenas empresas*. 13. ed. São Paulo: Cengage Learning, 2011.

Capítulo 23

Projeções de receitas e sazonalidade

23.1 Projeção de faturamento

Uma empresa estima o quanto pretende vender ao longo do tempo levando em conta a participação de mercado planejada. O faturamento é calculado multiplicando as vendas totais esperadas no mês pelo preço médio praticado. A demonstração das projeções deve ser elaborada de acordo com a finalidade desejada: se você precisa de um controle operacional por dia, as projeções devem se iniciar em períodos diários, passando a semanais, mensais e assim por diante; se quer um controle estratégico de médio prazo, os períodos da demonstração podem ser mensais, trimestrais, e assim por diante; se quer um controle estratégico de longo prazo, os períodos da demonstração podem ser anuais etc.

O exemplo hipotético a seguir ajuda a fazer essas projeções a partir da unidade mais simples de análise: uma venda individual. Suponhamos um restaurante com 20 mesas que serve duas refeições por dia. Cada mesa gira em média 3 vezes por refeição, ou seja, é ocupada por três clientes, e a média por mesa é de 2 pessoas. Assim:

Vendas totais por dia: 2 pratos × 3 giros × 20 mesas × 2 refeições: 240 pratos Preço médio por prato: R$ 32,00

Faturamento diário: R$ 7.680,00

Supondo que o fluxo é menor nos fins de semana, caindo cerca de 40%, estima-se:

20 dias a R$ 7.680,00 + 10 dias a R$ 4.608,00 = R$ 130.560,00 por mês.

Supondo que nos meses de férias as vendas caem 30%, estima-se:

9 meses a R$ 130.460,00 + 3 meses a R$ 91.932,00 = R$ 1.214.208,00 anuais.

Além dessa primeira estimativa, faça outras projeções, com itens diferentes como bebidas e sobremesas. Faça também a estimativa de ocupação de mesas, que nunca é de 100%, como demonstrado aqui. Inclua variações no negócio que deverão acontecer nos anos subsequentes, como um segundo restaurante ou serviços de *catering*.

Procure adequar a projeção de faturamento em função do amadurecimento da empresa, pois, no início das atividades de uma empresa nascente, o volume de vendas não é o mesmo de uma empresa cujo produto/serviço já está consolidado no mercado. Evidentemente, antes de se vender alguma coisa, é preciso ter um produto/serviço. Portanto, é preciso fazer um planejamento para o desenvolvimento físico do projeto. A pergunta-chave é: quanto tempo será necessário até que a empresa possa começar a vender efetivamente? E qual é o comportamento esperado das vendas à medida que o negócio vai se estruturando? Para o caso do restaurante exposto acima, uma projeção bastante realista é apresentada na Tabela 23.1:

Tabela 23.1 – Exemplo de projeção de faturamento para um restaurante

Item	Mês 1	Mês 2	Mês 3	Mês 4	Mês 5	Mês 6	Mês 7	Mês 8	Mês 9
Pratos			10.380	27.300	32.800	54.030	66.890	73.200	70.900
Bebidas			1.230	2.400	3.070	4.920	7.010	7.680	6.800
Catering							2.500	2.500	4.200
Totais	0	0	11.610	29.700	35.870	58.950	76.400	83.380	81.900

Fonte: elaborada pelos autores.

Note que o negócio ficou alguns meses sem vender nada enquanto se instalava; como já existiam custos projetados, os meses precisam ser apresentados para se integrar às demais planilhas, porém o faturamento acontece apenas no mês 3, mesmo assim é tímido, considerando talvez 2 refeições por mesa, 1 vez ao dia, 1 giro por mesa, ocupando 8 mesas apenas, para depois ir crescendo de forma proporcional ao esforço de divulgação e promoção do restaurante.

Estabeleça uma previsão em cenários distintos, com base em pressupostos que devem ser anotados e documentados segundo o que for determinado no plano financeiro. Essas projeções por cenário ajudam a analisar o negócio sob condições específicas de indefinições e incertezas que podem afetá-lo, positiva ou negativamente, como a preparação de um novo concorrente para entrar no mercado ou a aprovação de uma lei que obriga o mercado a contratar serviços de empresas como a sua. Projete o número de cenários que for necessário, começando pelo mais provável.

Defina a projeção de acordo com a base histórica do setor, o mercado-alvo e o desempenho histórico da empresa, quando for o caso. Olhar para o passado dá indicações de como será o futuro diante de um regime de incertezas. Considere as variáveis externas que podem influenciar o seu negócio, como sazonalidade ou particularidades do comportamento do consumidor. Quando for difícil traçar uma projeção para todo o mercado, faça projeções distintas segundo produtos/serviços distintos, linhas de produtos/serviços ou tipos de clientes/mercado. A projeção final seria a soma de todas a subprojeções que você conseguir descrever de forma mais detalhada e acurada. Verifique também se existe outra fonte de faturamento que não seja baseada em venda de produtos/serviços e faça projeções separadas se ela for relevante para o negócio.

23.2 Políticas de descontos

A política de descontos e abatimentos também deve ser detalhada nessa seção. Esse artifício é uma forma de mexer com o faturamento sem precisar mexer nos preços. Às vezes, o preço é determinado em função da concorrência, de fornecedores e parceiros, ou em função da segmentação do mercado-alvo nesses casos. Uma boa política de desconto procura atenuar o efeito dessas variáveis para o consumidor final e para o negócio. Algumas delas podem alterar o preço momentaneamente em função do mix de produtos e serviços. Se houver uma variedade muito grande de produtos, como em um supermercado, pode ser definida uma política geral de preços e o faturamento estimado por linha de produtos.

Assim, as políticas de descontos são usadas para regular a quantidade de produtos em estoque, reagir à uma ação do concorrente, compensar a variação do custo de matéria-prima, promover a inserção de novos produtos, aumentar a fidelidade e a base de clientes, conceder linhas de crédito, acelerar a descontinuidade de produtos,[1] aprimorar o relacionamento com o cliente, regular os efeitos dos fatores econômicos, atingir o ponto de equilíbrio, compensar variações devidas a fatores sazonais, equilibrar a percepção de valor pela sensibilidade do mercado (elasticidade), aumentar a lucratividade, aumentar o volume de compras,[2] usar como estratégia para incentivar compra de mais de um produto ou serviço etc.

Com relação às formas de pagamento, verifique qual é a proporção de cada tipo de pagamento que espera receber para projetar seu fluxo de caixa, pois a maioria das opções de pagamento mexe com custos financeiros ou prazos de recebimento. As mais comuns são: cartão de débito ou crédito, linhas de crédito próprias, cupons de desconto, à vista, boletos bancários, transferências eletrônicas.

Outros fatores que podem determinar variações nas projeções de faturamento são:

- **efeitos de sazonalidade**: determine se a projeção de vendas está sujeita a efeitos de sazonalidade, ou seja, se pode aumentar ou diminuir em determinada época do ano, ou determinado período do mês. Um bar na praia, por exemplo, tem alta demanda no verão e baixa no inverno. Uma papelaria tem alta demanda no fim das férias e baixa no meio do semestre. Um restaurante por quilo fica cheio nos almoços durante a semana e vazio nos fins de semana. Nesse caso, é preciso definir no plano de negócio a estratégia de atuação da empresa para lidar com as épocas de queda nas vendas e da mesma forma deve ser explicado (nessa seção ou na seção de operações) como atenderá na época de alta demanda. Explique se o efeito de sazonalidade também se aplica ao fornecimento de matéria-prima, insumos ou embalagem e como lidar com essa circunstância;
- **tempo de entrega dos produtos/serviços**: como em muitos casos a receita é gerada a partir da entrega dos produtos ou serviços (caso de projeção de fluxo de caixa), explique o ciclo de tempo para a entrega deles. O tempo será igual a zero no caso de autosserviço, mínimo no caso de comércio de bens no balcão com estoque de produtos, fixo no caso de produtos e/ou serviços padronizados ou variável no caso de projetos ou encomendas. Mencione as etapas em que o tempo será gasto: no pedido, na execução, na entrega, na instalação, na elaboração ou no pós-venda. Quando for o caso, vale a pena descrever como os compromissos são firmados com o cliente e a que penalidades a empresa está sujeita em casos de atraso. Explique também qual será o impacto para o cliente em caso de atraso;
- **inadimplência**: alguns tipos de negócio sofrem com inadimplência, isto é, quando o cliente deixa de pagar. Se o modelo de negócio é orientado para o

1 SCARBOROUGH, N. M. et al. *Effective small business management:* an entrepreneurial approach. 9. ed. New Jersey: Pearson Prentice Hall, 2009.

2 HODGETTS, R. M.; KURATKO, D. F. *Small business management:* essential tools and skills for entrepreneurial success. Pathways, EUA: Wiley, 2008.

varejo ou empresas de pequeno porte com média ou alta taxa de mortalidade, se a prática do mercado é de venda com concessão de linhas de crédito, se o produto pode ser consumido antes de todo o pagamento ser concretizado ou se o poder de barganha perante o cliente for limitado, é necessário prever alguma taxa de inadimplência que esteja de acordo com a prática do mercado. Uma forma de antecipar problemas de caixa decorrentes disso e se prevenir é contratando um bom serviço de proteção ao crédito e transferência do risco de inadimplência no preço final, de forma que os outros clientes paguem por aqueles que não pagam;

- **fatores ambientais**: políticas do governo, crises cambiais, instabilidade econômica e comportamento do cliente são alguns dos fatores externos que podem influenciar, para cima ou para baixo, as projeções de faturamento do negócio. Tais variáveis, em sua maioria, estão fora do controle do empreendedor e só podem ser combatidas com alguma flexibilidade na política de precificação, de forma a manter nivelado o comportamento de demanda esperado e sempre de acordo com a elasticidade de demanda do negócio.

Parte VI

Operações e organização

Capítulo 24

Estrutura operacional e processos

24.1 Descrição do fluxo operacional

No plano de negócio, faça uma descrição detalhada da elaboração do produto desde o recebimento da matéria-prima até o produto acabado. A representação processual nesse caso é muito interessante, pois permite uma visualização gráfica de cada etapa do processo de produção. Existem vários programas de computador (*softwares*) que permitem a construção desses diagramas de processo de forma bem simples. Dados como quantidade de matéria-prima, funcionários em cada etapa do processo, duração da atividade, entradas e saídas etc. podem ser inseridos nesses diagramas. A Figura 24.1 apresenta os elementos que devem ser considerados na descrição do fluxo operacional.

Figura 24.1 – Fluxo operacional

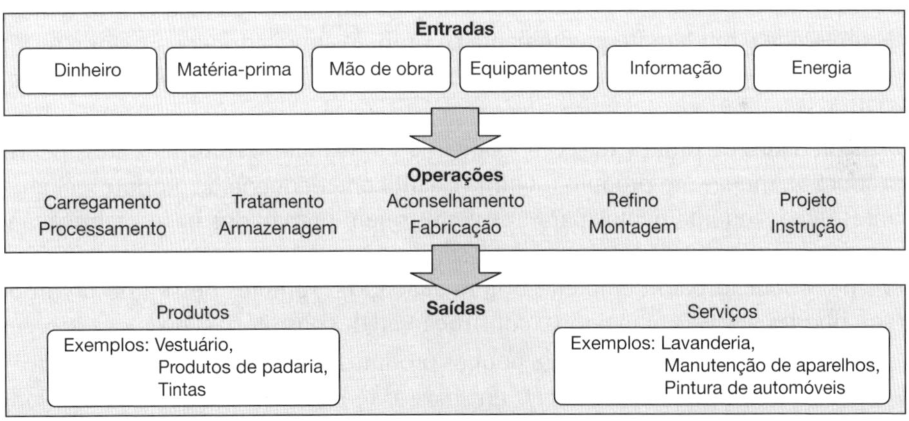

Fonte: elaborada pelos autores.

Todos os processos operacionais, independentemente do tipo de negócio, são similares, pois transformam as entradas (seja na forma de dinheiro, mão de obra, matéria-prima, equipamentos, utensílios, energia, insumos etc.) em saídas, isto é, nos produtos e serviços que serão comercializados pela empresa.

O plano de negócio deve descrever os recursos utilizados (matéria-prima, funcionários, fornecedores, máquinas), a composição do custo do produto final e como os recursos serão consumidos no processo produtivo. É aconselhável que nessa parte do plano, o empreendedor exponha de forma descritiva todos os custos envolvidos na obtenção do produto.

No caso de empresas de serviços, o fluxo operacional é semelhante, porém a saída gerada não é um bem tangível, embora não deixe de gerar benefícios que serão valorizados e adquiridos pelo cliente. O controle do processo e da qualidade final é mais difícil e menos palpável do que o dos produtos e o cliente normalmente entra no fluxo de processo como uma das entradas. Isso vale para escolas, bancos, salões de beleza, jardinagem, oficinas mecânicas, companhias aéreas e uma enorme variedade de negócios.[1]

Os cálculos detalhados podem ser inseridos na seção de anexos. Itens como salários, horas/homem, horas/máquinas, capacidade de produção, condição das instalações, custo de aquisição de matéria-prima, tipo e custo de embalagens, custo de utilização de laboratórios, inspeção de qualidade, índice de refugo, produtividade etc. devem ser considerados nessa seção.

No caso de serviços, devem ser descritos o fluxo de processos e as técnicas usadas na execução dos serviços ou, no caso de comércio, o fluxo de comercialização. Um diagrama de fluxo de processos deve ser anexado no final do documento. No caso de comércio ou serviços, mesmo sistemas não ligados diretamente ao serviço/produto vendido podem ser descritos aqui, caso sejam relevantes para o negócio.

24.2 Planejamento das operações

Operações de manufatura diferem de acordo com o grau de repetição. Algumas fábricas produzem o mesmo produto dia a dia, semana após semana. Outras têm grande flexibilidade e mudam frequentemente os produtos que fabricam. Existem três tipos de operações de produção: unidades de produção por encomenda, fabricação repetitiva e fabricação por lotes.[2]

As unidades de produção sob encomenda são caracterizadas por curtos períodos de produção. Apenas um produto (ou uma quantidade pequena de produtos) é fabricado antes que os equipamentos para fins gerais sejam preparados para a fabricação de um produto diverso. Cada produção deve ser única, exigindo um conjunto especial de passos de produção para completar o item acabado. Exemplos desse tipo de produto são serralherias, móveis planejados, construção civil, consultorias, eventos etc.

Empresas que produzem um ou poucos produtos padronizados utilizam a fabricação repetitiva, considerada produção em massa, tendo em vista que envolve longos períodos de produção. A fabricação repetitiva é associada à produção de linha de montagem automobilística e de outros produtos de grande volume de produção. Equipamento altamente especializado pode ser empregado, pois é usado várias vezes na produção do mesmo item. Poucas pequenas empresas se engajam na fabricação repetitiva. Indústrias da maioria dos bens de consumo de massa, comercializados em larga escala, entram nessa categoria.

O tipo intermediário de produção é chamado de fabricação por lotes e envolve mais variedade (e menos volume) que a fabricação repetitiva, mas menos (e mais

1 LONGENECKER, J. G. et al. *Administração de pequenas empresas*. 13. ed. São Paulo: Cengage Learning, 2011.

2 LONGENECKER, J. G. et al., 2011.

volume) que as unidades de produção por encomenda. Na fabricação por lotes, um período de produção de cem unidades padronizadas pode ser seguido de um segundo período de produção de mesma quantidade de outro produto padronizado. Empresas de engarrafamento, que enchem garrafas com diversos tipos de refrigerantes, utilizam a fabricação por lotes. Alguns produtos de bens de consumo que precisam de variedade de tipos e modelos estão nessa categoria. Uma fábrica de suco em pó, por exemplo, precisa organizar sua linha de produção para fazer o *setup* de máquinas cada vez que muda o processamento de um novo sabor.

24.3 Capacidade de produção

A definição da capacidade de uma operação é o nível máximo de atividade de valor adicionado em determinado período de tempo que o processo pode realizar sob condições normais de operação. O planejamento e controle de capacidade é a tarefa de determinar a capacidade efetiva da operação produtiva, de forma que ela possa responder à demanda.[3] Isso normalmente significa decidir como a operação deve reagir a flutuações na demanda. O gerente de produção deve estimar as definições de capacidade que lhe permitam flexibilizar o volume produzido por um curto período, seja com base em previsões ou sem aviso. A demanda é o principal determinante do volume e este tem um impacto significativo no projeto das operações.

O principal problema com a medição de capacidade nem é tanto a incerteza de identificar o volume de demanda, mas a sua complexidade. Somente quando a produção é altamente padronizada e repetitiva, é fácil definir a capacidade sem ambiguidade. Se existem diversos ritmos distintos de produção na linha, alta dependência de fornecedores críticos, alto poder de barganha de fornecedores ou de clientes, um modelo de negócio que impõe um curto ciclo de tempo de entrega do produto final, uso de equipamentos com alto índice de defeitos ou dificuldade de obtenção de assistência técnica, alto índice de rejeição de insumos ou perdas, deficiência de mão de obra adequada, entre outros motivos, haverá sempre a necessidade de fazer um bom planejamento de produção em termos de capacidade de produção para minimizar ou eliminar tais erros.

24.4 Previsão de aumento de capacidade

Em caso de estimativa de aumento nas vendas de produtos já existentes ou de novos produtos, descreva as necessidades para contabilizar esse aumento no processo produtivo, incluindo materiais, equipamentos, mão de obra, instalações, estoques etc. Formas de provisão de variação de demanda.

Para projetar o volume de produção, vendas ou serviços, você precisa considerar as seguintes questões:

- Qual é a necessidade e a procura do mercado?

3 FERNANDES, F. C. F.; FILHO, M. G. *Planejamento e controle da produção*: dos fundamentos ao essencial. São Paulo: Atlas, 2010.

- Quais são os tipos de mercadorias ou serviços a serem colocados no mercado?
- Qual é a disponibilidade de pessoal?
- Qual é a disponibilidade de recursos financeiros?
- Qual é a disponibilidade de matéria-prima, mercadorias, embalagens e outros materiais necessários?
- Qual é a capacidade de recursos materiais – máquinas, instalações?

Existem diversas técnicas de previsão de demanda. Uma das mais comuns e simples é a previsão baseada na média móvel, que considera os dados de demanda real dos períodos anteriores. A demanda média desses períodos passados é calculada e a média é usada como uma previsão para a demanda do próximo período. Quaisquer dados mais antigos do que os dos períodos medidos não têm nenhuma influência na previsão do período seguinte, a não ser que o grau de incerteza com relação aos padrões que definem o comportamento da média histórica seja muito grande para garantir a confiabilidade da previsão.

Uma vez definida a demanda, estima-se, por projeção direta, a necessidade de mão de obra, equipamentos, matérias-primas, insumos e embalagens para cumprir a necessidade de produção estimada.

Analise também se os produtos ou serviços estão sujeitos a oscilações do tipo sazonal. No início das operações, é sempre aconselhável que a expectativa de vendas seja moderada, pois a empresa necessita de tempo para adquirir experiência e tornar seus produtos ou serviços conhecidos no mercado. É importante também identificar as ações alternativas para contemplar um aumento de demanda que não justifique um aumento de infraestrutura ou mão de obra, como horas extras, subcontratação de terceiros, aumento de turnos de produção etc.

No caso de serviços, na maioria dos casos, a demanda é estabelecida pelo consumidor. Um salão de cabeleireiro, uma oficina mecânica ou uma clínica médica precisam esperar o surgimento de uma demanda para poder atendê-la. Outras empresas, como bancos e cinemas, mantêm horário fixo de prestação de serviços e uma certa tolerância para alguma ociosidade. Alguns empreendimentos tentam distribuir a demanda de clientes, oferecendo incentivos para que os serviços sejam usados ou solicitados fora do horário de pico.[4]

Uma das melhores estratégias competitivas que existe para empresas com alta intensidade de atividade operacional, como empresas de produção em larga escala ou manufatureiras, está na gestão de custos e busca contínua do aumento da eficácia operacional. Algumas estratégias competitivas usadas nas operações mais comuns estão disponíveis no Material de apoio on-line, bem como os critérios para o uso de terceiros ou produção própria e o modelo de análise da cadeia de valor, que facilita a análise dos elementos da cadeia que mais contribuem para o aumento do valor percebido do cliente.

---

4 LONGENECKER, J. G. et al. *Administração de pequenas empresas*. 13. ed. São Paulo: Cengage Learning, 2011.

Capítulo 25

Estoque e inventário

Um dos pontos mais críticos do plano de negócio é a gestão de estoque e inventário. Pode parecer secundário, uma vez que este tema diz respeito à gestão do negócio em si e não ao seu planejamento; no entanto, se o negócio depende de grandes estoques e da sua capacidade de giro, então ele é um fator importante na previsão de capital de giro necessário para manter o negócio até que se atinja o ponto de equilíbrio. E a explicação é muito simples: enquanto o estoque não for vendido, ele representa capital empatado, dinheiro parado que não está rendendo nada para o negócio. Assim, ter o mínimo de estoque é ter o mínimo de necessidade de capital para movimentar o negócio; se, por diversos motivos, o estoque tiver que ser alto, então ele precisa girar rápido para proporcionar o fluxo de caixa que representa a saúde diária do negócio. Altos estoques com baixo giro requerem alto capital de giro para compensar o capital que está ocioso e acumulado na forma de estoque. Se esse for o seu caso, preste especial atenção a este capítulo.

A logística interna para acesso a insumos, matéria-prima, embalagens e outros materiais normalmente é relevante apenas para a indústria de transformação em que entram muitos componentes e existe alta dependência de fornecedores externos. Três elementos são importantes nessa análise: o controle do fluxo da cadeia de suprimentos, o arranjo físico interno da planta e o controle de estoques.[1]

25.1 Gestão da cadeia de suprimentos interna

À medida que as empresas se tornam mais focalizadas em um conjunto restrito e bem definido de tarefas e compram cada vez mais materiais e serviços de fornecedores especialistas, aumenta a importância da contribuição das funções de compras e suprimentos. Esse fluxo de materiais e informações é a rede ou a cadeia de suprimentos.[2] Ela flui através da empresa, desde a atividade de compras, passando pela produção e chegando até os clientes, mediante uma atividade de distribuição ou serviço de entrega. Quando os gerentes de operações procuram controlar esse fluxo, percebem que podem obter benefícios em termos de redução dos ciclos de tempo, melhoria da confiabilidade do processo, grau de flexibilidade da linha, custos potenciais e dinâmica de aferição da qualidade do processo.

Gráficos e fluxogramas ajudam a mapear uma cadeia de suprimentos e um modelo simplificado pode ser apresentado no plano de negócio, caso seja pertinente, e

1 CHOPRA, S.; MEINDL, P. *Gestão da cadeia de suprimentos*: estratégia, planejamento e operações. 4. ed. São Paulo: Pearson, 2011.

2 CHOPRA, S.; MEINDL, P., 2011.

detalhado na seção de anexos. Veja na Figura 25.1 o exemplo extraído de Slack et al.[3] do fluxo de informações para a central de atendimento de clientes de uma companhia fornecedora de energia elétrica:

Figura 25.1 – Fluxo de informações

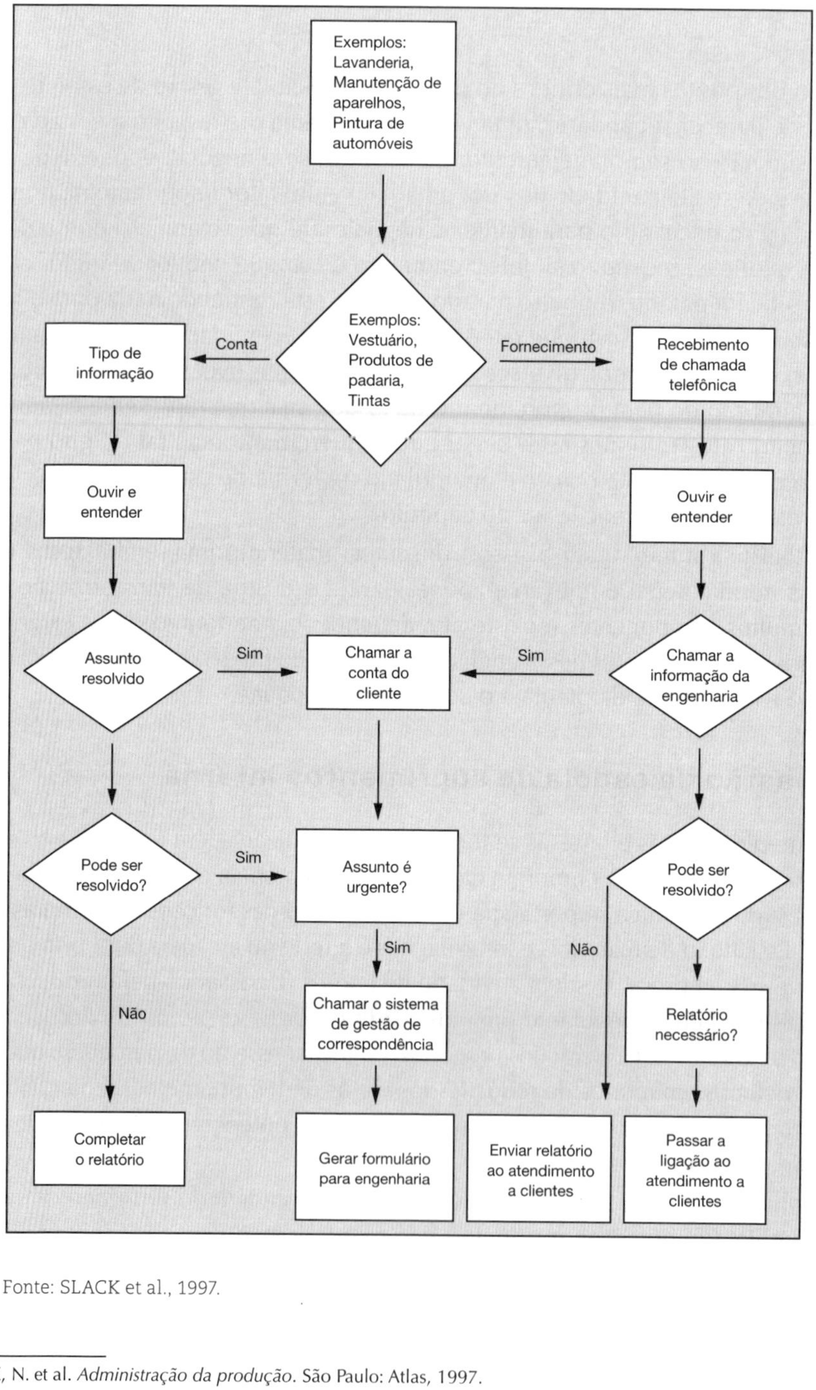

Fonte: SLACK et al., 1997.

3 SLACK, N. et al. *Administração da produção*. São Paulo: Atlas, 1997.

Com esse e outros fluxos, o leitor pode compreender melhor o processo como um todo e ter uma visão mais clara de como funcionarão as operações da empresa. Caso seja necessário, pode incluir uma breve descrição da simbologia utilizada e/ou uma estimativa, para cada passo, do tempo médio de execução de cada tarefa.

25.2 Arranjo físico

O arranjo físico de uma operação produtiva preocupa-se com a localização física dos recursos de transformação. Simplificando, definir o arranjo físico é decidir onde colocar todas as instalações, máquinas, equipamentos e pessoal de produção. O arranjo físico é uma das características mais evidentes de uma operação produtiva porque determina sua forma e aparência. Também determina a maneira segundo a qual os recursos transformados – materiais, informação e clientes – fluem através da operação. Mudanças relativamente pequenas na localização de uma máquina em uma fábrica, ou das mercadorias em um supermercado, ou a mudança de salas em um centro esportivo podem afetar o fluxo de materiais e de pessoas na operação. Isso, por sua vez, pode afetar os custos e a eficácia geral da produção. Um exemplo de arranjo físico é proposto por Slack et al.[4] para uma biblioteca (Figura 25.2):

Figura 25.2 – Exemplo de arranjo físico

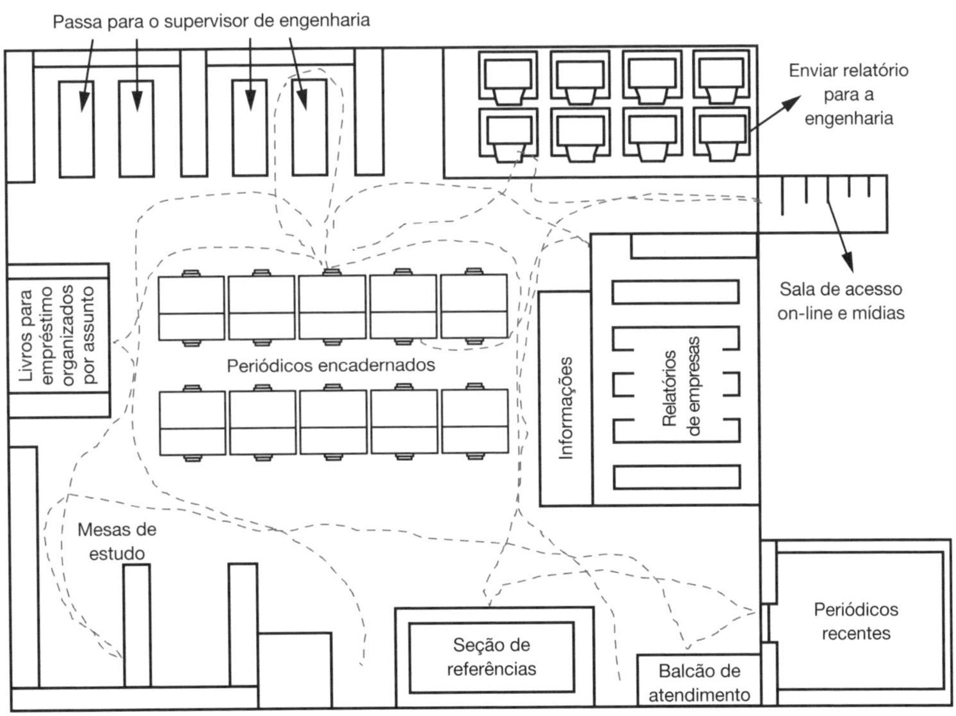

Fonte: SLACK et al., 1997.

4 SLACK, N. et al., 1997.

Os vários processos que podem existir em um espaço como uma biblioteca pública precisam ser demonstrados no *layout* com as devidas proporções de escala. Uma linha tracejada mostrando uma simulação de circulação de um único cliente ajuda a entender essa dimensão do uso do espaço.

25.3 Gestão de estoque e inventário

Estoque é definido como a acumulação armazenada de recursos materiais em um sistema de transformação. Algumas vezes, "estoque" também é usado para descrever qualquer recurso armazenado.[5] Normalmente, usamos o termo para nos referirmos a recursos de entrada transformados.

Os gerentes de produção costumam ter uma relação ambivalente com os estoques. Por um lado, eles são custosos e algumas vezes empatam uma quantidade considerável de capital. Também são arriscados porque itens mantidos em estoque podem se deteriorar, tornar-se obsoletos ou então serem perdidos e, além disso, ocupam um espaço físico valioso na produção. Por outro lado, proporcionam alguma segurança em um ambiente complexo e incerto; são uma garantia reconfortante contra o inesperado. Sabendo disso, certos itens são mantidos em estoque, caso surjam pedidos de consumidores ou programas de produção. Certamente, quando um cliente procura um fornecedor concorrente só porque um item está em falta no estoque ou quando um grande projeto está parado esperando somente por uma pequena peça, o valor dos estoques parece inquestionável.

Em qualquer operação produtiva, há diversos tipos de materiais armazenados. O estoque existe porque há uma diferença de ritmo ou de taxa entre fornecimento e demanda. Se o fornecimento de qualquer item ocorresse exatamente quando fosse demandado, esse item nunca seria estocado. Para garantir a capacidade de entrega interna, o tipo de estoque utilizado é o isolador ou o chamado **estoque de segurança**. Seu propósito é compensar as incertezas inerentes ao fornecimento e à demanda. Do mesmo modo, dois estágios em um processo de produção podem produzir exatamente à mesma taxa em média, mas o tempo de processamento individual pode variar além da média. Se o segundo processo precisa continuar sem interrupção, usa-se também o estoque isolador.

O tamanho estimado para projetar esse estoque isolador é um dos grandes dilemas do empreendedor ao preparar o plano de negócio. Espaços muito grandes podem acomodar melhor o estoque com uma boa folga de segurança, mas representam também maior custo, tanto do estoque em si, que fica parado, quanto da locação do espaço e do seguro. Estoques muito baixos aumentam o risco de desabastecimento da cadeia em algum ponto crítico.

Outro tipo de estoque é o **estoque de ciclo**. Recomendável quando um ou mais estágios da operação não podem fornecer todos os itens que produzem simultaneamente. É preciso então acumular os diversos tipos de matérias-primas necessárias no processo produtivo para então começar o ciclo de produção. Ao final do ciclo, as

5 MOREIRA, D. *Administração da produção e operações*. São Paulo: Saraiva, 2012.

reservas de estoque estão baixas e então recomeça um novo ciclo de outro produto. Essa medida é necessária para que uma linha de produção não pare por falta de um único item da matéria-prima.

Já o **estoque de antecipação**[6] serve para compensar a irregularidade no ritmo de fornecimento e demanda. Se o produto é requerido apenas em uma época do ano (sazonal) e em grandes quantidades, como chocolate na Páscoa e no inverno ou cerveja no verão, é preciso se antecipar à alta demanda pontual e preparar estoques de antecipação para não correr o risco de desabastecer o mercado.

Estoques de canal são aqueles localizados estrategicamente em locais situados entre o ponto de demanda e os pontos de produção. Essa é uma medida para reduzir o risco de falhas no processo de transporte por questões operacionais, ambientais ou legais (como no caso de alfândega). Todo esse estoque é considerado "em trânsito".

Existem várias técnicas para otimizar a gestão de estoque, alinhando com os ciclos de pedidos, tanto de demanda como dos fornecedores. Se o fornecedor atende rapidamente, os ciclos podem ser curtos, com estoques baixos. Se o fornecedor tem problemas de abastecimento, os estoques precisam ser maiores. Se o produto tem custo de manutenção alto, como frigoríficos e geladeiras, são recomendáveis ciclos mais curtos com estoques baixos. Se existe um sistema de gestão entre a empresa e os diversos fornecedores, o sistema se autoalimenta por meio de controles automatizados de níveis mínimos para efetivar os pedidos de reposição automaticamente. O mesmo acontece do lado da demanda. Alguns produtos precisam estar disponíveis no mesmo dia e são voláteis, no dia seguinte já não servem para mais nada, como jornais ou pãezinhos frescos. A eficiência do processo de entrega deve ser muito mais eficaz do que o controle de estoques.

25.4 Requisitos de *lead time*

Identifique quais são as necessidades de tempo e prazos a serem atendidas por fornecedores, parceiros e terceiros para garantir o abastecimento de produto acabado ao mercado consumidor. Dependendo dessa informação, estima-se a quantidade de estoque de cada material em função do volume de produção e de vendas estimado. Quanto maior for o *leadtime*, maior é o tempo de antecipação de pedido de compras. Quanto maior for a instabilidade dos prazos de entrega, maior é a necessidade de estoque de material para garantir que a linha de produção não pare.

Para o comércio, vale o mesmo, só que não para a matéria-prima, mas com relação à mercadoria. E, no caso de serviço, só preencha esse campo se houver indefinição de prazos de entregas de materiais utilizados na prestação do serviço em si.

6 SLACK, N. et al., 1997.

Capítulo 26

Fornecedores-chave e outras relações de dependência no negócio

26.1 Identificação de fornecedores-chave

Busque informações sobre fornecedores de máquinas, equipamentos, matéria-prima, mercadorias e quaisquer outros materiais de que você vai necessitar para produzir, vender ou prestar serviços. Não se esqueça de considerar: distância física, referências, custo de frete, qualidade, capacidade de fornecimento, preço, prazo, assistência técnica, garantias, formas de pagamento e de entrega.

Em toda cadeia de valor, existem sempre alguns poucos fornecedores de insumos, matéria-prima, embalagens ou mão de obra que são os mais importantes e críticos no processo. Uma falha de algum desses fornecedores pode representar prejuízos em toda a cadeia de valor, refletindo diretamente no mercado. No plano de negócio, é preciso identificar esses fornecedores e estabelecer uma estratégia para reduzir a dependência em torno deles. De nada adianta o empreendedor administrar muito bem o seu negócio se não puder contar com o empenho e a qualidade de seus fornecedores mais importantes.

Quanto mais difícil for substituir um fornecedor, maior é o potencial de problemas, pois o empreendedor está sujeito às condições impostas por esse fornecedor. Se ele começar a aumentar os preços, entregar com atraso ou prejudicar a qualidade, é o momento de procurar alternativas para um eventual rompimento de contato. A melhor saída para lidar com essas incidências é qualificar outros fornecedores que possam ser acionados em caso de necessidade. É esse tipo de contingência que precisa ser prevista no plano de negócio.

Assim, o plano de negócio deve trazer uma qualificação dos fornecedores segundo participação no mercado, qualidade reconhecida, reputação ou exclusividade. Também deve explicar o nível de relacionamento existente com os principais fornecedores. No caso de uma empresa nascente, é preciso descrever os prazos necessários para ter o parque fabril instalado e pronto para começar a produzir. O importante aqui é assegurar o leitor de que o negócio não será prejudicado por problemas com os fornecedores. Toda e qualquer evidência que ajude a construir a imagem de confiabilidade deve ser incluída no plano de negócio.

Vale ressaltar que a força competitiva dos fornecedores é o seu poder de barganha. Quando o fornecedor se dá conta de sua importância na cadeia de valor que faz sua empresa gerar produtos e serviços de boa qualidade, ele pode usar o poder de barganha para impor condições, como prazos de pagamentos, preços, forma de entrega, qualidade, serviços, produtos agregados etc. O empreendedor, se estiver em posição de fragilidade perante o fornecedor, é obrigado a aceitar as condições impostas para garantir sua própria competitividade, o que pode ser compensado em outras partes do negócio, melhorando sua eficácia operacional, reduzindo custos de estoque e distribuição, usando estruturas administrativas mais enxutas, terceirizando parte das operações etc.

Portanto, é importante notar que, mesmo que o fornecedor tenha credibilidade e demonstre que não quebrará ou deixará o seu negócio na mão, se ele for forte demais, pode acabar ocorrendo uma alta relação de dependência. Nesse caso, desenvolver outras alternativas de fornecimento pode ser uma boa saída; no entanto, em muitos casos, trocar de fornecedor talvez não seja uma alternativa viável. Um supermercado, por exemplo, não pode se dar ao luxo de não vender Nescau, Coca-Cola ou sabão em pó Omo. Romper com esses fornecedores pode significar a perda de mercado, pois são marcas altamente reconhecidas e demandadas pelo público.

Outra situação de fragilidade acontece quando o fornecedor detém uma tecnologia específica, um *know-how* próprio ou mão de obra qualificada que nenhuma outra empresa pode oferecer. Independentemente do seu tamanho, essa exclusividade pode representar um poder de barganha do fornecedor que também pode prejudicar o negócio. O mesmo pode acontecer quando o fornecedor detém direitos de representatividade de exclusivos de certos canais da cadeia de valor, como controle de matéria-prima ou de canais de distribuição, que deixam poucas opções de outros fornecedores substitutos para o empreendedor. Em alguns casos, essa influência é política, em outros é de imagem. Os atributos que caracterizam o poder de barganha do fornecedor são bastante variados e, por isso mesmo, devem ser vistos com cautela pelo empreendedor.

26.2 Outras relações de dependência no negócio

Todos esses pontos de cuidado valem também para outras relações de dependência que caracterizam as relações externas do negócio: terceiros, parceiros, autônomos etc., porém algumas características mudam de um caso para outro.

Serviços terceirizados, por exemplo, têm menos chances de gerar essa relação de dependência porque normalmente são terceirizadas atividades operacionais com baixo valor agregado e pouca importância estratégica para o negócio. Eventuais falhas ou limitações podem resultar em substituição do terceiro sem muitas dores de cabeça ou prejuízos para o negócio.

Os **profissionais autônomos**, por sua vez, como advogados, consultores, contadores, médicos do trabalho, programadores, entre outros, são pessoas físicas que prestam serviços, com exclusividade ou não, em uma determinada especialidade que não é o foco ou *expertise* do negócio. Como existem outros profissionais no mercado com as mesmas qualificações, o poder de barganha para impor condições continua com a empresa.

Já com os **parceiros estratégicos** a situação é diferente. Um parceiro se diferencia de um terceiro ou de um fornecedor porque a relação que o parceiro cria com a empresa é de comprometimento mútuo e compartilhamento de riscos. Iniciativas estratégicas conduzidas em conjunto com outras empresas são parcerias nas quais ambas as partes podem ganhar, mas também perder. Essas relações são regidas por contratos muito bem desenhados, com os termos e compromissos de ambas as partes bastante claros.

No caso de empresas nascentes, as parcerias representam um dos principais fatores de sucesso ou fracasso e por isso mesmo precisam ser muito bem conduzidas. As pequenas empresas não têm estrutura para arcar com todo o ciclo do produto e por isso contam com os parceiros, para que a força de uma ou mais empresas, juntas e complementares entre si, compensem no conjunto as limitações de cada uma individualmente.

Esse tipo de relação é altamente significativo para o negócio e as escolhas precisam ser muito bem-feitas, pois, como ambas as partes abriram mão de alguma coisa importante ou precisaram investir no desenvolvimento de algo para a parceria, não dar certo representaria prejuízo aos dois lados. As trocas de parceiros não são tão comuns quanto entre terceiros e fornecedores, justamente porque cada relação é única e exclusiva.

Terceiros imprescindíveis ao negócio, porque complementam as atividades internas da empresa (como fornecedores de peças ou componentes do produto a ser produzido, empresas de manutenção preventiva, empresas que fornecem a alimentação dos funcionários, escritório de engenharia etc.), devem ser mencionados nesse tópico. Ao explicar por que decidiu terceirizar ou contratar fornecedores, diferencie as atividades que são realizadas internamente das que são realizadas fora da empresa e explique as vantagens de cada caminho de ação, propondo alternativas de ação em caso de rompimento de contrato.

Enfim, cada caso terá suas peculiaridades e o empreendedor tem de saber analisar suas relações e procurar a melhor maneira de descrever os terceiros e os parceiros do seu negócio. A lista a seguir descreve os serviços terceirizados mais comuns.

- **Contador:** imprescindível desde o início do negócio, pois cuida de toda a documentação legal obrigatória da empresa e garante que todos os requisitos sejam cumpridos, sobretudo os impostos devidos. Normalmente, o contador é o primeiro conselheiro do empreendedor, embora sua especialização seja mais em aspectos legais e tributários do que em negócios. Em muitos casos, ele acaba substituindo o advogado para aconselhamento e situações mais simples das pequenas empresas.
- **Advogado:** necessário quando o negócio requer relações contratuais com clientes, fornecedores e parceiros. Normalmente, presta serviços *ad hoc* (apenas quando necessário, para uma finalidade específica) e complementa o trabalho do contador nos aspectos legais e, às vezes, tributários. Sua atuação é mais relevante quando o empreendedor entra em setores que conhece pouco, pois o amparo legal o ajuda a encontrar oportunidades de atuação, além de evitar que o empreendedor tome decisões equivocadas ou subestime uma relação formal com outras empresas.
- **Bancos:** imprescindíveis também, pois nenhuma empresa, por menor que seja, pode correr o risco de guardar dinheiro em casa. Alguns bancos possuem atendimentos específicos para pequenos e médios empresários, com produtos e serviços exclusivos. O gerente do banco é o segundo conselheiro mais procurado

pelo empreendedor depois do contador; no entanto, sua ajuda é limitada às decisões de investimento e ele nem sempre pode contribuir com orientação sobre gestão de caixa.

- **Consultores:** importantes em casos específicos. A gama de consultores é ampla. De forma geral, podem ser classificados em consultores de área e consultores de negócios. Consultores de área são contratados exclusivamente para compensar a falta de conhecimento do empreendedor em determinado setor. Eles têm conhecimento e experiência úteis para atuar nesse setor e, na maioria das vezes, são mais proveitosos e custam mais barato do que treinamentos e cursos. Os consultores de negócio ajudam quando o empreendedor não tem essa formação e podem colaborar desde a concepção do negócio até a sua gestão diária.
- **Desenvolvedores de site:** nenhuma empresa, de qualquer porte, pode se dar ao luxo de não ter, no mínimo, uma página institucional na internet. No começo, é comum contratar um programador *freelancer*, porém, conforme o negócio evolui, é preciso pessoal mais especializado, seja uma empresa da área ou até mesmo uma equipe própria, se o negócio envolver comércio eletrônico.

Há uma enorme variedade de ofertas no mercado dos serviços a seguir, dos mais variados preços e qualidade. É preciso ser muito criterioso na escolha.

- **Assessoria de imprensa:** necessária se o negócio estiver focado em nichos específicos, ou, se for de varejo, tiver algum grau de inovação com apelo de valor público. Uma boa assessoria de imprensa pode substituir uma parte do investimento em marketing, com resultados mais seguros, pois é capaz de gerar mídia espontânea e, consequentemente, publicidade gratuita. Verifique bem o que precisa, pois alguns desses serviços são especializados em setores e em canais específicos, como coletivas de imprensa ou elaboração de conteúdos para o site.
- **Agência de viagem:** necessária quando o negócio exige muitas viagens. Muitas vezes, contratar uma agência pode ser útil para reduzir substancialmente os custos. Embora, hoje em dia, usar serviços gratuitos de sites como Decolar.com e Hoteis.com possa parecer mais barato, uma agência de viagem pode conseguir pacotes mais vantajosos, tem algum poder de negociação e tira do empreendedor essa responsabilidade que consome um bom tempo.
- **Companhia telefônica:** o volume de ligações telefônicas varia de negócio para negócio. Alguns usam bastante, necessitando até fazer ligações internacionais. Escolha uma operadora de telefonia que ofereça os melhores planos ou utilize aplicativos que permitem a realização gratuita de chamadas, até mesmo internacionais, como o WhatsApp, FaceTime, Skype e Messenger.
- **Hospedagem de servidores:** imprescindível para negócios de qualquer porte que precisam ter uma página na internet. No começo, recomenda-se usar um serviço gratuito para construir apenas uma página institucional. No entanto, conforme o negócio for se desenvolvendo, um serviço mais amplo, que também permita enviar e-mail marketing, que faça a gestão do domínio e ofereça relatórios e controles de acesso, pode exigir um serviço profissional de hospedagem, sobretudo pela segurança que proporciona.

- **Assistência médica:** mesmo empresas de pequeno porte não podem prescindir de um plano de assistência médica para seus funcionários. Vários serviços e pacotes específicos estão sendo oferecidos para pequenas empresas com poucos funcionários. Para atrair certos talentos do mercado, esse é o mínimo de benefício que precisa ser oferecido.
- **Agência de recrutamento e seleção:** encontrar bons talentos no mercado não é uma tarefa fácil. Para a maioria dos cargos operacionais, os serviços de internet ou os contatos pessoais bastam, porém, para cargos específicos da área e de maior responsabilidade, contratar uma empresa especialista em recrutamento e seleção de talentos é um investimento que normalmente vale a pena.
- **Agência de publicidade:** imprescindível para empresas que trabalham com produtos para o varejo ou quando o mercado é amplo e distribuído. Existem muitas agências de comunicação ou marketing que desenvolvem campanhas publicitárias para veículos específicos e direcionados. O custo não é tão alto quanto pode parecer, e os resultados, embora de difícil mensuração, geralmente são positivos.

Capítulo 27

Sistemas de gestão

27.1 Gestão de relacionamento com o cliente

Atividades de pós-venda são serviços e processos de interação com o cliente que acontecem após a concretização da compra e incluem toda e qualquer ação, operacional ou de vendas, para gerar novos negócios, aumentar ou manter a sua fidelidade ou simplesmente concretizar o que foi acordado, como suporte, manutenção, atendimento, relacionamento ou assistência técnica.[1]

Produtos com características técnicas podem requerer um serviço de orientação para que o cliente possa utilizá-los e conservá-los de forma adequada, como é o caso de *softwares*, aparelhos eletrônicos ou serviços específicos. O atendimento também pode ser orientado para a solução de dúvidas e resolução de problemas.

Além de esse tipo de serviço ser percebido de maneira positiva pelo cliente, é um importante canal de comunicação da empresa com seu ambiente de negócios, porque aponta informações preciosas de mercado que podem nortear o aprimoramento do produto/serviço ou mesmo o processo de inovação da empresa. Muitas vezes, a empresa pode preservar e melhorar sua reputação e o relacionamento com os clientes com um serviço de pós-venda, inclusive influenciando-os na decisão de compras futuras de produtos ou serviços complementares.

Muitos negócios, hoje bem-sucedidos, devem seu sucesso a um bom serviço de pós-venda e atendimento ao cliente, sobretudo ao privilegiar a manutenção da base de clientes em detrimento de sua expansão. Negócios baseados em inovação dependem muito dos primeiros usuários, menos para gerar o fluxo de caixa necessário para manter financeiramente o negócio e mais para gerar influência sobre a entrada de futuros clientes. Prover um bom atendimento a esse tipo de cliente é fundamental para criar uma primeira boa impressão que será repassada ao mercado.

Em outros modelos de negócio, essa lógica continua valendo quando o empreendimento já não é mais novo e existem poucas barreiras à entrada de concorrentes. Quando o mercado já está perto de atingir sua saturação, é mais importante manter os clientes que já se tem do que atrair novos, pois o esforço de atrair novos clientes envolve roubar a clientela do concorrente, o que é normalmente mais custoso do que criar condições para que os atuais clientes não se sintam tentados a ir para a concorrência. Ações de atendimento ao cliente tornam-se ainda mais importantes nessas situações em que a estratégia é manter um vínculo permanente. Em muitos casos, o lucro do negócio só vem mesmo com a fidelização dos clientes.

1 FUTRELL, C. M. *Vendas*: fundamentos e novas práticas de gestão. São Paulo: Saraiva, 2003.

Para alguns modelos de negócio, o processo de conquista do cliente e de concretização da venda traz poucos resultados imediatos (como a abertura de uma conta corrente no banco, por exemplo), mas os resultados vêm depois, à medida que o cliente passa a usar o serviço oferecido e a comprar os produtos. Se esse for o caso da sua empresa, descreva o processo de geração de vendas a partir do relacionamento com o cliente.

Existem negócios em que o serviço complementar de pós-venda entra como parte do faturamento, como os contratos de manutenção de *software*. O cliente paga pela licença do *software* e, depois de instalado e em uso, paga também um valor fixo mensal para ter direito a suporte e manutenção. Não é raro que um serviço de pós-venda gere mais receita do que a própria venda do produto.

Em muitas situações como essa, as relações de pós-venda devem ser regidas por contrato que estabeleça os termos e as condições de ambas as partes, o que acontece também em casos de fornecimento contínuo de produtos ou serviços. Essa formalização da negociação engloba as garantias que a empresa oferece para seu cliente, bem como as multas e penalidades impostas pelo não cumprimento das condições negociadas.

Especifique também se o sistema será próprio ou terceirizado. Vale a pena terceirizar se o atendimento de pós-venda representar uma obrigatoriedade operacional de baixo valor estratégico, quando não representar o foco do negócio nem qualquer potencial de diferenciação competitiva. Também é recomendável terceirizar se o volume de atendimento esperado for tão baixo que os custos não se justificam.

Se esse for o seu caso, procure empresas especializadas no ramo, com um corpo de profissionais que conheça o setor e o produto. Por outro lado, se o produto ou serviço for muito específico e exigir um treinamento próprio e particular dos atendentes, o custo de aquisição/renovação do conhecimento pode ser impeditivo para um terceiro, e talvez manter uma estrutura própria, mais bem remunerada, com baixa rotatividade e especializada, seja a melhor alternativa. Explique no plano de negócio se a estratégia de terceirização do atendimento de pós-venda é uma situação passageira que se converterá em serviços próprios no futuro (verticalização) ou definitiva.

27.2 Gestão da qualidade

Existem diversas abordagens da qualidade: qualidade de processos internos, qualidade baseada no valor atribuído pelo cliente e qualidade baseada no produto. Em qualquer um dos casos, a qualidade é a conformidade consistente com as expectativas do mercado. Nas operações, a qualidade é vista como particularmente importante, porque afeta diretamente os clientes internos e externos e contribui tanto para elevar as receitas quanto para reduzir os custos.[2] Há seis passos no processo de planejamento e controle de qualidade.

1. Definir características de qualidade: funcionalidade adequada, aparência, confiabilidade, durabilidade, recuperação ou contato.

2 DEMING, W. E. *Qualidade*: a revolução da administração. Rio de Janeiro: Marques Saraiva, 1990.

2. Decidir como medir cada uma das características de qualidade: por meio da desagregação das características de qualidade em subcomponentes mensuráveis em uma escala contínua variável ou em atributos específicos.
3. Estabelecer padrões de qualidade para cada característica: qual nível pode ser definido como aceitável do ponto de vista do consumidor.
4. Controlar a qualidade contra esses padrões: por meio da identificação de pontos de controles críticos no processo, como definição de amostras, processo de checagem, momento do controle e categorização dos tipos de erros possíveis.
5. Encontrar a causa correta da má qualidade: por meio de instrumentos de controle, gráficos e sistemas estatísticos e definir ações corretivas para a minimização de ocorrências de erros.
6. Continuar a fazer melhorias: em um ciclo contínuo de revisão de processos, análise de dados e disseminação de uma cultura de melhoria contínua.

De todos esses passos, o mais importante é o primeiro, pois é o mais difícil de identificar. A qualidade deve ser percebida pelo consumidor final, e cada tipo de cliente, cada consumidor tem um critério diferente do que qualidade representa para si. Qualidade pode ser percebida na marca, na agilidade do atendimento, no relacionamento pessoal ou no ambiente de atendimento. O cliente também pode identificar como qualidade a embalagem do produto ou a capacidade da empresa de resolver problemas ou atender necessidades. Qualidade para o cliente pode ser a confiabilidade no produto, o tempo em que o benefício gerado persiste, a variedade de funcionalidades ou, ainda, a qualidade das matérias-primas usadas na fabricação.

Essa variedade de percepções do cliente dificulta o processo de definição do que é qualidade e, consequentemente, dificulta todo o processo de identificação, controle e correção de falhas.

Se houver algum sistema de qualidade, interno ou externo, implementado na empresa, ele deve ser mencionado e descrito aqui. Para negócios já existentes, vale a pena apresentar alguns números como índice de rejeições, retrabalho, defeitos etc. Esses dados não implicam desconfiança por parte do leitor com relação ao negócio, pelo contrário, dão uma imagem de credibilidade e de que existe controle sobre a qualidade do processo.

E, por fim, descreva processos de testes de laboratório como ferramentas de controle e/ou pesquisas de satisfação com clientes e consumidores. Esse processo envolve custos com amostras, exames, certificações, consultorias, prevenções, ações contingenciais, entre outros, que devem ser previstos e mencionados nas planilhas.

27.3 Gestão de segurança e saúde

Antecipe-se aos problemas de segurança que podem ocorrer em áreas sujeitas a riscos e explique as medidas que adotou e por que escolheu essa forma de garantir a segurança. Se sua empresa é especializada em desenvolvimento de aplicativos para internet, por exemplo, e se a área de desenvolvimento de *software* necessita ficar conectada à internet continuamente, um sistema de segurança computacional de alta confiabilidade deve ser implementado na empresa, para evitar a invasão de *hackers* ou a perda de dados e informações. Outro exemplo refere-se à segurança patrimonial. Aconselha-se geralmente a contratação de empresas de segurança para monitorar as instalações da empresa, principalmente nos períodos de finais de semana e feriados.

Esse item também é obrigatório em casos de ambientes desfavoráveis ao trabalho humano, de alta periculosidade ou insalubres. Em alguns tipos de negócio, a legislação trabalhista e a força do sindicato são fortes o suficiente para que o empreendedor tenha que prever em suas planilhas de despesas um valor razoável para atender a todos os requisitos e exigências de gestão de saúde, segurança e integridade física do trabalhador.

Um dos itens mais comuns da planilha são os gastos com emissão de certificados de negatividade sobre as obrigações legais e com a contratação de seguros contra danos, greves, desastres naturais e outros riscos inerentes ao tipo de negócio.

27.4 Gestão do impacto ambiental

Descreva os processos de controle ambiental, sobretudo para indústrias químicas ou similares, explicitando o processo de controle e tratamento de dejetos químicos ou insalubres, bem como o de reconstituição para devolução à natureza. Esse é um cuidado com que muitos empreendedores não se preocupam no início do negócio, porém, se é uma questão que envolve o cumprimento de legislação obrigatória de tratamento de descartes ou resíduos sólidos, definitivamente não vale a pena correr o risco de levar uma multa ou até de ter o negócio interditado. Conheça bem as particularidades do seu negócio para estar por dentro desses temas.

Em alguns casos, as instalações previstas almejam locais de proteção ou tombados pela administração pública local. Obter uma licença para uso e exploração de locais protegidos pode ser uma grande dor de cabeça. Antes de abrir o seu negócio ou começar as reformas necessárias, é preciso estudar muito bem a legislação local. Mesmo que não haja legislação própria que impeça o início do negócio sob as condições existentes, a imprensa e a opinião pública podem exercer influência negativa contra a marca e a imagem da empresa. Nem sempre o respaldo legal serve como argumento definitivo para fazer valer os direitos, sobretudo quando o negócio depende muito de marca e imagem.

27.5 Gestão da informação e automação

Todos os tipos de negócio hoje em dia precisam de um grau mínimo de automação. Desde um sistema de controle de estoque até um sistema de pagamento eletrônico, nenhum negócio pode se dar ao luxo de ignorar a tecnologia. Em muitos casos, adquirir uma ou outra tecnologia para fins gerais é suficiente para manter o início das operações do negócio. Em outros casos, a tecnologia de informação e automação é mais complexa e específica para o negócio. Nesses casos, é imprescindível mencionar no plano de negócio as tecnologias usadas, os argumentos que as justificam e seus respectivos custos.

Existem sistemas para os mais diversos fins. Os mais comuns são os sistemas de gestão integrados, também conhecidos como *Enterprise Resource Planning* (ERPs), que servem para controlar e gerir uma série de atividades básicas de gestão do negócio, como faturamento, estoques, contabilidade, fluxo de caixa, compras e recebimentos, folha de pagamento, entre outras atividades básicas e típicas de empresas.[3]

Outros sistemas são mais específicos e servem para determinados tipos de negócios, como sistemas de gestão escolar, sistemas de gestão de frotas, de gestão de hospitais, de atendimento a clientes, de controle do ponto de venda, de controle de processos de manufatura, de gestão de construção civil, de gestão de editoras, e assim por diante. Descreva no plano de negócio os principais sistemas que serão usados e relacione os argumentos que justifiquem esse investimento. Só vale a pena mencionar detalhes como plataforma tecnológica ou arquitetura se for relevante para justificar algum ponto mencionado.

3 SOUZA, C. A. D.; SACCOL, A. Z. (Org.). *Sistemas ERP no Brasil*: teoria e casos. São Paulo: Atlas, 2009.

Capítulo 28

Plano de implantação

Ao elaborar um plano de negócio, muitas pessoas confundem um plano de negócio com um plano de projeto, chamando-o de projeto de negócio ou vice-versa. Para início de conversa, podemos dizer que o projeto é apenas uma parte do negócio à qual chamamos de plano do projeto de implementação e que resumimos no título deste capítulo como **plano de implantação**. Veja a diferença na Figura 28.1:

Figura 28.1 – Relação de pertencimento entre projeto e negócio

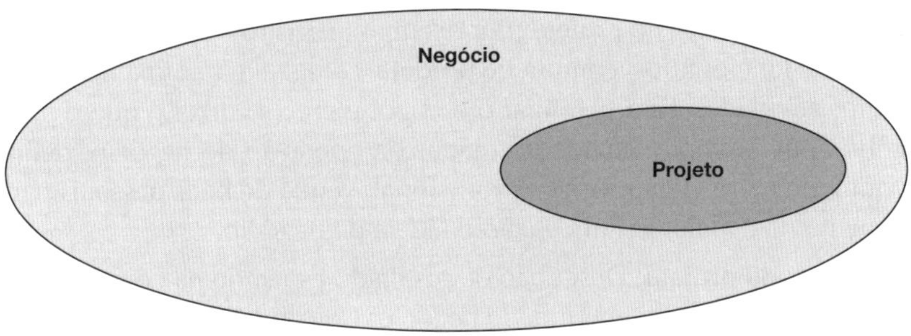

Fonte: elaborada pelos autores.

Um projeto tem começo, meio e fim, já um negócio não tem fim, é contínuo. O projeto entra no negócio de diversas formas, portanto, um negócio pode ter diversos projetos: projeto de lançamento do negócio em si, projeto de lançamento de novos produtos, projeto de expansão, projeto de reformulação organizacional, e assim por diante. Para este capítulo, o tema que interessa de fato é o projeto de implantação do negócio, um projeto que termina quando começa a operação do negócio, por isso também chamado de projeto pré-operacional. Veja a Figura 28.2:

Figura 28.2 – Fase de implantação e fase operacional

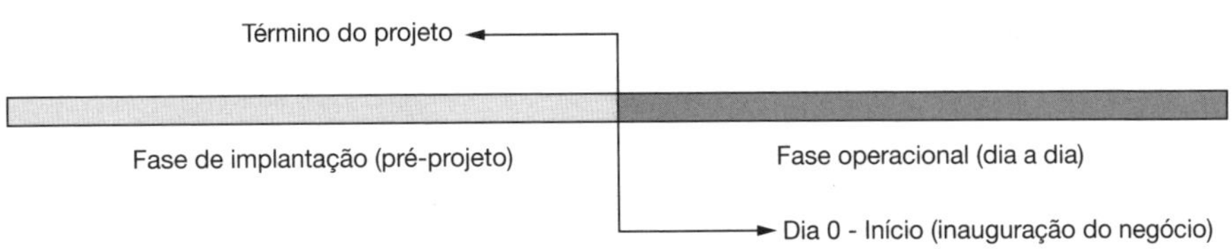

Fonte: elaborada pelos autores.

Um projeto, assim, pode ser definido como um conjunto de atividades que tem um ponto inicial e um estado final definidos, persegue uma meta definida e usa um conjunto definido de recursos.[1] A importância de um plano de projeto no plano de negócio é dar ao leitor segurança sobre a fase inicial do negócio que é justamente sua implantação. É preciso demonstrar como a implantação do negócio está sendo pensada, planejada e estruturada de forma organizada e coordenada, de acordo com os recursos disponíveis e dentro dos prazos esperados. Um bom plano de projeto gera, enfim, confiança em um futuro investidor.

Os elementos que fazem parte de um projeto podem variar de acordo com a finalidade e o seu grau de complexidade. Vamos descrever os elementos mais comuns para um projeto de implantação de um novo negócio.

- **Escopo do projeto**. Descrição do que faz parte do projeto de implantação do negócio. É preciso delimitar o projeto e explicar as responsabilidades de todos os elementos e entidades que o compõem. O escopo do projeto determina o que deve e o que não deve fazer parte do projeto. Um plano de negócio pode ter um ou mais projetos pré-operacionais e todos devem ser descritos aqui. Devem fazer parte do projeto, por exemplo: registro legal da empresa, contratação de funcionários, compra de produtos, aluguel e reforma do imóvel, entre outras atividades. Para delimitar o escopo, é preciso dizer o que o projeto não cobre, por exemplo: atividades diárias da operação do negócio, definição do equilíbrio entre vida pessoal e profissional, venda de bens pessoais para levantamento de capital ou concepção da ideia de negócio.
- **Objetivos do projeto**. Descrição do resultado esperado na conclusão do projeto, que nesse caso é a abertura do negócio. Tipicamente, o início das operações do negócio caracteriza o fim do projeto de implantação. Dessa forma, tudo o que precisa estar pronto para a eventual inauguração de uma loja, por exemplo, deve ter sido contemplado nos objetivos do projeto. Devem ser especificados os resultados e prazos e, se possível, os benefícios esperados, os possíveis beneficiados e as necessidades que devem ser atendidas. Se for o caso, descreva o objetivo primário (principal) e os objetivos secundários (consequências do primeiro). Como exemplo, podemos sugerir: imóvel reformado até dezembro, móveis comprados e entregues até fevereiro, equipe contratada e treinada até março, produtos comprados e dispostos nas prateleiras até março, obtenção do alvará até outubro, e assim por diante.
- **Entidades e pessoas envolvidas**. Descrição dos responsáveis e seus respectivos papéis na execução do projeto, como líderes, executores, consultores etc., incluindo os responsáveis diretos e indiretos, diferenciando aqueles que fazem parte do projeto de forma integral ou não e a dedicação de tempo esperada de cada membro. Além disso, eventuais substitutos para posições-chave podem ser apontados, momentos do projeto em que cada papel será mais requisitado, e assim por diante. Aqui ainda não é necessária a descrição das pessoas que atuarão no negócio, pois isso entra em um capítulo à parte do plano de negócio. A descrição aqui diz respeito somente às pessoas envolvidas no projeto,

---

1 SLACK, N. et al. *Administração da produção*. São Paulo: Atlas, 1997.

que não necessariamente continuarão no negócio. Como exemplo, citamos: empresas de construção civil, empresas de recrutamento e seleção, empresas de treinamento, consultor de negócio, arquiteto, decorador, despachante, contador, advogado, sócios e primeiros funcionários.

- **Informações requeridas**. Descrição das informações necessárias para a realização do projeto em cada uma das suas etapas. O alto grau de incerteza inerente a projetos dessa natureza (a maioria dos empreendedores está abrindo um negócio pela primeira vez) faz com que este item seja muito importante para aumentar as chances de sucesso e reduzir os riscos. Descreva quem deve obter essas informações, com qual grau de detalhamento, qual a prioridade, quais são as possíveis fontes de informação e sua importância (prioridade) para o projeto. Embora haja certa duplicidade com as informações que já estão sendo levantadas para o negócio, aqui se relatam apenas aquelas que são relevantes para a fase de implantação, por exemplo: tamanho mínimo da loja, possíveis fornecedores de móveis e objetos de decoração, qualificações mínimas dos primeiros funcionários, local para registro do domínio do site, documentos necessários para obtenção do CNPJ etc.
- **Atividades previstas e plano de metas**. Descreva as atividades de forma sucinta, para facilitar a interpretação de todo o projeto. À medida que o empreendedor vai enriquecendo o projeto com detalhes, pode ficar mais difícil para a equipe de implantação compreender todo o escopo. Divida as atividades em subníveis de acordo com a necessidade de detalhes. Cada atividade pode ser desmembrada em quantos passos forem necessários para seu completo entendimento.[2] No plano de metas, liste as metas intermediárias para se atingir os objetivos finais. Abaixo apresentamos um exemplo de desmembramento das atividades em subníveis:

  - Contratação de mão de obra:
    - » publicação de anúncios nos jornais:
      - ♦ seleção de jornais;
      - ♦ cotação de preços;
      - ♦ preparação do texto.
  - Contratação de empresa de recrutamento:
    - » levantamento de possíveis contratadas;
    - » reuniões para apresentar a necessidade;
    - » recebimento das propostas e escolha.
  - Reforma do imóvel:
    - » contratação de uma empreiteira;
    - » contratação de um arquiteto;
    - » elaboração da planta;

2 XAVIER, C. M. S. *Gerenciamento de projetos*: como definir e controlar o escopo do projeto. 2. ed. São Paulo: Saraiva, 2009.

- elaboração do orçamento:
    - levantamento dos custos necessários;
    - identificação dos possíveis fornecedores de materiais.

  Uma pergunta bastante comum sobre esse desmembramento é qual o nível máximo de detalhamento em subníveis. Não existe um número ideal de subníveis, mas o empreendedor deve detalhar sobretudo aquelas atividades a respeito das quais não podem restar dúvidas na equipe que vai implantá-lo, as que possuem mais riscos, as que são mais complexas ou as que requerem mais controle.

- **Recursos necessários**. Descrição de materiais, equipamentos e outros recursos necessários para a execução do projeto, incluindo prazos de disponibilidade, quantidades, origens dos recursos e formas de utilização. Esses recursos podem ser discriminados entre recursos de consumo e recursos permanentes. Os recursos de consumo serão consumidos no projeto, como cimento e tijolo em uma obra. Os recursos permanentes são usados no projeto, mas continuam existindo depois, como carrinho de mão, betoneira, pá etc.[3] Ao elaborar o orçamento, é preciso pensar no que será feito com recursos permanentes que só servirão para o projeto, incluindo a possibilidade de usar recursos ou serviços de terceiros para reduzir custos fixos;
- **Orçamento**. Levantamento do montante total do capital que será usado na implantação do projeto. O orçamento é elaborado com base nas informações já discutidas de recursos, pessoas e atividades necessárias. É preciso descrever como esses recursos serão gastos (não se preocupe em explicar sua origem, pois aqui sabe-se que ele virá do capital inicial de investimento, cuja origem, por sua vez, será discutida em outra seção), detalhados por atividade e tempo previsto de conclusão. Os valores devem incluir a ocupação de mão de obra, locação de espaços e equipamentos, compra de materiais, remuneração de terceiros etc.
- **Cronograma de atividades para implantação**. Descrição da distribuição das atividades ao longo do tempo, indicando os responsáveis pelas tarefas e os relacionamentos de dependências entre as atividades. Um gráfico feito em *softwares* apropriados ou em qualquer planilha eletrônica ajuda a vislumbrar visualmente todo o projeto, conforme mostra a Tabela 28.1:

Tabela 28.1 – Exemplo de cronograma de atividades

Atividades	Responsável	Data-limite	1	2	3	4	5	6	7	8	9	10	11	12	13	14	15	16	17	18	19	20
Impressão dos cartazes	João	Março																				
Evento de divulgação	Mário	Junho																				
Teste de conceito	Luiza	Junho																				

3 SLACK, N. et al. *Administração da produção*. São Paulo: Atlas, 1997.

Desenvolvimento do site	Pedro	Outubro																♦			
Abertura de relacionamentos	João	Setembro																			
Estoque inicial	Luiza	Novembro																			
Reforma do imóvel	Clóvis	Dezembro																		♦	

Fonte: elaborada pelos autores.

A unidade de tempo pode ser determinada de acordo com o nível de controle esperado para o cronograma, o grau de complexidade do projeto e o nível de quebra das atividades. No exemplo acima, foi segmentado em quinzenas.

As datas-limite estabelecem a última data possível de execução da tarefa, que pode não coincidir com o número de quadrados pintados no gráfico. A diferença entre ambas determina o grau de tolerância de atraso para a atividade.

As flechas indicam uma relação de dependência entre as atividades, ou seja, a atividade só pode ser iniciada quando a atividade da qual ela depende estiver finalizada.

Os quadrados marcados com o símbolo (♦) determinam os marcos do projeto que requerem atenção; são as metas intermediárias que estabelecem pontos de controle obrigatórios para aferição do andamento do projeto.

É muito comum que, quando o empreendedor toma a decisão de escrever o plano de negócio, algumas atividades já tenham sido realizadas para a implantação do negócio. É importante descrever nessa seção o que já foi realizado pelo empreendedor e em que fase do cronograma o projeto se encontra, detalhando, sobretudo, o que já foi obtido e efetivado de relevante sobre o negócio.

- **Análise de riscos e restrições ao projeto**. Riscos são eventos com certa probabilidade de ocorrência que podem gerar um impacto indesejado ao projeto. São medidos em função de seus impactos e de sua probabilidade. A análise deve incluir os riscos mais prementes a que o projeto está sujeito, assim como eventuais planos de ação para evitá-los ou minimizá-los. Já as restrições representam limitações que não envolvem uma probabilidade de ocorrência. São fatos conhecidos que devem igualmente ter ações alternativas para que sejam superados no projeto.

  No caso das ameaças, devem ser listadas as de maior probabilidade, como quebra de contrato, falta de fornecimento, não cumprimento do prazo, entre outras. Para cada risco relevante identificado, coloque a alternativa de ação para eliminar ou minimizar os efeitos negativos.

  Não confunda os riscos do projeto com os riscos do negócio. Os riscos do negócio estão descritos ao longo de todo o plano de negócio e envolvem ameaças diretas ao negócio. Os riscos do projeto envolvem apenas a implantação do negócio como um projeto individual e são esses os riscos que devem ser descritos aqui.

  O plano de ação contra riscos é um descritivo dos três tipos de medidas a serem tomadas para evitar o risco, minimizar seu impacto ou corrigi-lo depois que a ameaça se concretizou. Embora no exemplo estejam citados apenas os dois com maior pontuação no grau de risco do quadro anterior, o empreendedor pode fazer para todos os riscos identificados. Uma ação preventiva é adotada para evitar que a ameaça aconteça. Recorre-se a uma ação emergencial para minimizar os impactos quando a ameaça se concretiza e uma ação corretiva é aplicada para reparar os danos causados depois que a ameaça já ocorreu ou para que ela não volte a ocorrer.

- **Forma de aferição de resultados e desempenho**. Descrição de como se garantirá que os objetivos serão atingidos. Trata-se de definir métricas e critérios de aceite do ponto de vista do cliente. Os elementos de medição devem ser incluídos ao longo das atividades para permitir correções durante a execução do projeto. Se houver entidades ou pessoas envolvidas no projeto, tais critérios e métricas devem ser combinados com antecedência para evitar futuros problemas. O cumprimento das metas e objetivos constituem apenas algumas dessas formas de aferição, mas outras, mais específicas, podem ser necessárias ou recomendáveis.

Parte VII
Organização e pessoas

Capítulo 29

Estrutura organizacional

A estrutura organizacional de uma empresa dá uma ideia de sua dimensão e ajuda a compreender a forma como ela evolui e cresce. Da mesma forma que o plano de operações é importante para um negócio baseado em manufatura, a estrutura organizacional é importante para um negócio baseado em serviços prestados primordialmente por pessoas. Se o seu negócio tem essa característica, sobretudo com alta dependência de capital intelectual, o investidor prestará atenção especial a essa seção.

29.1 Descrição do organograma

O organograma é uma forma de demonstrar graficamente a estrutura organizacional de uma empresa.[1] No início do negócio, essa representação não é tão importante, pois a maioria das empresas começa com uma estrutura pequena, com poucas pessoas e funções. No entanto, para negócios já existentes ou para um eventual plano de crescimento e expansão, ou mesmo se o capital inicial para início da empresa já comporta uma estrutura organizacional mais complexa, esse organograma torna-se importante e relevante e deve ser descrito no plano de negócio.

Apresente os relacionamentos e as divisões de responsabilidade dentro da organização. Existem várias formas de estruturas organizacionais. A seguir, descrevemos as mais comuns.

- **Funcional**: a mais comum e conhecida; as áreas são determinadas de acordo com as funções desempenhadas na empresa. No começo, toda a empresa precisa ter uma área de produção e uma área comercial. Com o tempo, uma área administrativa se junta a elas e então cada área vai se subdividindo. As subdivisões mais comuns na função administrativa são finanças, contas a pagar, recursos humanos, contabilidade, cobrança, serviços gerais e tecnologia da informação. As funções relacionadas com a área comercial são vendas, pós-vendas, marketing e distribuição. As funções relacionadas com a produção são manufatura, compras, estoque, projetos, qualidade e logística. Um exemplo de organograma é apresentado na Figura 29.1:

1 SOBRAL, F.; PECI, A. *Administração*: teoria e prática no contexto brasileiro. São Paulo: Pearson, 2008.

Figura 29.1 – Exemplo de estrutura funcional

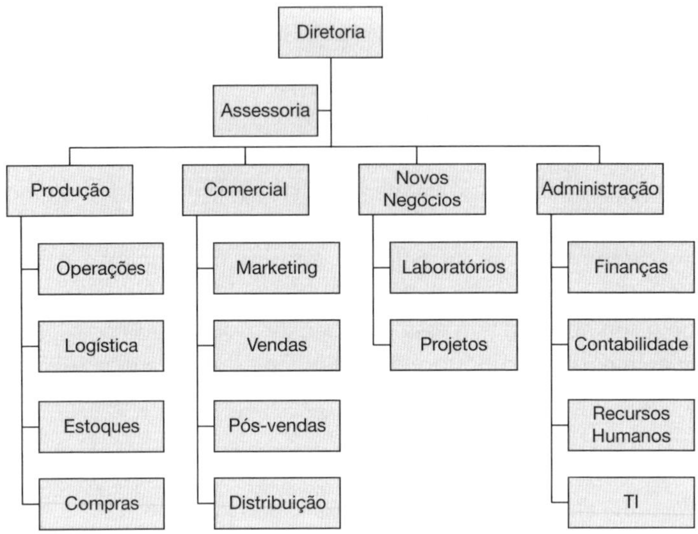

Fonte: elaborada pelos autores.

- **Produtos**: nessa estrutura, as caixinhas são agrupadas de acordo com os produtos comercializados e não com as funções. É uma forma mais adequada do que a funcional se a empresa tiver um portfólio de produtos com características muito diferentes entre si e não for necessário integrar os diversos processos inerentes a cada produto. A grande vantagem desse modelo é que todo o departamento controla o fluxo do processo, pois, no modelo funcional, ele tramitaria por diversos departamentos diferentes, dificultando e consumindo mais tempo. Por outro lado, a estrutura por produtos dispersa especialistas por função em diversos departamentos. Cada departamento teria um analista de RH, um analista de sistemas etc. Essa estrutura não é indicada quando a empresa tem poucos produtos ou quando o ganho da escala funcional for maior do que a segmentação por produtos. Um exemplo desse tipo de estrutura é uma editora que publica muitas revistas cujos temas têm pouca conectividade entre si, de modo que há um departamento de revistas de moda, outro de revistas de esportes, outro de revistas para adolescentes e outro de revistas de decoração.
- **Geográfica**: dependendo do contexto, a segmentação geográfica é mais interessante, sobretudo se forem empresas com grande dispersão territorial e vários pontos distribuídos. A principal vantagem desse tipo de departamentalização é o melhor controle e a maior capacidade de adaptação às circunstâncias locais. É também mais fácil aferir e controlar resultados. Grandes varejistas usam esse modelo porque seus produtos têm alta amplitude de distribuição geográfica e precisam ter bastante capacidade de se adaptar rapidamente aos mercados locais. O preço que as empresas que adotam esse modelo pagam é a dificuldade de centralizar o controle e as estratégias e o fato de que várias áreas funcionais não conseguem ser geograficamente multiplicadas por falta de economia de

escala. É muito difícil imaginar que um pequeno escritório regional no interior do país possa ter um departamento de marketing, um departamento de gestão de pessoas e um departamento de estratégia.

- **Clientes**: separar por tipo de cliente também é uma boa saída para negócios de varejo. Cada tipo de cliente tem uma particularidade única que envolve mudanças operacionais na estrutura do negócio que é mais favorecido se a departamentalização também for por cliente. Assim, por exemplo, uma loja de departamentos tem uma seção exclusiva para moda feminina, outra para moda masculina e outra para moda infantil. Para cada um desses departamentos, é possível elaborar estratégias específicas para atender às necessidades exclusivas de cada público, aumentando as chances de satisfação do cliente e privilegiando, no atendimento, essas características únicas que vão ser valorizadas por todo público específico. A desvantagem é que outras atividades indiretamente ligadas ao cliente acabam ganhando uma relevância apenas secundária, além dos mesmos pontos negativos da segmentação por produto, pois as especialidades funcionais ficam distribuídas.
- **Processos**: algumas empresas, sobretudo as de perfil manufatureiro, podem escolher segmentar por processos, por exemplo, as etapas de um processo fabril. Assim, pode existir um departamento de preparação que faz o tratamento prévio da matéria-prima e passa para o departamento de mixagem e prensa, que por sua vez passa para o departamento de embalagem e armazenagem. Cada departamento cuida de uma etapa, aumentando a eficiência do processo como um todo, melhorando a aferição da qualidade e a produtividade também como um todo. Por outro lado, esse modelo é pouco favorável à assimilação de mudanças, sobretudo as de natureza tecnológica. Dificilmente uma empresa adota uma estrutura como essa para o negócio, mas uma parte da empresa, com orientação a processo, pode e deve ser segmentada assim.
- **Projetos**: estruturas segmentadas por projetos são comuns em empresas de construção civil, arquitetura, sistemas e consultoria. São estruturas que melhor se adequam a negócios cujo produto principal são projetos e têm particularidades únicas como o tempo de duração. Quando os projetos acabam, toda a estrutura montada deve ser realocada para outro projeto ou ser desmontada e dispersada. Esse tipo de estrutura reduz custos fixos, pois só existe enquanto o projeto estiver sendo conduzido. Também tem a vantagem de facilitar a concentração de recursos e esforços em torno de objetivos comuns à equipe, como melhor coordenação e utilização desses recursos. A dificuldade deste modelo reside, sobretudo, no destino a se dar aos membros da equipe do projeto quando finalizado, assim como aos recursos permanentes.
- **Mistas**: talvez a melhor solução seja juntar os benefícios de um ou mais modelos de departamentalização nas chamadas estruturas mistas, que reúnem características distintas que podem coexistir em um único modelo. Assim, por exemplo, uma empresa pode ser segmentada em funcional e por projetos, de forma que, durante um projeto, montam-se equipes com membros de vários departamentos funcionais e, ao final do projeto, essas pessoas voltam para seus respectivos setores. Outro exemplo é quando se mistura a estrutura funcional com a geográfica, na qual cada localidade geográfica possui todas as funções básicas

na estrutura local. Ou quando o departamento de vendas, que é funcional, está subdividido em tipos de clientes.

Se possível, indique o nome do ocupante de cada função, caso já exista uma pessoa contratada. Se várias pessoas ocupam a mesma função, adicione à caixa do organograma o número estimado de funcionários em cada departamento.

Dependendo da estrutura organizacional, uma explicação sobre os departamentos e as responsabilidades inerentes às principais áreas da organização pode ser necessária. Dependendo do tamanho, mencione apenas a estrutura das unidades de negócio principais e deixe de lado o detalhamento da parte administrativa. Você também pode apresentar somente os primeiros níveis hierárquicos em vez de mostrar todos os níveis operacionais da empresa, uma vez que geralmente interessa apenas o modelo organizacional adotado pela empresa. O gráfico pode ser apresentado na seção de anexos.

Pode ser pertinente demonstrar como a estrutura evolui ao longo do tempo, de maneira vertical ou horizontal. Uma evolução vertical acontece quando mais caixinhas para baixo são criadas. Uma evolução horizontal ocorre quando mais caixinhas surgem para os lados. A Figura 29.2 ajuda a compreender esses dois processos.

Figura 29.2 – Evolução horizontal e vertical

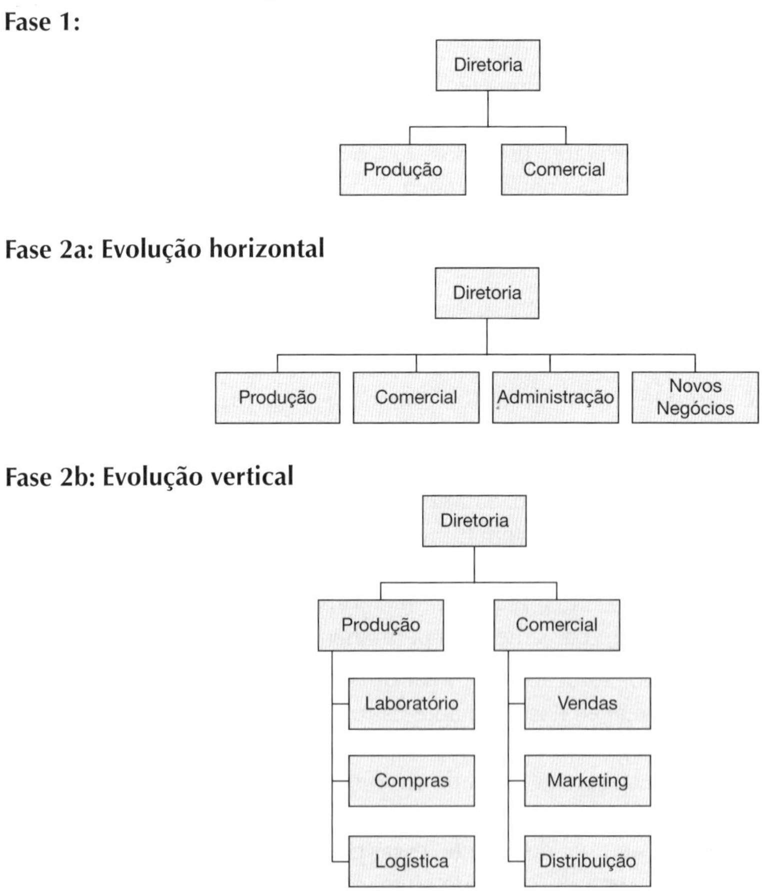

Fonte: elaborada pelos autores.

Para escolher a melhor configuração organizacional, leve em consideração a orientação estratégica para o crescimento do negócio, o valor percebido pelo cliente, os modelos geralmente adotados pelos concorrentes e a necessidade de controle. Nada impede que as configurações mudem no futuro, mas é recomendável estudar bem para escolher um modelo que não precise mudar por pelo menos três anos.

Capítulo 30

Corpo diretivo e conselhos

Especialistas em empreendedorismo afirmam que, se o investidor tiver que escolher entre uma equipe classe A com uma ideia mediana e uma equipe mediana com uma ideia fantástica, ele vai escolher a primeira opção, pois é mais provável que uma equipe classe A consiga converter uma ideia mediana em um grande sucesso, ao passo que uma equipe mediana corre o risco de não saber aproveitar uma boa ideia. Não é folclore ou mito, é a realidade. No final das contas, o investidor investe em pessoas.[1]

Esta seção trata de todas as pessoas envolvidas no negócio: sócios, dirigentes, funcionários-chave, membros do conselho e demais funcionários. Todos eles, em seus respectivos papéis e funções, devem ser descritos de forma a transmitir credibilidade ao leitor sobre as competências da equipe que irá iniciar e conduzir o novo negócio.

30.1 Descrição e experiência profissional do comitê diretivo

Independentemente da participação acionária, que é discutida em outra seção, aqui deve ser mencionado quem são os sócios e quais deles participarão da gestão do negócio. Nem todos os sócios precisam atuar no dia a dia da empresa, apenas aqueles que têm algo com que contribuir e estejam desvencilhados de outras responsabilidades e compromissos, como outro emprego. Algumas pessoas, para minimizar os riscos, preferem dedicar mais tempo de sua vida pessoal para não ter que abandonar o trabalho formal na fase de instabilidade que marca o início de um novo negócio. Nesses casos, os nomes dos executivos podem ser excluídos caso estejam exercendo posições-chave em outras empresas.

Outros, por sua vez, podem e devem se dedicar integralmente ao negócio e devem receber, além da participação na sociedade, um pró-labore mínimo para o pagamento de suas despesas pessoais. São esses os sócios que devem ser descritos no plano. Inclua aqui uma descrição do cargo com as principais funções que a pessoa desempenha ou desempenhará na empresa e um minicurrículo que demonstre que ela possui as qualificações necessárias para ocupar a posição.

Na seção de anexos, um currículo completo deve ser incluído, caso o leitor tenha interesse em conhecer melhor o perfil dos sócios e funcionários mais importantes da empresa. Nesse currículo, com no máximo três páginas, algumas informações são obrigatórias:

1 SHRADER, R.; SIEGEL, D. S. Assessing the relationship between human capital and firm performance: evidence from technology-based new ventures. *Entrepreneurship Theory and Practice*, v. 31, n. 6, p. 893-908, 2007. Ver também: VYAKARNAM, S.; HANDELBERG, J. Four themes of the impact of management teams on organizational performance: implications for future research of entrepreneurial teams. *International Small Business Journal*, v. 23, n. 3, p. 236-256, 2005.

- formação educacional;
- experiência profissional;
- vivência internacional;
- domínio de línguas;
- principais realizações;
- habilidades e competências desenvolvidas;
- indicações de referência profissional;
- *hobbies* e atividades complementares.

Convém adicionar ao plano de negócio outras informações pertinentes que relacionem o profissional com as demandas que o negócio exige ou vai exigir. Estabeleça o máximo de vínculos que deem credibilidade ao profissional que vai ocupar a posição. Também é importante mencionar se são pessoas conhecidas em suas áreas de negócio e se conhecem o nicho de mercado da empresa.

O mesmo vale para executivos que não são sócios, mas vão ocupar cargos diretivos. Vale lembrar que nem sempre todas as posições importantes da empresa já têm, necessariamente, um ocupante. Nesse caso, o cargo pode ser apenas descrito, detalhando os requisitos exigidos do profissional que será contratado.

Para alguns cargos diretivos, é importante contar com uma boa agência de contratação de executivos para aumentar as chances de uma boa admissão. Os custos envolvidos nessas contratações devem ser incorporados à planilha.

Normalmente, os cargos de maior responsabilidade na empresa não recebem apenas um salário fixo. Ganhos variáveis por desempenho geralmente compõem a remuneração total dos executivos-chave. No caso de pequenos negócios nascentes, é muito difícil conseguir atrair bons profissionais apenas com a remuneração fixa e variável. Um bom executivo teria que abrir mão da segurança de seu emprego atual para se arriscar em um negócio nascente. Para atrair esses profissionais, é comum oferecer parte do negócio na forma de participação acionária, o que acaba convertendo o executivo em um sócio minoritário da empresa, o que não lhe dá, necessariamente, poder de bater o martelo em decisões estratégicas.

Na impossibilidade de atrair altos executivos por meio de sociedade, uma alternativa seria oferecer apenas parte dos lucros do negócio, o que é diferente de uma remuneração variável por desempenho. Remuneração variável é um adicional ao salário calculado em função de metas individuais atingidas. Participação nos lucros não está atrelada ao desempenho do executivo e sim condicionada aos resultados globais do negócio como um todo, independentemente da ação do executivo.

Existem outras formas de atrair a atenção do executivo que se quer contratar que não envolvem remuneração. Amizade, relacionamento pessoal, troca de favores, engajamento à causa, espírito de aventura, realização pessoal são alguns motivos que podem inspirar executivos a abandonarem seus empregos para se aventurar em *startups*.

30.2 Descrição e experiência profissional dos profissionais-chave

Algumas pessoas da equipe não ocuparão cargos diretivos, porém são necessárias para conduzir o coração do negócio. Dessa forma, cervejarias precisam de mestres-cervejeiros, concessionárias de veículos precisam de bons vendedores, fazendas precisam de veterinários, construtoras precisam de engenheiros, e assim por diante. Esses profissionais-chave podem representar a diferença entre o sucesso e o fracasso do empreendimento.

Assim como no caso dos executivos do corpo diretivo, aqui também deve ser mencionado o currículo dos profissionais contratados e os cargos que serão ocupados. A dificuldade para atrair esses profissionais também é grande. Além de o salário precisar ser no mínimo acima da média do mercado, os argumentos para atrair esses talentos envolvem também o desafio de construir algo relevante em seu campo de atuação e alguma liberdade para desenvolver inovações, normalmente prerrogativas de que não usufruem em seus atuais empregos.

30.3 Descrição e experiência profissional do conselho consultivo

Um conselho consultivo é um grupo de pessoas com renomada experiência e conhecimento que ajuda o empreendedor na tomada de decisões estratégicas sobre o seu negócio, na avaliação de desempenho organizacional, na governança corporativa e na representação dos investidores.

Ao contrário do que normalmente se imagina, um conselho consultivo não é uma realidade apenas de grandes empresas. Pequenas empresas nascentes também podem constituir o seu próprio conselho. As características são um pouco diferentes, mas a finalidade é a mesma.

Empreendedores iniciantes, sobretudo aqueles que estão constituindo o seu primeiro negócio, são muito solitários nas suas decisões, pois não têm com quem dividir suas angústias e preocupações. Quando ele não tem um sócio, sente-se mais solitário ainda, pois não tem uma equipe com quem dividir muitas dessas decisões. Um conselho visa minimizar essa situação, dando ao empreendedor a oportunidade de discutir dilemas reais vividos no dia a dia da empresa com pessoas cujo conselho é extremamente valioso.

Em geral, o conselho é formado por pessoas externas à empresa, executivos de grandes empresas que atuam no mesmo setor do negócio, consultores de negócio, consultores no setor, especialistas técnicos, professores, ex-empresários e até personalidades que são referências públicas no setor, pois nem sempre a contribuição do membro se limita a conselhos. Citar a um investidor que determinada personalidade faz parte do seu conselho pode trazer benefícios de prestígio e credibilidade de valor até mais vantajosos do que os conselhos de fato que ele pode trazer.

Não confunda, no entanto, conselho consultivo com conselho deliberativo. O conselho deliberativo delibera sobre as decisões, tem poder de voto e toma as decisões que o empreendedor apenas executa. O conselho consultivo só dá conselhos, mas a decisão final é do empreendedor. No conselho deliberativo, participantes de fora se misturam com membros internos. Em nenhum dos casos, os membros do conselho possuem qualquer responsabilidade sobre o negócio, a não ser aqueles que possuem cotas de participação no negócio com direito a voto.

A participação e o envolvimento de cada membro do conselho são previamente combinados antes de seu ingresso no grupo e envolvem, pelo menos, uma reunião a cada três meses para discutir uma pauta previamente estabelecida pelo empreendedor e pelos diretores do conselho. Nada impede que o empreendedor se reúna individualmente com membros do conselho, de maneira informal, além das reuniões periódicas.

Um conselho pode ter um número variado de membros, sendo no mínimo três pessoas e não havendo um número máximo de participantes, lembrando que quanto maior o número de pessoas, menos objetivas são as discussões e maior é a dificuldade de conciliar agendas e promover o consenso. Um conselho deve ser formado privilegiando a diversidade de conhecimentos e experiências e deve ser bastante objetivo e pragmático. Não se recomenda convidar consultores que também prestam serviços de consultoria para a empresa, devido ao potencial conflito de interesses.

Normalmente, os membros do conselho não são remunerados. Alguns são acionistas da empresa, outros são sócios-investidores. Há também aqueles que são amigos pessoais do empreendedor, outros que acreditam nos mesmos valores da empresa e aqueles que recebem em troca cotas de participação no negócio.

Descreva o perfil de cada membro do conselho e seu papel no grupo. Dependendo do número de membros, um parágrafo apenas sobre os principais conselheiros é suficiente e os currículos completos vão na seção de anexos. Não subestime a importância dessa seção, pois boa parte da credibilidade do negócio está baseada na opinião e no engajamento de quem mais acredita no negócio além do empreendedor.

Capítulo 31

Pessoas

Embora as pessoas mais importantes para dar credibilidade a uma empresa nascente pertençam ao corpo diretivo, as demais pessoas que fazem parte da empresa também são importantes, pois a natureza do negócio tem alta dependência do capital intelectual.[1]

Todos os negócios precisam de pessoas. No entanto, no plano de negócio, o empreendedor não deve citar todos os cargos da empresa e sim alguns específicos, considerando, em relação à proporção de pessoal do seu quadro, qual função é a mais rara e mais difícil de encontrar/desenvolver no mercado no que se refere a habilidades e qualificações, geralmente relacionadas à atividade-alvo do negócio.

Algumas áreas mais técnicas e especializadas exigem profissionais com alta qualificação que são difíceis de encontrar; ou, quando encontrados, são difíceis de atrair para o negócio, pois são mais custosos para formar e mais difíceis de reter e incentivar. Se esse perfil existe no seu tipo de negócio, atenção especial deve ser dada a essa seção do plano de negócio.

31.1 Recrutamento e seleção

No início do desenvolvimento da empresa, há boas razões para se manter o nível de despesas o mais baixo possível, uma vez que, a essa altura, existe pouco ou nenhum capital gerado internamente. Assim, é importante planejar com cuidado como e quando começar a contratar pessoal. Empresas em estágios iniciais frequentemente não têm uma segunda chance para corrigir erros de contratação, por isso é muito importante selecionar profissionais competentes já na largada. Em alguns casos, pode haver certeza suficiente para se projetar a evolução da organização nos primeiros anos.

O plano de negócio deve apresentar os profissionais com habilidades, experiências e competências exclusivas ou muito específicas, a situação do mercado de trabalho da atividade-fim da empresa, além da descrição de todas as formas de contrato de trabalho (CLT, terceirizado etc.). Resumindo:

- relacione todos os cargos e funções;
- cite o número de funcionários para cada função;
- verifique a qualificação desejável;
- estabeleça o cronograma de contratação.

1 RAUCH, A. et al. Effects of human capital and long-term human resources development and utilization on employment growth of small-scale businesses: a causal analysis. *Entrepreneurship Theory and Practice*, v. 29, n. 6, p 681-698, 2005. Ver também: UNGER, J. M. et al. Human capital and entrepreneurial success: a meta-analytical review. *Journal of Business Venturing*, v. 26, n. 3, p. 341-358, 2011.

Como fontes de recrutamento mais comuns usadas pelas pequenas empresas, citamos:

- escolas na área de atuação específica do negócio (para *trainees* e estagiários);
- anúncios classificados em diversas mídias, sobretudo de circulação no setor;
- busca direcionada em redes sociais, como Facebook, LinkedIn e Plaxo;
- agências de emprego de diversos tipos, de acordo com o nível do cargo;
- atuais empregados que trabalham para os concorrentes;
- promoções de atuais funcionários que buscam crescer na carreira;
- indicações feitas por amigos ou colegas internos e externos à empresa.

Ao contratar, procure checar referências, experiências passadas, conhecimento adquirido, alinhamento de valores com os da empresa e situação legal. Para identificar profissionais com valores alinhados, uma boa entrevista é imprescindível para alguns cargos. A seguir, algumas considerações sobre o processo de gestão de pessoas.

- **Contrate pessoas diferentes de você**. O empreendedor não detém todas as competências necessárias para fazer o negócio sobreviver e prosperar. Precisa de pessoas, e precisa de pessoas que o complementem. Contratar quem pensa igual a você pode ser mais fácil e mais confortável, mas o empreendedor estaria trazendo cópias de si mesmo, com pouco poder de gerar soluções diferentes. Contratar pessoas com formação, filosofias e estratégias de pensamento diferentes, mas com os mesmos valores e visão de futuro proporcionará a diversidade necessária na condução do negócio.
- **Contrate pessoas melhores do que você**. Embora possa parecer prematuro neste momento, é recomendável que o empreendedor contrate profissionais com competências mais desenvolvidas ou maior potencial para desenvolvê-las. O ideal para o negócio é que não dependa exclusivamente dessas pessoas para crescer e que tenha outras tão boas ou até melhores em certas competências para garantir o desenvolvimento de forma profissional e contínua.
- **Supere a tendência de centralização**. Um dos erros mais comuns de empreendedores nascentes é sua dificuldade de descentralizar poder e decisão à medida que o negócio cresce e evolui. Muitos negócios acabam não crescendo porque o empreendedor não consegue confiar nas pessoas da sua equipe.
- **Seja claro no propósito do negócio, na direção e na visão do futuro**. Quando sabem o que é o negócio e para onde ele caminha, todos exercem melhor sua autonomia e contribuem para o trabalho em equipe e a cooperação mútua. Um processo eficaz de comunicação e um constante contato do empreendedor com os empregados é fundamental para manter todos alinhados.
- **Cultive habilidades**. Muitos líderes são reconhecidos por sua capacidade de formar e desenvolver novos líderes. Embora nem todo empreendedor tenha esta competência aflorada, é apropriado procurar desenvolver algumas habilidades de liderança para que tenha melhores condições de delegar seu negócio na mão de poucos e bons talentos desenvolvidos em casa e naturalmente automotivados.

- **Recompense as pessoas.** Embora o próximo item diga respeito à compensação, um líder sabe que não se recompensa apenas com dinheiro e, sim, dando às pessoas um significado relevante para o trabalho que executam, de forma que a maior compensação que recebem é a de contribuir com a construção de algo importante e de valor para alguém. Reconhecimento, perspectivas de crescimento e de aprendizado, superação de desafios e geração de oportunidades são algumas formas importantes de recompensa.

31.2 Plano de carreira e compensação

Dois dos mais relevantes argumentos para atrair bons talentos são remuneração e carreira. Por isso, esses temas devem receber atenção especial no plano de negócio para cargos mais disputados e valorizados. É preciso apresentar o processo de carreira da empresa, os cargos e os níveis salariais correspondentes, assim como as políticas e os critérios de promoções.

Na descrição de cargo, apenas um parágrafo curto basta no plano e a descrição completa, se houver, deve entrar na seção de anexos. Os detalhes devem incluir: posição na hierarquia, cargos a quem se subordina e cargos subordinados a ele, descrição das funções, responsabilidades e atribuições, quesitos considerados na avaliação de desempenho avaliado e cargos futuros da carreira.

Inclua também, se pertinente, os aspectos legais relacionados ao cargo, restrições, limitações e barreiras, assim como a força e influência dos sindicatos de trabalhadores – pois estes podem pressionar o negócio para favorecer os empregados –, e os benefícios extras, quando houver, como convênios, assistência médica e de vida, seguro, entre outros.

Em geral, é interessante incluir uma breve descrição da remuneração dos funcionários. Esses dados serão mais explorados nas planilhas de despesas. Embora a programação real da folha de pagamento não seja fundamental, é do interesse do investidor que o empreendimento toque em assuntos como a estrutura salarial em relação à concorrência. Também pode ser interessante comentar como essas políticas de remuneração irão evoluir ao longo do tempo.

No plano de negócio, os itens que precisam ficar claros são: salário por cargo, encargos legais, benefícios adicionais, projeção de crescimento de pessoas com o desenvolvimento do negócio e despesas adicionais por promoção, ajustes salariais, aumentos de salário e reconhecimento direto.

A parte dos benefícios precisa ser analisada com cautela. Muitas vezes esse pacote pode ser a diferença entre atrair bons talentos da concorrência e desenvolver os próprios talentos. Inúmeros itens podem fazer parte dessa descrição, incluindo os obrigatórios (cesta básica, vale-transporte); os esperados, mas não obrigatórios (assistência médica, seguro de vida, assistência odontológica, estacionamento, refeição, previdência privada, convênios de descontos etc.); e os inesperados (lanche da tarde, clube de campo, telefone próprio, carro da empresa, sala privativa etc.).

Deve existir uma relação proporcional entre o investimento feito nesses benefícios e o valor agregado que eles trazem para aumentar a satisfação das pessoas. Isso é difícil de mensurar no início de um novo negócio, mas algumas projeções devem ser feitas para se ter ao menos uma ideia da dependência que o negócio tem de talentos humanos e das estratégias para criar um bom clima interno, permitindo que as pessoas se sintam bem e atinjam o máximo de produtividade.

Dentre as formas de incentivo financeiras, uma eventual política de participação nos resultados da empresa pode ser mencionada, assim como formas de inclusão societária ou participação na empresa. Outras formas de incentivo, como bonificação, benefícios exclusivos, pacotes de benefícios variáveis, remuneração variável e itens similares etc., também devem constar desta seção. Do mesmo modo, deve ser mencionada a existência de acordos legais entre os sócios e os empregados. Essa seção é de suma importância, pois pode se configurar como uma forma adicional de financiamento por parte dos funcionários e colaboradores.

A maioria dos programas de incentivo depende do desempenho dos funcionários. A avaliação de desempenho, construída de forma clara, abrangente e sem protecionismos, pode indicar programas específicos de remuneração e compensação, fazendo ou não parte de uma estratégia de retenção de talentos. Descreva as formas de mensuração de resultados e cumprimento de metas, a metodologia utilizada, a frequência de avaliações por período e as recompensas associadas à conquista dos objetivos previstos.

Em muitos casos, não é possível contratar um funcionário com uma formação específica em função da especificidade do conhecimento requerido ou em função do custo do profissional já formado. O plano de capacitação serve para cobrir essa deficiência e deve ser levado a sério dentro do planejamento da empresa.

Descreva o programa de capacitação de funcionários. Especifique o cronograma de treinamento, fontes e formas de capacitação, disponibilidade de cursos para as competências básicas exigidas no negócio e o orçamento dedicado para formação e capacitação.

Um fato importante a se considerar no plano de negócio é que a maioria das descrições de cargo deve estar alinhada com o plano de crescimento e estabilização do negócio, o que acontece, normalmente, depois do terceiro ano de vida e, mesmo assim, depende do estágio de maturidade da empresa e do número de empregados.

Empresas em estágio inicial de vida não devem se prender demasiadamente a aspectos burocráticos da gestão de pessoas, como formulários de avaliação de desempenho e fichas de descrição de cargo. Essas ferramentas são válidas quando a empresa atinge um tamanho tal que fica difícil fazer a avaliação, contratação e recompensa em massa, como nas grandes empresas. Nas pequenas, entretanto, o empreendedor tem contato direto com os funcionários diariamente, conhece melhor os altos e baixos de cada um deles sem precisar recorrer a perguntas em um formulário e, acima de tudo, não tem tempo para preencher formulários.

Nem todo empreendedor é um bom gestor de pessoas; muitos, inclusive, não sabem lidar com seus funcionários e acabam perdendo excelentes talentos por problemas de relacionamento interpessoal. Para esses empreendedores, as ferramentas podem ajudar, mas não vão resolver o problema, e caberá ao empreendedor assumir essa inabilidade e trazer alguém com melhor perfil de liderança para comandar a equipe e liberá-lo para se dedicar a outra atividade do negócio que não exija contato frequente com muitas pessoas.

Dessa forma, pode até parecer uma grande perda de tempo descrever com detalhes todos esses processos no plano de negócio, uma vez que as questões relacionadas a pessoas dizem mais respeito ao perfil de liderança do empreendedor do que itens de um plano de negócio, mas, apesar de não constar do plano, o investidor tem interesse em conhecer o empreendedor para tentar identificar esse perfil de liderança e buscar evidências que indiquem se o empreendedor será um bom líder ou se o investidor precisará trazer alguém para complementá-lo nesse quesito.

Parte VIII
Plano financeiro

Capítulo 32

Necessidade de capital

Todo negócio precisa de um capital inicial para começar a operar. No seu plano de negócio, descreva quanto capital será necessário e como ele será utilizado. Se for requerido pelo investidor, detalhe em separado a aplicação dos recursos de terceiros. O empreendedor precisa dispor de capital suficiente para enfrentar as deficiências iniciais nas projeções de caixa e também para estar preparado no caso de desvios em relação ao desempenho financeiro esperado e de problemas ou oportunidades não previstos. Como não é fácil fazer esse tipo de avaliação, aqui é melhor errar para mais do que para menos.

As necessidades projetadas devem ser consistentes com o restante do plano. Por exemplo, se existir a probabilidade de uma oportunidade inesperada e a necessidade de reagir rapidamente a ela, um nível adequado de capital de contingência precisa estar disponível. Da mesma forma, se a empresa estiver tentando desenvolver uma nova linha de produtos e houver muita incerteza quanto ao início da geração de receitas, deve ser feita uma provisão adequada ao se projetar as necessidades de capital de giro. Obviamente, é preciso haver conformidade entre os números fornecidos nessa seção e aqueles incluídos no plano financeiro – especialmente no balanço, porque ele reflete diretamente as fontes de capital e suas aplicações.

O primeiro interesse então é fixar a atenção nos investimentos iniciais, ou seja, no dinheiro necessário para abrir o negócio e mantê-lo funcionando por um determinado tempo, até que comece a caminhar com seus próprios recursos. Os investimentos iniciais dividem-se em três tópicos importantes:

1. As **despesas pré-operacionais**, ou seja, os gastos que terá antes de sua empresa entrar em operação:
   - gastos com o registro da empresa;
   - gastos com o registro da marca no Instituto Nacional da Propriedade Industrial (INPI);
   - honorários de terceiros, como publicitários (desenvolvimento de marca etc.), eventuais consultores especializados, advogados (para a elaboração do contrato social da empresa) etc.;
   - gastos com pesquisa de mercado: questionários, telefonemas, viagens (mesmo que com carro próprio) etc.;
   - treinamento e capacitação dos funcionários;
   - desenvolvimento do produto.
2. O **investimento fixo**, ou seja, os gastos com a aquisição da infraestrutura básica para a empresa funcionar. Aqui você vai colocar tudo o que for necessário para que a empresa funcione, e deve ser previsto até o que você já tem, mas

que vai utilizar na empresa. Alguns itens:

- o imóvel em que a empresa vai operar, se for necessário adquiri-lo;
- reformas, ampliações e melhorias, caso sejam necessárias em um imóvel já existente;
- móveis e utensílios diversos, incluindo os de escritório, cozinha e copa etc.;
- linhas telefônicas, centrais de comutação etc.;
- computadores, ligações em rede, equipamentos de escritório etc.;
- máquinas e utensílios que serão utilizados na produção (repare que a terce rização, hoje tão em moda, pode diminuir substancialmente o valor desse item);
- veículos (se for utilizar carro próprio, o valor deve ser discriminado aqui, afinal é um investimento que você está aplicando na empresa e que deverá ser remunerado por ela).

3. O **capital de giro inicial**, ou seja, o dinheiro necessário para iniciar as atividades da empresa antes que as receitas do negócio possam suprir suas necessidades. Também sugerimos alguns itens:
   - aluguel do imóvel, se for o caso (se estiver utilizando um cômodo de sua residência, pode estimar aqui seu valor locatício, afinal ele será utilizado pela empresa e deverá ser remunerado por ela);
   - salários e encargos;
   - pró-labore dos sócios;
   - honorários de um contador;
   - gastos com energia elétrica, água, telefone, internet etc.;
   - material de expediente, limpeza etc.;
   - eventuais depreciações de equipamento;
   - estoque inicial para a produção;
   - financiamento a clientes;
   - alguma reserva para as primeiras vendas feitas com algum prazo para pagamento.

É conveniente fazer a previsão de capital de giro pelo período de tempo necessário para que a empresa comece a faturar. Três meses é um período razoável. Lembre-se de que vendas à vista, aumento de prazos para pagamentos aos fornecedores, redução de estoques em níveis aceitáveis, maior rotação de estoques etc. diminuem a necessidade de capital de giro e, consequentemente, o montante total requerido para começar o negócio.

32.1 Fontes de recursos

Uma vez estabelecido o montante necessário, é preciso explorar as possíveis fontes de recursos financeiros. O primeiro passo é saber de quanto o empreendedor dispõe, quanto ele está disposto a tomar de terceiros e qual o tamanho do negócio que ele pretende começar. Neste capítulo, trataremos desse assunto, assim como das possíveis origens desse capital.

32.1.1 Capital próprio

Descreva qual é o montante do capital de origem própria, ou seja, dos sócios. Pode ser incluído aqui capital de qualquer outra origem que não requeira rígidos controles de aplicação e remuneração, como capital oriundo de amigos ou familiares. Trata-se do tipo de financiamento mais comum, e que geralmente é levantado por intermédio de fatores pessoais e do ambiente que cerca o empreendedor.[1] Nesse caso, a amizade e a confiança que as outras pessoas têm no empreendedor falam mais alto que um plano de negócio. Empréstimos feitos por pessoas diretamente para o empreendedor não são considerados capital de terceiros, pois é uma transação entre pessoas. Se esses mesmos amigos e familiares estivessem emprestando dinheiro diretamente para a empresa, então esse capital seria considerado de terceiros.

Embora não seja obrigado a descrever a origem do capital próprio, é recomendável que as condições nas quais o empreendedor levantou esse capital sejam mantidas abertas para todos os envolvidos em uma relação de transparência com o futuro investidor.

O empreendedor pode iniciar o negócio contando exclusivamente com suas reservas, vendendo seus bens ou obtendo empréstimos pessoais. Caso haja o envolvimento de um investidor externo, este pode exigir uma contribuição pessoal do empreendedor para a empresa. Não existe uma proporcionalidade direta entre a participação do negócio e a contribuição pessoal do empreendedor no capital em relação ao investidor, mas quase todos os investidores exigem um compromisso que seja significativo. Por exemplo, se o empreendedor só pode contribuir com 10% do total do capital necessário, e esse montante significa aplicar todas as reservas pessoais que juntou ao longo de toda sua vida, é um nível de comprometimento que o investidor entende como pertinente e que demonstra o engajamento do empreendedor para com o sucesso do negócio, e, portanto, o sucesso do investimento. O compromisso serve também para reduzir a exposição do investidor em relação ao valor total da operação. Isso proporciona um amortecedor, que permite ao investidor sair "inteiro", caso a empresa não dê certo.

32.1.2 Necessidade de capital de terceiros

Especifique qual é o montante de capital imediato oriundo de terceiros. Entenda "terceiro" como qualquer fonte de recurso externa ao círculo dos sócios que conduzirão o negócio. O capital de terceiros é basicamente dividido em dívidas ou equidade. No primeiro caso, o dinheiro emprestado é assegurado por algum tipo de propriedade (garantias). Equidade, por outro lado, equivale a uma quantia de capital injetada no

1 KOTHA, R.; GEORGE, G. Friends, family or fools: entrepreneur experience and its implications for equity distribution and resource mobilization. *Journal of Business Venturing*, v. 27, n. 5, p. 525-543, 2012.

negócio, geralmente em dinheiro ou em forma de ativo, em troca de uma participação no empreendimento. A maioria dos negócios nascentes opta por dívidas de longo prazo por falta de acesso ao capital de equidade (capital de risco) ou para não perder o controle do negócio. O modelo de dívidas pode ser dividido em financiamentos e empréstimos que serão explicados a seguir.

- **Financiamento**: o financiamento não envolve uma participação do terceiro no negócio. Justamente por isso, o empreendedor mantém sua autonomia sobre o negócio, porém, se ele não der certo, o financiamento, assim como o empréstimo, deve ser pago, ou seja, o risco do negócio não é compartilhado e o eventual ônus fica todo para os sócios.

  Dentre as opções de financiamento, as mais comuns são as oferecidas pelos bancos comerciais. Dependendo da natureza do investimento necessário da empresa, algumas linhas específicas podem ser bastante atrativas diante das opções existentes. Linhas para novos negócios, expansão de planta fabril, abertura de novos mercados, compra de equipamentos, entre outras, são opções que os bancos oferecem com juros razoáveis, pois serão aplicadas no crescimento do negócio e não para cobrir rombos de gestão financeira. A percepção sobre o risco de inadimplência é bem menor para as linhas de financiamento abertas.

  Uma forma de financiar o negócio que é pouco explorada é procurando fontes de recursos entre fornecedores, parceiros estratégicos, clientes e funcionários. O empreendedor pode achar isso estranho, mas são opções bastante atrativas, se o modelo de negócio permitir. Um fornecedor está financiando o seu negócio quando lhe dá um prazo maior para pagar os produtos que adquiriu dele, podendo até ser pago com as receitas do seu negócio. O cliente, por outro lado, também pode financiar o seu negócio se estiver disposto a pagar pelo produto antecipadamente. O mesmo pode acontecer com fornecedores que entram em parceria em um negócio ou com funcionários que compram opções de ações do negócio em vez de receber remuneração. A pequena empresa deve olhar para e utilizar todas as alternativas possíveis para manter seu capital de giro e o fluxo de caixa positivo.

  Também podem ser exploradas outras fontes de financiamento, como os programas instituídos pelo governo ou por entidades não governamentais. Muitos desses programas destinam recursos a fundo perdido (subvenção) para as empresas ou a um custo subsidiado, ou seja, muito abaixo do praticado no mercado. O empreendedor deve estar sempre atento a essas iniciativas por meio da mídia especializada, mas é um capital normalmente restrito ao desenvolvimento de novos produtos de tecnologia, estando, portanto, fora do acesso da maioria dos empreendedores.

  Associações sem fins lucrativos, entidades de apoio ao empreendedorismo, programas do governo e até universidades também podem aportar recursos financeiros para as empresas nascentes. Os critérios são igualmente rígidos e restritivos e as ofertas são bem menores do que em países desenvolvidos. Mesmo assim, essas fontes de recursos não podem ser ignoradas.

- **Empréstimos**: por fim, os empréstimos são muito similares aos financiamentos, porém não são específicos para uma linha de ação ou um propósito predeterminado. Qualquer empresa ou pessoa pode pedir um empréstimo em qualquer banco, só depende da linha de crédito que possui. Esse tipo de capital, entretanto, não deve ser usado em condições normais, pois é o mais caro que existe. Se necessário, deve ser usado em pequenas quantidades e pelo tempo mínimo possível. O produto conhecido como cheque especial dos bancos comerciais é o exemplo mais popular desse tipo de recurso financeiro.

Existem situações em que a própria característica do setor, por conta da alta competitividade, demanda um período maior de retorno, levando, em alguns casos, a necessidades de aporte intermediário de capital. Assim, ao longo do período de cobertura do plano de negócio, pode ser necessário prever capital adicional para expandir as operações, o qual pode ser de terceiros, porém o ideal é que o empreendedor consiga demonstrar pelas suas projeções que é possível usar o próprio lucro acumulado ou a sobra de fluxo de caixa para autofinanciar a expansão do negócio.

O gráfico da Figura 32.1 representa um exemplo de composição do capital necessário que ajuda a demonstrar a distribuição do capital da empresa de forma visual.

Figura 32.1 – Composição do capital

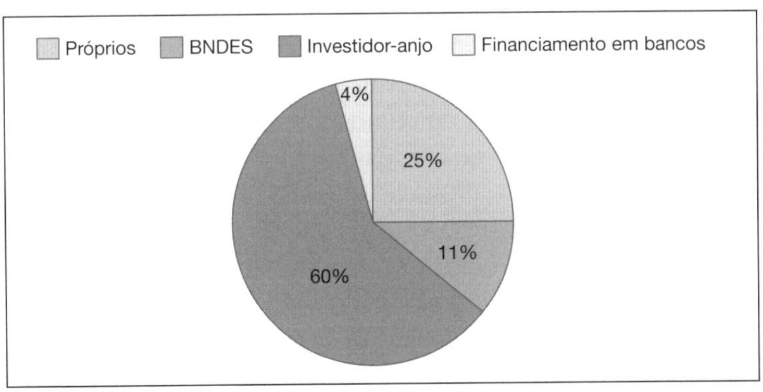

Fonte: elaborada pelos autores.

Uma regra básica que deve ser seguida quando se fala de busca de capital de terceiros é que o empreendedor deve dosar **quando** captar, **quanto** captar e o **custo** desse capital. O melhor momento para procurar capital de terceiros é quando o empreendedor ainda não precisa dele, pois assim consegue manter o poder de barganha, porém é importante que já tenha algo palpável sobre o negócio para mostrar, como uma patente, um cliente, um protótipo, um contrato, um ponto comercial etc.

Mesmo que haja plena disponibilidade de recursos por parte do terceiro, o empreendedor deve captar apenas o que é necessário. Se você precisa de R$ 500 mil, por exemplo, e o investidor quer aportar R$ 1 milhão, atenha-se ao que precisa, pois, ao receber mais do que precisa, a tendência é que o empreendedor acabe usando mal o recurso adicional, desperdiçando com gastos desnecessários. Ainda assim, quando fizer o levantamento do capital necessário, é sempre bom revisar o plano para saber se é possível reduzir essa necessidade ao máximo. Começar de forma enxuta reduz o risco pelo impacto, mas requer uma tolerância maior quanto ao prazo de retorno sobre o capital envolvido.

Por fim, o custo do capital. O empreendedor precisa ter a capacidade de avaliar e admitir que nem todo capital de terceiro é desejável. Dependendo de quanto o negócio gerar de retorno considerando esse investimento, deve haver uma proporcionalidade entre o montante captado e o retorno proporcional sobre o negócio. Se o custo do capital for maior do que o retorno em qualquer tipo de investimento, melhor investir nessa opção que arriscar em um único negócio que carrega alto grau de incerteza e, portanto, de risco.

32.2 Remuneração do capital

Os empréstimos são concedidos mediante a estipulação de condições de remuneração do capital variáveis segundo o custo do dinheiro no mercado no momento da transação. Em princípio, a taxa de remuneração está atrelada à oferta de dinheiro no mercado, ou seja, quando há abundância, a taxa de captação é reduzida, assim como a taxa que o banco cobra dos tomadores. Aqui a recíproca é verdadeira. O financiador repassa aos tomadores a taxa de captação acrescida de um *spread* variável – a remuneração do financiador.

O prazo de pagamento depende normalmente da vida do ativo financiado, no caso o imóvel ou alguma máquina ou equipamento da empresa, embora possa haver variações. Se um financiador quiser realmente fazer um negócio, pode ser mais liberal na estruturação da dívida, para que a operação faça sentido em termos econômicos e o fluxo de caixa seja suficiente para a sua amortização. Os empréstimos para financiamento do capital de giro costumam ter os menores prazos de pagamento; aqueles para a aquisição de imóveis, os mais prolongados. Lembre-se, porém, de que, quanto maior o prazo, menores serão os pagamentos mensais, no entanto maior será a incidência de juros, e maior será o total pago para atender às exigências da dívida.

Muitas instituições financeiras se dispõem a conceder períodos de carência quanto aos pagamentos do valor principal. Com frequência, essas carências são concedidas durante períodos de início ou expansão de atividades, quando a empresa está incorrendo em despesas maiores que as receitas. É possível que um financiador esclarecido estenda a carência por até 12 meses. Porém, com raras exceções, não são concedidos prazos de carência para pagamento dos juros.

Inclua como anexo uma planilha para descrever pagamentos de empréstimos, juros e correção monetária, carência, amortizações etc. Esse controle é necessário para que o empreendedor não se perca em suas dívidas. O exemplo da Tabela 32.1 demonstra um empréstimo de R$ 60 mil com três meses de carência, pago em dez parcelas e taxa de juros de 6% ao mês:

Tabela 32.1 – Exemplo de planilha de controle das dívidas

	Mês 1	Mês 2	Mês 3	Mês 4	Mês 5	Mês 6	Mês 7	Mês 8	Mês 9	Mês 10	Mês 11	Mês 12	Mês 13
Empréstimo	60.000												
Amortização principal				(6.000)	(6.000)	(6.000)	(6.000)	(6.000)	(6.000)	(6.000)	(6.000)	(6.000)	(6.000)
Juros				(4.745)	(4.745)	(4.745)	(4.745)	(4.745)	(4.745)	(4.745)	(4.745)	(4.745)	(4.745)

Fonte: elaborada pelos autores.

Os juros de 6% ao mês são compostos, ou seja, a cada mês a taxa incide sobre o valor do mês anterior, de forma cumulativa, gerando o efeito de juros sobre juros, o que equivale a um retorno de quase 80% sobre o capital inicial ao final dos 10 meses, sem considerar o período de três meses de carência. Nesse cálculo, os juros foram calculados sobre os R$ 60 mil para o período de 10 meses e o montante total foi dividido em parcelas iguais de R$ 10.745,00 ao longo do período, divididos em R$ 6.000,00 para a amortização do empréstimo e R$ 4.745,00 para o pagamento dos juros.

Financiadores estão interessados na remuneração do capital emprestado e não entram no risco do negócio. Seus objetivos são bastante distintos dos investidores, pois visam simplesmente o cumprimento das obrigações de débito e não a valorização do negócio no futuro. Esse aspecto pode – e deve – ser relevante na decisão de escolher qual fonte de capital utilizar.

Capítulo 33

Capital de risco

No modelo de equidade, o capital é obtido por meio de um investimento feito por um terceiro que favorece uma participação no negócio. Trata-se de uma boa alternativa quando o empreendedor também deseja compartilhar os riscos, já que o investidor normalmente contribui com mais do que dinheiro, pois tem experiência, conhecimento e contatos, além de, às vezes, alguma infraestrutura.

Existem várias categorias de investidores de risco. O **investidor-anjo** é aquele que ajuda o negócio a sair do chão, por meio do chamado ***seed money***, ou capital semente, injetado para começar o negócio; o ***venture capital*** (VC) normalmente vem na forma de uma empresa que representa grupos de investidores para ajudar o negócio a entrar na fase de rápido crescimento e consolidação; o ***private equity*** normalmente entra nas fases mais maduras das organizações que se preparam para novos patamares de crescimento; e o IPO, ou ***initial public offering***, acontece quando parte ou totalidade das ações da empresa são comercializadas no mercado aberto de ações. O gráfico da Figura 33.1 demonstra o momento em que cada tipo de investidor atua em função da idade e do porte do negócio.

Figura 33.1 – Tipos de investidores

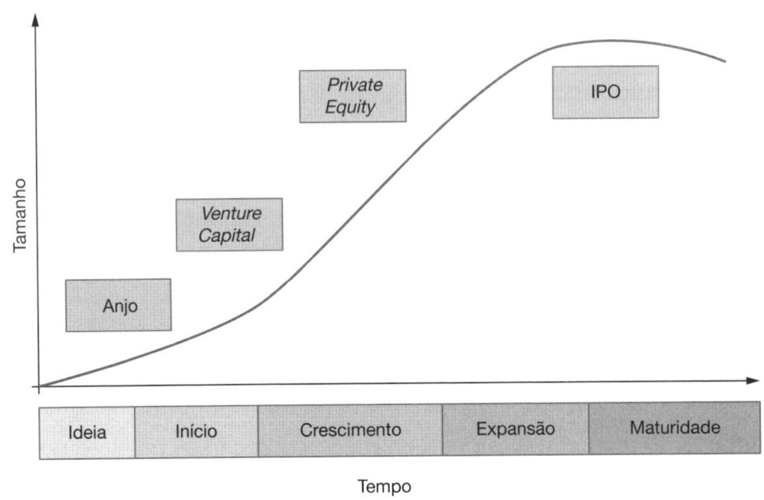

Fonte: elaborada pelos autores.

33.1 Investidor-anjo

O anjo é um investidor que busca alternativas para obter melhor rentabilidade para parte do seu patrimônio. Normalmente, esse investidor é uma pessoa ou um pequeno grupo de pessoas que se reúnem para apostar em um negócio novo. A parte do patrimônio que eles comprometem é proporcionalmente pequena e serve como forma de diversificar seus investimentos pessoais. Investidores-anjo podem investir também em empresas que ainda estão no papel.

Esse tipo de capital é conhecido como *seed money* (capital semente ou capital inicial), usado normalmente para fazer testes de mercado, gerar protótipos do produto, estabelecer legalmente a empresa, contratar fornecedores, alugar e reformar instalações físicas, preparar material de comunicação e subsidiar todas as atividades de início de operações, ou seja, o *seed money* é necessário para tirar o negócio do papel. Esse é o principal motivo pelo qual são chamados de "anjos", pois são aqueles que acreditam em uma ideia e confiam no empreendedor. A relação de confiança é parte fundamental da decisão que leva o anjo a investir em um negócio nascente.

Esse tipo de investidor geralmente aparece nas relações pessoais do empreendedor. Por isso mesmo é mais fácil encontrar um anjo dentro da sua rede pessoal de contatos que bater à porta de investidores estranhos. Como a relação é baseada na confiança, o anjo precisa conhecer a pessoa por trás do negócio. Já que não existe um negócio ainda, o anjo investe, na verdade, no empreendedor e no que ele enxerga como competência para fazer aquele negócio acontecer. Associações de classe, feiras e eventos da área, eventos da comunidade, clubes sociais e até reuniões de família são os melhores locais para encontrar os anjos.[1]

Pode parecer estranho encontrar anjos dessa forma e não por meio de cartas formais ou reuniões executivas, mas isso se dá porque o anjo não contribui apenas com capital. Em alguns casos, o dinheiro nem sequer entra na negociação, pois o empreendedor já pode ter o capital próprio. Embora o capital represente um componente importante na contribuição que o investidor-anjo pode trazer para o negócio, na prática essa categoria de investidor traz muito mais valores de outros tipos, como experiência, conhecimento, mentoria e contatos, detalhados a seguir.

- **Conhecimento e experiência do setor**. O investidor-anjo normalmente é um ex-empreendedor ou ex-executivo do mercado que se aposentou, juntou um razoável patrimônio e quer manter contato com a área. Por outro lado, já não tem mais disposição nem energia para iniciar um negócio do zero. Por isso, prefere ajudar talentos jovens que tenham garra, disposição e boas ideias. O investidor-anjo tem intenção legítima de ajudar o empreendedor a crescer.
- **Contatos**. O empreendedor nascente não começa seu negócio com uma rede de contatos já formada. Conhecer pessoas que podem influenciar positivamente o negócio, inclusive com mais experiência prática e executiva do que científica, é muito importante para cortar caminhos e não cometer erros básicos. Essa é outra contribuição importante do investidor-anjo, que trabalha ou já trabalhou na área e conhece muita gente do segmento.

1 TIMMONS, J. A. et al. *How to raise capital*: techniques and strategies for financing and valuing your small business. New York: McGraw-Hill, 2005.

- **Mentoria**. Baseado em sua experiência, o anjo pode ajudar o empreendedor na gestão do negócio, opinando nas tomadas de decisão, sem uma intervenção direta, mas com aconselhamento. Seu tempo é dedicado para interagir com o empreendedor, conhecer seus métodos e processos e complementá-lo naquilo que ele não tem, a experiência. Nem sempre o anjo tem tempo livre para se dedicar ao negócio como se fosse um sócio, e também nem quer assumir as responsabilidades legais cabíveis a um sócio. Além da expectativa de uma alta remuneração sobre o capital, o que o anjo quer é se manter ativo, atuante e conhecido na área, porém usando os braços e a disposição de empreendedores mais jovens que ele, com alto potencial e energia, um casamento bastante conveniente para ambas as partes.

Para alguns tipos de negócio, e considerando a experiência do empreendedor, essas contribuições não financeiras podem ser até mais importantes que o capital, ou seja, nem todo anjo precisa ser um investidor financeiro. A motivação que leva uma pessoa a se tornar anjo tem várias origens. Alguns querem ajudar jovens talentosos de seu círculo de relacionamento, que podem ser alunos da universidade na qual ele se formou, futuros cidadãos promissores de sua própria cidade, membros de uma comunidade fechada, como Rotary ou Lions. Pode ser também uma questão de afinidade étnica/cultural ou simplesmente a possibilidade de continuar ativo e aprendendo por meio do negócio dos outros.

Quando se trata de um investimento de fato, o volume costuma ser relativamente pequeno perto de outros tipos de investidores, normalmente entre R$ 10 mil e R$ 1 milhão, mas o apetite por resultados continua sendo alto. Embora muitos investidores-anjo considerem a oportunidade de estar em contato com o segmento mais importante do que o retorno financeiro, é claro que também não querem perder dinheiro e, por isso, o custo de oportunidade de aplicar seu patrimônio em opções rentáveis, que não tenham alto risco associado, é fortemente considerado na sua decisão.

Ainda assim, sua expectativa de retorno não é tão agressiva quanto a de outros tipos de investidores de risco, como os VC e *private equities*. Os prazos também são mais curtos, entre um e três anos. A saída normalmente acontece com a venda de sua parte a outros investidores maiores, tipicamente fundos de *venture capital*, ou aos próprios sócios-fundadores.

Os anjos também podem se organizar em fundos, nos quais entidades jurídicas representam os investidores, ou na forma de associações, como a Anjos do Brasil[2] ou a São Paulo Anjos,[3] que organizam eventos e propiciam condições para colocar empreendedores com boas ideias em contato com investidores-anjo com perfil alinhado à ideia do negócio.

O fato de um investidor-anjo se interessar pelo seu negócio não significa que todo investidor-anjo é um bom investidor. O empreendedor também deve fazer a lição de casa e investigar a pessoa (ou entidade) que está interessada em investir no seu negócio.

---

2 Disponível em: http://www.anjosdobrasil.net. Acesso em: 8 abr. 2019.

3 Disponível em: http://www.spanjos.com.br. Acesso em: 8 abr. 2019.

Averigue itens como a inexistência de processos contra ele, o histórico e o desempenho de investimentos anteriores, referências e conhecimentos comprováveis e seu portfólio de investimentos.

Quando uma pessoa está decidindo investir por conta própria e esta é sua primeira experiência, é comum que não saiba exatamente os riscos que está correndo com esse tipo de investimento. Também é possível que esteja comprometendo uma parte relevante do seu patrimônio do qual pode depender para viver no futuro. Também é comum que sua decisão de investir esteja mais relacionada a vínculos pessoais e emocionais que ao conhecimento do real potencial do negócio em si. O empreendedor precisa ser claro e transparente para certificar-se de que um acordo feito hoje não trará problemas no futuro, senão ele terá que se preocupar mais com a gestão dos anseios e inseguranças do investidor do que com o negócio em si.

33.2 *Venture capital* (VC)

Os fundos de VC são entidades que representam grupos de pessoas físicas investidoras ou cotistas. Por investirem montantes maiores do que os anjos, exigem uma gestão mais profissional do negócio com perspectivas de crescimento alto e rápido; porém, assim como os anjos, os VC não querem ter participação majoritária no negócio e, até prova em contrário, querem que o empreendedor continue na liderança do negócio.

Essas empresas de capital de risco geralmente são grandes bancos de investimento, compostas por profissionais de altíssimo nível e experiência no mercado financeiro, que administram grandes quantias de dinheiro. Sua função principal é encontrar empresas e negócios com alto potencial de desenvolvimento em cerca de três a cinco anos, que experimentem retornos sobre o capital investido (rentabilidade do capital) muito acima da média do mercado.

O número de *venture capital* cresceu muito nos últimos anos, sobretudo no Brasil, que, após a crise global de 2008, entrou na rota de interesse de investidores que fugiam de economias estagnadas. No entanto, as características dos negócios em que investem mudaram consideravelmente desde as grandes quebras que aconteceram com a crise da Nasdaq (bolsa de valores americana para negócios de tecnologia) em 2001. Depois de perder muito dinheiro investindo em qualquer tipo de negócio da internet, os VC aprenderam a filtrar melhor suas decisões e agora investem apenas em negócios que de alguma forma já estejam ativos, mesmo que à base de recursos limitados dos próprios empreendedores, pois o que pesa na decisão deles é que o empreendimento já esteja fora do papel.

Por isso, outra característica que diferencia os investidores-anjo dos VC é que estes últimos incorporam ao seu processo de escolha dos investimentos um processo conhecido como *due diligence*, ou averiguação detalhada da situação geral do investimento em potencial. Nesse processo, os representantes dos fundos entrevistam funcionários, clientes e sócios, visitam as instalações, checam todos os indicadores contábeis, mapeiam os processos e fazem todo tipo de investigação para avaliar os potenciais riscos do negócio e os pontos para os quais o investidor poderá trazer experiência, conhecimento e ferramentas.

Os volumes de investimento giram em torno de R$ 500 mil a R$ 5 milhões, sempre divididos em aportes intermediários e condicionados ao cumprimento de metas. Esses investimentos são normalmente designados para o empreendedor testar o mercado de atuação, avaliar a viabilidade real de crescimento do negócio e estruturação da empresa a fim de criar valor para o acionista.

A saída do VC se dá pela venda de sua parte, após um prazo pré-estipulado, para outros fundos de VC ou fundos de *private equity*, que têm outras características. É comum, dependendo do tipo de oportunidade e do volume total de investimento requerido, que os fundos de VC se reúnam em dois ou até cinco fundos em um único investimento para diluírem ainda mais os riscos. Os prazos são mais longos que os exigidos pelos anjos, normalmente de cinco anos.

A Tabela 33.1 apresenta as principais diferenças entre o *venture capital* e o investidor-anjo:

Tabela 33.1 – Diferenças entre investidor-anjo e *venture capital*

	Investidor-anjo	***Venture capital***
Critérios de investimento	Rápido crescimento	Crescimento extremamente rápido
Fonte de recursos	Recursos pessoais	Fundos de terceiros
Limites de investimento	R$ 10 mil a R$ 1 milhão	Acima de R$ 2 milhões
Retorno esperado	3 a 10 vezes	5 a 10 vezes
Estágio do negócio	Semente, *startup*, início	Expansão ou *startup* de alto potencial
O que eles trazem	Capital inicial, experiência, suporte e conhecimento	Muito capital, formação da equipe, contatos
Due Diligence	Algum	Significante e detalhado
Substitui o empreendedor?	Raramente	Provavelmente
Número de negócios	1 - 3 por ano	15-18 por fundo por ano

Fonte: elaborada pelos autores.

O mercado de investimento de risco no Brasil é nascente e ainda fora do alcance da maioria dos empreendedores. Por esse motivo, os poucos investidores que existem podem se dar ao luxo de escolher apenas os negócios mais rentáveis e de maior impacto, com menos chances de dar errado.

A negociação com um investidor de risco deve ocorrer logo no início do negócio e do relacionamento entre o investidor e o empreendedor. Embora muita coisa possa mudar no meio do caminho, o investidor típico irá condicionar novos aportes ao cumprimento de metas e objetivos; assim, uma negociação prévia dá ao empreendedor mais segurança de que há um futuro para o negócio, e ao investidor, um horizonte de novos reinvestimentos se o negócio for bem-sucedido.

É importante que o empreendedor saiba que, por melhor que seja a parceria entre ele e o investidor, sobretudo o anjo, que aporta mais do que capital, o desinvestimento, isto é, a saída do investidor do negócio, sempre vai ocorrer e deve acontecer no prazo que foi estabelecido. Isso se deve ao fato de que o ganho do investidor acontece no momento de sua saída, normalmente quando ele vende sua parte do negócio. São raros os casos em que o investidor recebe parte do seu ganho na distribuição dos lucros anuais. É até possível celebrar uma nova rodada de investimento com o mesmo anjo, mas uma fase só deve começar depois que a anterior for encerrada.

Geralmente, descreve-se no plano de negócio a estratégia de saída segundo prazo preestabelecido, independentemente da situação da empresa na época. No entanto, podem ser estabelecidas regras de saída que protejam os interesses do investidor e/ou do empreendedor. Nesse caso, pode ser definido, por exemplo, que, caso os resultados não sejam atingidos segundo o planejado, o investidor pode retirar seu capital com alguma remuneração, ou o empreendedor pode antecipar a amortização do débito segundo regras preestabelecidas.

33.3 *Private equity* (PE)

Volumes de investimento requerido que ultrapassam R$ 5 milhões normalmente atraem a atenção de um porte de investidor maior do que os VC, os chamados *private equities*. Esses investidores, muitos representando fundos de pensão e grandes bancos, no Brasil e no exterior, estão interessados em negócios já estabelecidos, que atuam em mercados altamente promissores e que precisam de um aporte significativo para fazer ampliações agressivas no negócio.

Esses investimentos são feitos para aquisições de competidores menores, para ampliar o alcance de mercado, geralmente em processos de internacionalização de operações, desenvolvimento de novos produtos e ampliação da capacidade produtiva. Os PE geralmente assumem, se não a totalidade, pelo menos partes estratégicas da gestão do negócio, deslocando o(s) fundador(es) para o conselho da empresa, adquirem o controle acionário e adotam como estratégia de saída a abertura do capital no mercado de ações, a venda para outros conglomerados ou até mesmo o desmonte da operação.

Resumindo, os pontos importantes a mencionar no plano de negócio, quando a intenção é atrair capital de risco, são:

- volume total do investimento (em fases cronológicas de acordo com a necessidade);
- composição do capital (fontes de recursos);
- parcela requerida de capital de risco (em comparação com outras opções);
- utilização do capital;
- sugestão de composição acionária (que não necessariamente é o mesmo que composição do capital);
- proposta de estratégia de saída (prazo e formas de saída);
- remuneração esperada do capital externo.

Capítulo 34

Estrutura legal e tributária

34.1 Estrutura societária do negócio e classificação legal

O plano de negócio deve especificar quem são os sócios e qual é a participação societária e o envolvimento de cada um deles no empreendimento (se todos retiram pró-labore, se há sócios com dedicação parcial, se há sócios capitalistas etc.). Esclareça como será feita a distribuição de lucros e de quem é a responsabilidade financeira por qualquer perda. Inclua uma cópia do contrato social da empresa na seção de anexos.

Se já prevê mudanças na estrutura legal no futuro devido ao crescimento da empresa ou à entrada de um novo sócio, por exemplo um investidor, explique como isso ocorrerá. Não se esqueça de consultar esta seção ao completar o módulo financeiro de negócios.

Ao escolher uma classificação legal para seu negócio e elaborar o contrato social, diversos pontos devem ser considerados. O principal deles é a classificação tributária associada à classificação legal. Verifique, por exemplo, qual estrutura legal protege o patrimônio pessoal dos sócios em caso de liquidação do negócio. Outro ponto importante é a distribuição de responsabilidades entre os sócios: quem deve assinar, quem faz parte do contrato social, quem pode tomar decisões. Decisões sobre o destino dos dividendos, critérios para saída da sociedade, transferência de propriedade e opções de saída do empreendimento também devem ser discutidos e documentados.

Indique como a empresa está legalmente registrada de acordo com a categoria da sociedade. A legislação brasileira admite as formas jurídicas a seguir para uma empresa.

- **Empresário individual**: é uma empresa de uma única pessoa. O empresário (pessoa física) e a empresa (pessoa jurídica) têm uma identificação bastante forte. Por isso, o empresário é responsável, com seus bens pessoais, pelos atos da empresa, de forma ilimitada. Nesse caso, o nome da empresa será o do dono.
- **Empresa individual de responsabilidade limitada (EIRELI)**: constituída por uma única pessoa titular do capital social total. O titular não cobre as dívidas da empresa com seus bens pessoais.
- **Sociedade limitada**: é instituída por duas ou mais pessoas, com o fim de explorar uma atividade industrial e/ou comercial. As sociedades comerciais são reguladas pelo Direito Comercial e estão sujeitas à falência. As espécies mais comuns de sociedade comercial são:
    - Sociedade por quotas de responsabilidade limitada;
    - Sociedade por ações.

- **Sociedade civil**: é a firma instituída por duas ou mais pessoas, tendo por objetivo apenas a prestação de serviços. As sociedades civis são reguladas pelo Código Civil. Não podem praticar atos de comércio e não estão sujeitas à falência.

A sociedade limitada é o modelo mais comum e que exploraremos neste capítulo com o detalhamento a seguir:

- A sociedade por quotas de responsabilidade limitada é marcada pela simplicidade das exigências legais para seu funcionamento, sendo, além de simples, também barata e flexível. Via de regra, presta-se a empreendimentos de pequeno porte. Todavia, é comum encontrarmos sociedades *holdings* sob essa forma, comandando um conglomerado de sociedades anônimas. Nesse tipo de sociedade, a responsabilidade dos sócios se limita à importância do capital social, ou seja, se o capital estiver integralizado, cessa a responsabilidade dos sócios, não sendo necessário penhorar os bens particulares dos sócios para garantias de dívidas sociais.
- A lei que rege a sociedade anônima é longa e complexa, mas a maioria de suas normas é facultativa, permitindo a livre criação e o livre funcionamento. Uma S/A é de capital aberto quando suas ações são negociadas em bolsa ou mercado de balcão e de capital fechado quando seus valores mobiliários não são negociados dessa forma. Seja aberta ou fechada, a classificação dessa sociedade implica custos elevados, já que está obrigada a publicar balanços, atas de assembleias, editais de convocação, avisos aos acionistas etc.
- Reservada a grandes empreendimentos, a S/A limita a responsabilidade dos acionistas ao preço da emissão das ações, que, conforme a natureza dos direitos que conferem, podem ser ordinárias ou comuns, preferenciais ou de gozo ou fruição. Quanto à forma, podem ser nominativas, nominativas endossáveis, escriturais e com ou sem valor nominal. Pode ser aberta ou fechada, necessita apenas de dois acionistas e a denominação social é livre. Uma das grandes vantagens da S/A é a possibilidade de obter recursos a custo praticamente zero a despeito dos custos de manutenção. Esses recursos financeiros são obtidos pelo lançamento de ações no mercado primário para negociação posterior no mercado secundário.

O governo brasileiro lançou uma nova classificação de empresas com a promulgação da Lei Complementar n. 123/2006 para incentivar o surgimento e desenvolvimento de pequenos negócios, com quatro classificações de acordo com a natureza do negócio e seu porte, descritos a seguir.[1]

1. **Microempreendedor Individual**: com o intuito de reduzir a alta taxa de informalidade dos microempreendimentos brasileiros, o governo lançou em 2008

1 Saiba mais sobre pequenos negócios consultando o Sebrae no link a seguir: https://m.sebrae.com.br/sites/PortalSebrae/estudos_pesquisas/quem-sao-os-pequenos-negociosdestaque5,7f4613074c0a3410VgnVCM1000003b74010aRCRD. Acesso em: 25 abr. 2019.

a Lei Complementar n. 128, criando a figura do microempreendedor individual, que enquadra pessoas que trabalham por conta própria com faturamento de até R$ 81 mil por ano e no máximo um empregado. Pode ter um registro de CNPJ, que facilita o acesso a linhas de crédito bancárias e emissão de notas fiscais, além de acesso a vantagens tributárias dentro do regime Simples Nacional.

2. **Microempresa**: empreendimento com faturamento bruto anual de até R$ 360 mil que também pode se enquadrar no Simples se não estiver entre as atividades vedadas para esse benefício.
3. **Empresa de Pequeno Porte (EPP)**: empresa com faturamento bruto anual entre R$ 360 mil e R$ 4,8 milhões. Também pode optar pelo Simples se atender aos requisitos necessários.
4. **Pequeno Produtor Rural**: com a finalidade de atender às particularidades inerentes de atividades agrícolas ou pecuárias em função dos biomas e disparidades regionais, esta classificação legal dá um atendimento diferenciado a negócios que faturam até R$ 4,8 milhões.

34.2 Classificação tributária

A classificação das micro e pequenas empresas varia entre regiões, estados ou municípios, e depende de seu porte econômico-financeiro, do ramo de negócios e da forma jurídica. Existem quatro modalidades de apuração relativas ao imposto de renda: lucro real, lucro presumido, simples e isentas/imunes. O negócio deve se enquadrar em uma das modalidades, dependendo da natureza da sua atividade e/ou volume de sua receita. Busque a assessoria de um contador para esclarecer detalhes sobre as diferenças entre as modalidades. O regime de apuração adotado define, basicamente, a metodologia de determinação da base de cálculo sobre a qual incidirá a alíquota do IR, que resulta no montante do tributo a ser pago.

34.2.1 Lucro real

No lucro real, a empresa somente é obrigada a pagar o imposto de renda caso apure lucro real positivo. As empresas de maior porte, com faturamento acima de R$ 24 milhões, são obrigadas a declarar o IR neste regime, pois a apuração do imposto é feita segundo registros contábeis efetuados sistematicamente de acordo com as leis comerciais e fiscais. Além disso, optam pelo lucro real empresas que operam com uma margem de lucro reduzida ou mesmo com prejuízo e que veem nesse regime uma possibilidade de redução do pagamento de imposto. Também permanecem no lucro real aquelas empresas que não podem optar pelo Simples ou pelo lucro presumido, devido às vedações presentes na lei. Para algumas empresas, pode ser mais vantajoso optar pelo lucro real do que pelo lucro presumido, dependendo da alíquota de enquadramento deste último; por exemplo, no setor de serviços, onde o lucro presumido é estipulado em 32% do faturamento.

34.2.2 Lucro presumido

Forma de tributação simplificada para determinação da base de cálculo da Contribuição Social e do imposto de renda das pessoas jurídicas que não estiverem obrigadas à apuração do lucro real. Esta modalidade possibilita ao contribuinte uma significativa redução das obrigações acessórias, particularmente no que se refere à manutenção dos livros fiscais, podendo manter escrituração contábil nos termos da legislação comercial ou utilizar apenas o livro-caixa e o livro de registro de inventário.

Nesse sistema, a base de cálculo do IR e da CSLL é obtida com base na presunção da margem de lucro obtenível em relação ao faturamento total da empresa. Os percentuais necessários ao cálculo do lucro presumido são definidos na legislação e variam segundo a atividade econômica do contribuinte.

34.2.3 Imunes e isentas

Podem se enquadrar nesta categoria as entidades de assistência social, associações civis e as de caráter filantrópico. A diferença básica entre a imunidade e isenção é que, enquanto a primeira sustenta-se em um mandamento constitucional, a segunda fundamenta-se em legislação ordinária.

34.2.4 Simples

De acordo com a legislação federal, a micro e a pequena empresa, também conhecidas como empresas de pequeno porte, são classificadas pela Lei n. 9.317, de 5 de dezembro de 1996, que instituiu o Tributo Federal Simples. O Simples é uma forma mais simplificada (daí o nome) de recolhimento de tributos e contribuições federais, para microempresas e empresas de pequeno porte, por meio de um único documento, com base em percentuais calculados sobre o faturamento bruto do mês anterior.

Infelizmente, muitas empresas não podem aderir ao Simples em razão de seu ramo de atividade, ainda que se enquadrem no critério econômico-financeiro. No site do Sebrae,[2] encontra-se uma reprodução da lei que instituiu o Simples. Lendo-a, o empreendedor poderá verificar se sua empresa se enquadra nos critérios estabelecidos.

Ao optar pelo Simples, o contribuinte obriga-se ao pagamento unificado do imposto de renda da pessoa jurídica, da contribuição para o Programa de Integração Social e Programa de Formação do Patrimônio do Servidor Público (PIS/Pasep), da contribuição social sobre o lucro líquido (CSLL), da contribuição para o financiamento da seguridade social (Cofins) e da contribuição para o Instituto Nacional do Seguro Social (INSS) a cargo da pessoa jurídica. Para aquelas empresas que são contribuintes do imposto sobre produtos industrializados (IPI), há um adicional de 0,5% sobre o percentual a ser aplicado. No caso dos tributos federais, é que se encontra a grande vantagem de enquadramento no Simples, com isenção para empresas com faturamento de até R$ 180 mil e alíquotas crescentes a partir de 4% por escalas de faturamento. Consulte o site da Receita Federal ou do Sebrae para ter acesso às tabelas completas.

2 Disponível em: http://www.sebrae.com.br. Acesso em: 8 abr. 2019.

A adesão, por opção de estados e municípios, permite incluir, na sistemática de pagamento unificado, o imposto sobre circulação de mercadorias e serviços (ICMS) – estadual – e o imposto sobre serviços (ISS), que é municipal.

- Imposto sobre circulação de mercadorias e serviços (ICMS): é um imposto não cumulativo, ou seja, não incide em cascata na circulação de mercadorias, podendo ser compensado de uma operação para outra. Os tributaristas consideram esse imposto um dos mais complexos e de difícil operacionalização.

  Incide para qualquer pessoa ou empresa que realize operação de circulação de mercadorias ou prestação de serviços descritos como fato gerador do imposto. O cálculo do ICMS é complexo:

  Uma loja em São Paulo, por exemplo, adquiriu 100 jaquetas em junho no valor total de R$ 8.000, para revenda. Da nota fiscal emitida pelo fornecedor, constam os seguintes dados:

  - valor da mercadoria = R$ 8.000
  - valor do ICMS = R$ 1.440

  No próprio mês de aquisição, a loja revendeu 10 jaquetas. Nessa nota fiscal aparecerão os seguintes dados:

  - valor da mercadoria = R$ 3.500
  - valor do ICMS = R$ 630

  Assim, em junho, o estabelecimento comercial lançará em registros fiscais os seguintes valores:

  - como crédito = R$ 1.440
  - como débito = R$ 630
  - como saldo credor = R$ 810

  Nesse sistema de apuração, o estabelecimento dispõe de um saldo credor de R$ 810 que será utilizado no mês seguinte. Como se utiliza esse sistema de débito e crédito, os especialistas dizem que esse imposto é não cumulativo. É importante notar que a alíquota de ICMS varia de estado para estado. Em São Paulo, por exemplo, a alíquota geral é de 18% sobre as operações. Há ainda previsão de uma alíquota específica de 12% para algumas operações mercantis e prestação de serviços. Certos gêneros alimentícios e produtos de informática sujeitam-se à alíquota de 7%. Já a alíquota para serviços de telecomunicações é a mais alta: 25%.

  Nas operações interestaduais, a lei prevê alíquotas diferenciadas de ICMS nos negócios entre regiões do país. A medida é importante, uma vez que o imposto acaba fazendo parte do preço final do produto e o poder aquisitivo difere muito do Sul industrializado para o Norte do país. Assim, se uma mercadoria é vendida de São Paulo para Belém, a alíquota será de 7%. Já entre estados do Sul e Sudeste, com exceção do Espírito Santo, a alíquota aplicável é de 12%.

- Imposto sobre serviço de qualquer natureza (ISS): o tributo, existente desde 1967, teve a sua natureza mantida pela Constituição de 1988. Para impedir o conflito de competência na tributação entre estados e municípios na arrecadação sobre a prestação de serviços, o ISS incide somente sobre os serviços especificados na lista municipal, mesmo que essa prestação envolva fornecimento de mercadorias. Na prática, alguns serviços tornam-se alvo de disputa de arrecadação entre estados e municípios. Isso costuma acontecer com serviços novos, que ainda não têm previsão legal. Por isso, os municípios concedem incentivos para atrair investimentos, levando às guerras fiscais. A alíquota máxima desse imposto é de 5% sobre o faturamento, conforme especificação de cada município. Barueri, por exemplo, cobra 1% de ISS para instituições financeiras que operam *leasing*, enquanto São Paulo cobra 5%.

Caso sua empresa não possa se enquadrar no Simples, ela deve pagar todos os tributos nacionais, estaduais e municipais de acordo com a natureza do negócio, número de funcionários, ordem de faturamento e estado onde está instalada. Consulte um contador ou o Sebrae do seu estado para conhecer as alíquotas de cada tributo e poder fazer suas projeções financeiras.

34.3 Abertura da empresa

Infelizmente, o Brasil é mundialmente conhecido como um dos países mais burocráticos do mundo para se abrir uma nova empresa. Os passos exigidos e a quantidade de documentos representam um verdadeiro desestímulo ao empreendedor nascente e pode ser o primeiro grande desafio que testa a determinação e persistência do empreendedor.[3]

O processo é semelhante para todo tipo de atividade mercantil, variando apenas em função da classificação legal escolhida. Para uma sociedade mercantil, é preciso fazer o registro do contrato social na Junta Comercial do seu estado, em três vias. Depois, na Receita Federal, é preciso solicitar a inscrição do CNPJ (Cadastro Nacional de Pessoa Jurídica). Não havendo nenhuma pendência jurídica por parte de algum dos sócios da empresa, o processo é deferido.

Se houver contribuição de ICMS, será preciso fazer o registro na Secretaria da Fazenda do Estado. Também será necessário fazer a inscrição na prefeitura. É na prefeitura também que se obtém a licença de funcionamento que será concedida após vistoria no local para averiguação do cumprimento das regras de ocupação do solo, regras de higiene, ruídos e natureza do negócio.

Algumas das principais verificações que o empreendedor deve antecipar estão listadas a seguir.

- Habite-se ou certidão de registro: documento que comprova a regularização do imóvel.
- Lei de zoneamento: dispõe sobre o uso e a ocupação do solo de uma cidade, ou seja, regula o uso que será dado ao imóvel de acordo com sua localização (verifique na prefeitura da sua cidade).

3 BANK, W. *Doing business 2011*: making a difference for entrepreneurs. New York: World Bank Publications, 2010.

- Vigilância sanitária do município: nos casos de indústria e/ou comércio de alimentos ou de produtos ligados à saúde.
- Vigilância sanitária estadual: nos casos de indústria alimentícia, comércio de produtos químicos em geral, farmácias e drogarias (consulte a Secretaria de Saúde do estado).
- Conselho regional: consulte para verificar custos e procedimentos para averbação do contrato social, quando a atividade exigir.
- Secretaria Estadual do Meio Ambiente (inclusive Cetesb no estado de São Paulo) e vistoria do corpo de bombeiros: consulte para questões relativas ao meio ambiente e segurança.
- Registro do produto: no Ministério da Saúde (representado pela Secretaria de Saúde do estado).
- Serviço de Inspeção Federal (SIF): no Ministério da Agricultura, Pecuária e Abastecimento.
- Secretaria do Comércio Exterior (Secex): realizado pelo Banco do Brasil.
- Requerimento para alvará de funcionamento de estabelecimento relacionado à saúde, visado pelo órgão competente (municipal e/ou estadual).

Além desses itens, existem algumas outras exigências para casos específicos.

- Alvará de funcionamento da prefeitura para indústria ou comércio de produtos alimentícios.
- Taxa de fiscalização de anúncios da prefeitura para exploração de vias públicas para anúncios.
- Registro do INSS para empresas com funcionários.
- Inscrição dos sócios no INSS.
- Registro no Sindicato Patronal de acordo com o enquadramento sindical da federação de indústrias local.
- Impressão das notas fiscais com autorização da Secretaria da Fazenda local.
- Registro no conselho regional de acordo com o ramo de atuação da empresa.
- Licença de instalação e funcionamento na Cetesb para negócios que manipulem produtos que possam causar danos ao meio ambiente.
- Registro de produtos alimentícios, cosméticos e farmacêuticos na Secretaria de Saúde.
- Registro no Ministério da Agricultura, Pecuária e Abastecimento para produtos de origem animal ou vegetal para consumo humano ou produtos de origem química para aplicação na agricultura.

Capítulo 35

Pressupostos financeiros

Os cenários possíveis traçados no plano de negócio representam diferentes situações que podem ocorrer em diversas áreas (econômica, tecnológica etc.) e que podem acarretar diferentes desempenhos de um empreendimento no horizonte do planejamento. As inúmeras variáveis que podem influenciar o cenário do negócio exigem que, ao elaborar as projeções financeiras, sejam assumidos alguns pressupostos financeiros.

Pressupostos financeiros são, portanto, um conjunto de hipóteses sobre as quais são baseadas as projeções financeiras e devem ser apresentados de forma clara e concisa. Muitos desses pressupostos já foram detalhados ao longo do plano de negócio, mas nessa seção eles ficam concentrados e complementam o texto, tanto quanto explicam os números das planilhas. Sem essas hipóteses, os números mostrados terão pouco significado no entendimento do plano.

Lembre-se de que a qualidade do plano financeiro é diretamente proporcional à qualidade das informações levantadas. Quanto maior a acuracidade percebida nos dados, mais credibilidade o plano inteiro ganha e isso é transmitido para o leitor. Por isso, é preciso ser bem claro sobre as fontes dos dados, sobre os pressupostos assumidos e sobre os cálculos e as projeções. Lembre-se também de revisar os números o tempo todo, não só pelas variáveis externas que mudam, mas pelo próprio caminhar da implantação do negócio que vai trazendo mais informações, alterando alguns pressupostos e compromissos assumidos sob regime de incerteza no início do desenvolvimento do plano e que se tornaram conhecidos e mais claros durante sua implantação.

Somente depois de um estudo cuidadoso dessas hipóteses é que se pode averiguar a validade das projeções financeiras, pois é com base em tais hipóteses que são feitas as projeções de ingressos e saídas de recursos no horizonte de planejamento estabelecido. A diferença entre esta seção e a de cenários é que os cenários se referem às possibilidades, enquanto os pressupostos são assumidos como dados reais. É importante apresentar aqui fatos que sejam do conhecimento apenas dos sócios e que ainda não foram mencionados em outras partes do plano, ou foram mencionados de forma superficial, mas não em números. Assim, esta seção do plano de negócio serve como ponte entre as descrições textuais e os números apresentados na planilha. A lista a seguir mostra alguns exemplos de hipóteses e suposições.

35.1 Hipóteses e suposições

- **Unidades vendidas**. Ao contrário dos concorrentes, nosso volume inicial de vendas será 40% maior porque já temos um contrato fechado com um grande cliente que garantiu 80% das vendas iniciais.

- **Taxa de crescimento**. Estimamos que o crescimento inicial de vendas será de apenas 8% por ser um produto que precisa criar um mercado. O alto valor percebido embasa a estratégia de fidelização, permitindo uma projeção de crescimento em ritmo progressivo, de 10% a 40%, até atingir a estabilização, ao final de 48 meses, quando deverá estacionar nos 15% ao mês.
- **Preço de venda**. O preço médio estimado é de R$ 4.380,00 por tonelada do produto vendido, cerca de 10% mais baixo do que a média do mercado, como parte da estratégia de entrada, mas que deve ir aumentando até 32% nos nove meses seguintes caso as projeções de venda se concretizem.
- **Proporção de custos fixos**. Os nossos custos fixos estão em média 13% maiores que os do nosso concorrente direto porque optamos por centralizar parte das operações de distribuição. Entendemos que essa é uma grande deficiência do setor e motivo de um grande volume de reclamações do mercado e, portanto, uma oportunidade de diferenciação competitiva.
- **Taxa de atratividade**. Para considerarmos a atratividade do investimento, tomamos como base uma taxa de desconto de 14% que é a média aferida para este segmento da economia, sendo uma taxa mais alta do que as projeções de tendência histórica.
- **Variação cambial**. Para a aquisição dos equipamentos importados imprescindíveis à manufatura, consideramos o valor do dólar a R$ 3,90, de forma a acomodar alguma folga cambial como margem de segurança para os investimentos que ocorrerão nessa época.
- **Movimentação dos concorrentes**. Assumimos, para este plano de negócio, que a empresa alemã Behre Haul aportará no país dentro de dois anos, segundo informações sobre seus planos de expansão global. Por ser um concorrente direto, estimamos que as receitas neste período sofrerão uma queda de aproximadamente 34%, mas manterão o ritmo de crescimento depois disso.
- **Marco regulatório**. Embora o projeto de lei que prescreve multas para as empresas que não seguirem a determinação federal de vistoria obrigatória do consumo de energia esteja em trâmites finais, projetamos nossas receitas sem considerá-la para verificar se o negócio se mostra viável independentemente de uma lei que a favoreça.
- **Retirada dos sócios**. Em comum acordo entre os sócios, fixamos o pró-labore inicial de R$ 3.000,00 para os sócios atuantes em tempo integral e R$ 1.500,00 por mês para os sócios em tempo parcial. Após o primeiro ano, todos os sócios estarão se dedicando em tempo integral com o pró-labore estimado em R$ 5.000,00 por mês.
- **Depreciação de ativos**. Como critérios gerenciais, definimos que a depreciação de computadores se dê em dois anos em vez do critério contábil, de cinco anos, porque esse equipamento representa a principal ferramenta do negócio e deve ser atualizado com frequência maior que o normal.
- **Custos de vendas**. Estabelecemos, como taxa de comissionamento e vendas, 3% sobre as receitas brutas para os representantes comerciais e 5% sobre o faturamento bruto para as revendas autorizadas.

- **Custo do capital**. Nossas projeções sobre o custo do capital levaram em consideração a média dos principais bancos brasileiros para linhas de financiamento de negócios similares aos nossos, ou seja, o equivalente a 4% ao mês, porém somente após as negociações efetivas com os bancos.
- **Aspectos tributários**. Embora haja possibilidade de enquadrar a classificação da natureza do negócio dentro das regras do Simples Nacional, optamos por fazer todas as projeções como uma EPP devido às incertezas da fiscalização da Receita Federal.
- **Capital inicial**. O capital inicial de R$ 300 mil será integralizado ao capital social do empreendimento em duas etapas: a primeira de R$ 50 mil dentro de dois meses para os investimentos iniciais de instalações e a segunda após cinco meses do primeiro aporte para a estruturação do modelo de negócio definido.
- **Capital de terceiros**. Partimos do pressuposto de que seremos bem-sucedidos na aprovação de uma linha de financiamento do BNDES na compra dos veículos para transporte, o que leva a uma taxa de 7% ao ano sobre 32% do capital total necessário.
- **Terceirização**. Embora toda a produção seja terceirizada, projetamos, para efeitos de controle, todo o fluxo operacional de nosso parceiro, estimando os devidos custos diretos e despesas operacionais do parceiro, devido ao grau de interação e intervenção que exerceremos sobre o processo produtivo.
- **Defeitos e devoluções**. Estimamos um índice de defeitos e devoluções de produtos perto de 4% da produção total, próximo da média dos concorrentes, considerando que o maior volume de defeitos acontece nos primeiros meses do negócio, em função de uma esperada curva de aprendizado em processos.
- **Inadimplência**. Assumimos nas projeções de receita que o índice de inadimplência (pagamentos duvidosos de clientes) deverá estar ligeiramente inferior ao da concorrência, e chegará próximo a 12% do total de recebíveis, devido aos critérios mais rígidos de aprovação de cadastro de clientes e ofertas mais atrativas para clientes fiéis.
- **Prazos de pagamento**. Segundo práticas de mercado, os principais fornecedores de matéria-prima recebem à vista, enquanto fornecedores de insumos e outros componentes aceitam pagamento em 30 dias. Como a proporção dos custos totais é de 60% do custo da matéria-prima, estimamos que 37% do total do capital de giro serão usados para subsidiar o crédito a clientes e o pagamento a fornecedores de matéria-prima.
- **Embalagens**. Um acordo de parceria com a empresa Packing Co. permitiu a redução dos custos de embalagens em, aproximadamente, 63% em troca de impressão de sua marca na embalagem. No quarto ano essa vantagem não se mantém porque é quando o contrato vence. Na falta de uma garantia da manutenção da parceria, optamos por projetar os custos totais a partir de então.
- **Sazonalidade**. Embora este negócio sofra os efeitos de queda nas vendas na baixa estação, os resultados não sofrerão a mesma queda que as vendas porque pretendemos sublocar as instalações para outras empresas no período de baixa

produtividade, o que implica uma queda de receitas de 58%, mas uma queda de resultados em apenas 21%.

- **Distribuição**. Nosso modelo de negócio prevê uma redução nos custos de distribuição que será mais que compensada com ofertas de preços mais competitivos para clientes que optem por buscar o produto diretamente na fábrica, levando a custos totais de distribuição 23% menores do que os do concorrente.
- **Relações institucionais**. Projetamos um baixo valor de investimento em marketing porque assumimos que boa parte da divulgação será feita por meio de mídia espontânea, obtida por um bom trabalho de nossa assessoria de imprensa.
- **Tecnologia**. Devido à alta dependência de uma tecnologia emergente, nossos custos iniciais são altos por importarmos o componente com esta tecnologia embarcada até que os testes de laboratório e de conceito demonstrem a estabilidade da tecnologia. Sete meses depois do início do negócio, está prevista uma redução desse custo porque acreditamos que a tecnologia própria já estará pronta para uso.
- **Estoque**. O compromisso com a entrega do produto ao cliente e a falta de confiabilidade que o setor tem nas empresas de distribuição nos fizeram projetar um volume de produção bem maior que as vendas nos primeiros cinco meses do negócio, para formarmos um estoque regulador de segurança que possa minimizar efeitos indesejados de desabastecimento.

35.2 Histórico financeiro (últimos 3 a 5 anos)

O histórico financeiro diz respeito apenas a negócios já existentes. Muitas vezes, ele é útil para entender a história da empresa e dar credibilidade ao novo negócio, dados os resultados passados da empresa. Uma breve história das fontes e da aplicação de recursos deve ser apresentada, para mostrar todas as receitas e os gastos do início até a data. Mencione os principais números financeiros da empresa em outros negócios existentes. Dê preferência aos números favoráveis, a não ser que possam ser facilmente justificáveis. Os números mais interessantes são: índice de lucratividade e/ou rentabilidade, índice de endividamento, fluxo de caixa dos últimos 12 meses, resultados operacionais dos últimos três anos (no mínimo), lucro sobre ativos, lucro por funcionário, aportes de capital e remuneração paga. Dependendo de quando terminou o ano fiscal mais recente, declarações financeiras provisórias podem ser incluídas, talvez aquelas referentes ao último trimestre.

Capítulo 36

Projeções de caixa e resultados

Neste capítulo, apresentamos as três principais planilhas de projeção do negócio no futuro: demonstrativo de resultados, fluxo de caixa e balanço patrimonial.[1] Essas três planilhas consolidam as expectativas do desempenho do negócio do ponto de vista financeiro e devem refletir as abordagens feitas ao longo de todo o plano de negócio. Todas elas devem ser projetadas para um horizonte de tempo de cinco anos, sendo que no primeiro ano a projeção deve ser mensal, no segundo e no terceiro ano, trimestral, e anual no quarto e no quinto ano.

36.1 Demonstrativo de resultados

A demonstração de resultados no exercício é obrigatória e com periodicidade mínima anual. Ela apresenta o resultado financeiro (lucro ou prejuízo) do período considerado e indica como foi obtido esse resultado, discriminando as receitas e despesas. Indica também como será feita a distribuição do lucro, sujeita à aprovação da assembleia de acionistas.

Em resumo, o demonstrativo de resultados possui a seguinte estrutura:

Quadro 36.1 – Demonstrativo de resultados

(+) Vendas à vista
(+) Vendas a prazo
Receita bruta de vendas
(–) ICMS/IPI
(–) PIS/Cofins
(–) Comissões e encargos
Receita líquida de vendas
(–) Custo dos produtos vendidos
Margem de contribuição
(–) Retirada dos sócios (pró-labore)
(–) Salários
(–) Encargos sociais
(–) Despesas com bancos

1 ASSAF NETO, A. *Finanças corporativas e valor*. São Paulo: Atlas, 2009. Ver também: WERNKE, R. *Gestão financeira*: ênfase em aplicações e casos nacionais. São Paulo: Saraiva, 2008.

(–) Honorários para terceiros
(–) Aluguel
(–) Água, luz, telefone e internet
(–) Despesas de marketing
(–) Manutenção e seguros
(–) Outros custos fixos
Resultado operacional
(+) Receitas financeiras
(–) Juros de financiamento
Resultado antes do IR
(–) Imposto de Renda
Lucro Líquido

Fonte: elaborado pelos autores.

Estime a **receita bruta de vendas** com base no preço médio multiplicado pela quantidade de vendas esperada em um determinado período de tempo. Desse valor, subtraia o total das deduções, constituídas de impostos e encargos incidentes sobre a receita bruta, mais eventuais comissões de vendedores, se for o caso. Os impostos (PIS, IPI, Cofins etc.) representam uma carga apreciável sobre o resultado bruto e devem, portanto, ser considerados com cuidado. Dessa subtração, tem-se a **receita líquida de vendas**.

Depois, é preciso calcular o **custo dos produtos vendidos**, ou seja, o custo da mão de obra diretamente envolvida com a produção (mais os encargos), bem como o custo dos materiais e componentes utilizados, além de frete, aluguel da área de produção, embalagens etc. Subtraindo-se o custo dos produtos vendidos da receita líquida de vendas, obtemos a **margem de contribuição**.

Entre as despesas operacionais de **custos variáveis**, estão:

- **materiais e insumos.** Descrição de custos de matérias-primas e insumos, incluindo embalagens e outros componentes utilizados de forma direta. No caso de comércio, inclua o custo da mercadoria vendida e, no caso de serviços, as despesas incorridas diretamente na prestação e execução de cada serviço contratado, incluindo a previsão de crescimento ao longo do tempo e os prazos de pagamento.
- **logística e distribuição.** Descrição dos custos originados pela entrega de produtos/serviços, tais como armazenagem e distribuição, incluindo a previsão de crescimento ao longo do tempo e os prazos de pagamento.
- **outros custos variáveis.** Descrição de outros custos que possam ser categorizados como variáveis, não mencionados em outras partes do plano. Custos diretos como mão de obra entram nessa seção, assim como custos indiretos, por exemplo, luz elétrica, água e telefone, incluindo a previsão de crescimento ao longo do tempo e os prazos de pagamento.

Subtraindo-se o total de despesas operacionais (mais a eventual depreciação de equipamentos, veículos, imóveis etc.) da margem de contribuição, obtemos o **resultado operacional**.

A ele podem ser somadas receitas financeiras, fruto do investimento de capital – se for o caso –, e outras receitas não operacionais. Se houver algum juro de financiamento a pagar, ele deve ser mencionado aqui também, chegando-se então ao resultado anterior ao imposto de renda. Finalmente, subtraindo o percentual devido ao imposto de renda, chegamos ao **lucro líquido**.

A **margem de contribuição** é um conceito importante na análise do negócio porque ajuda a resolver uma questão crítica na análise do resultado da empresa. A margem de contribuição é o resultado final do negócio, já deduzidos os custos diretos das receitas do mês. O resultado final contribui para cobrir os custos fixos do negócio.

Em vez de ratear esse resultado para todas as demais áreas administrativas, por linha de produto ou negócio, o cálculo fica mais simples se todas as margens de contribuição dos produtos vendidos ajudarem a cobrir as despesas, sem nenhuma outra análise adicional.

Se, por exemplo, o negócio gerou R$ 80 mil em receitas e R$ 40 mil em custos diretos, significa que sobraram outros R$ 40 mil para cobrir as despesas do negócio como um todo. Se, para cada real faturado, for checado quantos reais houve de custos para as despesas, a análise vai ficar tão difícil e subjetiva que sempre haverá altas margens de erro. Assim, os R$ 40 mil devem cobrir todas as despesas de vendas, manutenção, papelaria, salários, aluguel, infraestrutura etc.

Mais à frente veremos, nos indicadores de viabilidade do negócio, como a margem de contribuição será usada para calcular o ponto de equilíbrio, outro conceito importante para a análise do negócio.

36.2 Demonstrativo de fluxo de caixa

O fluxo de caixa é um poderoso instrumento para verificar a viabilidade de um novo negócio a curto prazo. Ele descreve, em determinado período de tempo, todas as entradas e saídas de recursos em uma empresa. Pode ser feito por períodos de um dia, por semana, por mês, ou mesmo anualmente, para que seja possível acompanhar o desempenho da empresa a médio prazo, ou seja, é também um instrumento de controle de planejamento.

Na realidade, é um instrumento muito eficaz e simples, pois é constituído da soma de todas as entradas de recursos possíveis, no período determinado, das quais são subtraídas as saídas, apurando-se então o saldo, que deve ser sempre positivo. O fluxo de caixa, para o empreendedor nascente, é mais importante que o demonstrativo de resultado, pois muitos negócios podem sobreviver no prejuízo, mas não sobrevivem sem caixa.

A seguir, são descritos os cinco principais itens que devem ser considerados no cálculo do fluxo de caixa.

1. **Investimento inicial**. Deve ser considerado apenas no primeiro mês de operação.

2. **Saldo de caixa anterior**. É o valor que o negócio tem em caixa no início do período considerado;

3. **Total de entradas**. É o valor total dos recursos que entram no caixa da empresa no período considerado. É constituído pelos seguintes elementos:
   - Recebimento das vendas. Total de todos os recebimentos das vendas a prazo no período, acrescidas das vendas à vista no mesmo período.
   - Receitas financeiras. Receitas apuradas de eventuais investimentos, a serem recebidas no período.
   - Empréstimos. Ou entradas ou novos aportes de financiamento, se for o caso.Receitas não operacionais. Quaisquer outras fontes de recursos, como vendas de bens patrimoniais e ativos etc., sempre consideradas no período.

4. **Total de saídas**. São todas as saídas de recursos, bem especificadas, para que o empresário possa avaliar com clareza em que pontos de seu negócio está sendo colocado algum montante de recursos. São itens a considerar, por exemplo:
   - Despesas com produção. Todos os custos decorrentes da produção dos bens e produtos comercializados, como os diretos e os indiretos, os fixos e os variáveis.
   - Salários. Todos os custos de mão de obra, inclusive pró-labore e bolsas para estagiários, administrativos, benefícios e encargos, incluindo a previsão de crescimento ao longo do tempo e os prazos de pagamento (ou provisionamento). Além do custo fixo dos salários, toda microempresa e empresa de pequeno porte que possuem empregados devem arcar com o pagamento de encargos trabalhistas e previdenciários. Confira os principais:
     - » INSS: Empresário – Alíquota variável, com máximo de 28,8% sobre o total de pagamento. Não é cobrado de empresas optantes pelo imposto Simples.
     - » Empregado: os descontos, a serem retidos dos salários do empregado, seguem as alíquotas: 8% até o limite de R$ 1.751,81; 9% até o limite de R$ 2.019,73; 11% até o limite de R$ 5.839,45.
     - » FGTS: alíquota de 8% sobre a remuneração mensal paga ao empregador.
     - » PIS: alíquota de 0,65% sobre a receita bruta. Não é cobrado das empresas optantes pelo imposto Simples.
     - » Contribuição sindical: para o empregado, é descontada anualmente no valor correspondente a um dia de salário. Para o empresário, a contribuição segue alíquotas diferentes, definidas em tabelas progressivas pelos sindicatos; confira o caso de seu setor de atividade. Desde 2018, a contribuição passou a ser opcional. O empregado tem que avisar seu departamento de Recursos Humanos, por escrito, que deseja contribuir com o sindicato.

  - » Aviso prévio: valor correspondente a um mês de salário.
  - » Férias vencidas: salário do mês em que o empregado gozar as férias, a ser pago adiantado, acrescido de 1/3 sobre o salário.
  - » Férias proporcionais: valor correspondente a 1/12 do salário do empregado, para cada mês, ou fração superior a 15 dias trabalhados, contados a partir do dia de admissão até se completar um ano, e assim sucessivamente.
  - » 13º Salário: valor correspondente a um mês de salário, a ser pago 50% até o dia 30 de novembro de cada ano e 50% até o dia 20 de dezembro do mesmo ano.
- Terceiros. Direitos, *royalties*, comissões, cotas de participação e qualquer outra remuneração repassada para terceiros ou parceiros e eventual mão de obra indireta, incluindo a previsão de crescimento ao longo do tempo e os prazos de pagamento. Procure não colocar aqui a mão de obra ou demais recursos utilizados dentro da empresa, mas que, por opção, não sejam registrados no esquema de CLT. Esses casos devem continuar na parte de despesas com remuneração e salários.
- Despesas administrativas. Custos indiretos de toda e qualquer área administrativa, como honorários do contador, material de escritório, licenças e autorizações etc., com a previsão de crescimento ao longo do tempo e os prazos de pagamento, quando for o caso.
- Despesas com vendas e marketing. Despesas relacionadas com comissionamento, material de propaganda, eventos, viagens etc. Também podem ser consideradas fixas e não rateáveis.
- Despesas financeiras. Se foi obtido algum empréstimo ou aquisição de capital com remuneração periódica, deve ser descrito aqui o custo a ser pago por esse capital como despesa, incluindo a previsão de crescimento ao longo do tempo e os prazos de pagamento.
- Despesas de manutenção e conservação. Água, luz, telefone, internet, material de limpeza e alguma reserva para eventuais despesas não previstas.
- Seguros. Do imóvel, de máquinas e equipamentos, de veículos, contra roubo, incêndios ou desastres naturais etc.
- Impostos. ICMS, IPI, Cofins, CSLL, ISS etc.
- Provisões. Recursos não obrigatoriamente desembolsados, mas que precisam ser previstos como reserva para ser usada no futuro, como imposto de renda, férias, 13º salário ou contingências diversas.
- Depreciação. Recurso não obrigatoriamente desembolsado, mas que precisa ser previsto para as trocas necessárias de equipamento que em algum momento terão que ser feitas.

5. **Saldo no período**. É o total obtido após a subtração do item 4 do item 3. Será indicado então quanto sobrou (é a situação desejada) ou quanto faltou para a

empresa naquele determinado período. A convenção adotada é que as saídas de recursos ou valores negativos devam ser colocados entre parênteses.

- Reserva de capital. São recursos que a empresa pode decidir poupar para eventuais necessidades, investimentos etc., lançados aqui positivamente para compensar as provisões mencionadas no item anterior.
- Depreciação. Lançada aqui positivamente, com o mesmo valor considerado nas "saídas", para contrabalançar o referido lançamento.
- Fluxo líquido de caixa. É o resultado do período, indicando, naquele momento, quanto a empresa tem (ou não) de recursos. Será transportado para o início do cálculo do período posterior, iniciando-se assim novo cálculo.

No seu plano de negócio, será feita a apresentação do fluxo de caixa para os 12 primeiros meses de operação (Ano I), seguidos pelo mesmo fluxo trimestral no Ano II e anual do Ano III ao Ano V. Aí você terá dados muito importantes para a verificação da viabilidade de sua empresa, bem como acumulará informações fundamentais para a análise de seu investimento, a ser considerada no próximo boletim.

36.2.1 Receitas não operacionais

Quando um aporte de capital próprio ou de terceiros, independentemente da fonte, não é utilizado totalmente no início do empreendimento, ou quando as sobras de caixa excedem o volume de compromissos de curto prazo, o montante adicional pode ser aplicado em diferentes tipos de investimentos dependendo da necessidade de liquidez e das taxas de interesse. Nesse caso, a receita proveniente de tais investimentos pode ser mencionada nesse item.

Em outras circunstâncias, como a venda de excedente de materiais de fabricação, prestação de serviços a outras empresas para compensar equipamentos e/ou mão de obra ociosa ou venda de ativos quando depreciados, também podem gerar receitas que são mencionadas nesse item.

Resumindo, qualquer fonte de receita que não seja originada da atividade-fim do empreendimento deve ser mencionada aqui, incluindo os prazos de recebimento.

36.2.2 Depreciação

Aqui o empreendedor vai apresentar os ativos depreciáveis que farão parte do seu negócio. Como se trata de uma análise gerencial e não contábil, o sistema permite que se coloque o tempo de vida útil real do ativo para que o cálculo de depreciação do bem seja o mais próximo possível da sua real utilização dentro do negócio.

Informe o valor de reposição do bem, ou seja, o valor de compra inicial, e o valor a ser gasto ao final da vida útil do bem para repô-lo no negócio. Trata-se do valor real de mercado e não o valor histórico da época em que o bem foi adquirido. Dependendo da vida útil e da valorização do bem ao longo do tempo, o valor histórico não representa o montante necessário para a reposição.

O valor residual é o preço pelo qual o bem pode ser vendido ao final de sua vida útil. Entra no fluxo de caixa como "outras receitas", pois advém de uma fonte não ligada diretamente ao negócio da empresa. A Tabela 36.1 mostra esses conceitos em um exemplo:

Tabela 36.1 – Demonstrações

Bem/ativo	Valor de reposição	Vida útil	Depreciação mensal	Valor residual
Imóvel	250.000,00	20 anos	416,66	150.000,00
Carro	47.000,00	5 anos	416,66	22.000,00
Computadores	2.000,00	2 anos	8,33	0,00
Equipamentos	8.000,00	3 anos	166,66	2.000,00
Móveis	500,00	5 anos	8,33	0,00

Fonte: elaborada pelos autores.

É importante deixar clara a diferença básica entre o fluxo de caixa (FC) e o demonstrativo de resultado (DR), pois alguns dos itens mencionados aparecem nos dois relatórios e pode haver alguma chance de confundir os conceitos.

Em primeiro lugar, o FC reflete **toda** e qualquer operação que gere alguma entrada ou saída de caixa. Portanto, existem detalhes que não aparecem no DR; por exemplo, quando algum ativo da empresa é vendido, o valor pago pelo ativo entra no FC, pois é uma entrada de caixa, mas não entra no DR, pois não é fruto de uma receita de negócio. O mesmo vale para qualquer receita não operacional, como receitas advindas de operações financeiras ou empréstimos contraídos.

Além disso, os dois relatórios se diferenciam de acordo com os prazos de pagamentos. Se uma venda é feita, esse resultado deve sair no DR, mas se foi dado um prazo de pagamento de 60 dias, o mesmo resultado só aparece no FC dois meses depois, quando o montante referente à venda efetivamente entra na conta. O mesmo acontece com as compras. Você pode ter comprado agora e entrou no DR, mas se pode pagar ao fornecedor apenas depois de três meses, esse mesmo valor aparece no FC depois desse período, quando o montante efetivamente sai da conta.

A entrada de caixa inicial para investir no negócio aparece no FC, mas como não é uma entrada relacionada com receitas do negócio, não aparece no DR. Uma saída de caixa relacionada com a amortização de empréstimos feitos pela empresa aparece no FC, mas não aparece no DR, assim como a distribuição de dividendos e a compra de equipamentos. O DR, enfim, permite uma análise do negócio, enquanto o FC permite uma análise da empresa.

Por isso, o lucro é um resultado do DR e não do FC. No FC, você pode encontrar uma sobra de caixa, ou fluxo de caixa positivo, mas isso não indica se o negócio teve lucro ou prejuízo.

36.3 Balanço patrimonial

O balanço patrimonial é a representação contábil da situação econômico-financeira de uma empresa e sua elaboração é obrigatória pela legislação, com uma periodicidade mínima anual. O balanço reflete tanto a situação patrimonial (capital e reservas) quanto as disponibilidades de curto prazo, os investimentos realizados e a situação futura (exigível e realizável), possibilitando a avaliação da solidez da empresa.

Ele permite visualizar a evolução do negócio ao longo do tempo, mostrando se ele está crescendo ou se está estagnado, evidenciando um flagrante das forças e das fraquezas financeiras da empresa em um determinado momento. Nesta seção, a empresa deve reproduzir o balanço por período que pode também ser mensal, trimestral ou anual.

O balanço sempre se organiza em duas colunas, cuja soma dos valores deve sempre ser igual. Essas duas colunas são respectivamente: o **ativo**, do qual constam os bens e direitos da empresa, e o **passivo**, constituído basicamente de recursos de terceiros (salários, por exemplo), e pelo **patrimônio líquido**, que são os recursos dos acionistas, sócios, lucros ou prejuízos acumulados etc. A ideia é que o passivo financie o ativo, daí as duas colunas precisarem ser iguais. A compensação (diferença) entre as duas colunas é que mostra o lucro ou o prejuízo no patrimônio líquido.

Normalmente, os valores estão agrupados em ordem decrescente de liquidez, ou seja, de acordo com a facilidade de transformar um bem em dinheiro. Assim, na coluna do ativo, devem ser representados:

- o ativo circulante (dinheiro em caixa, bancos, títulos a receber a curto prazo);
- o ativo realizável a longo prazo (valores a receber com prazos maiores que 365 dias);
- o ativo permanente (imobilizado, como equipamentos, veículos, depreciação acumulada, imóveis etc.).

Na coluna do passivo, devem constar:

- o passivo circulante (salários e encargos a pagar, impostos, fornecedores, contas a pagar, bem como todas as outras obrigações que porventura existirem);
- o exigível a longo prazo (títulos a pagar a longo prazo).

O patrimônio líquido, ou seja, o capital social, apresenta o capital a integralizar, se for o caso, e os lucros ou prejuízos acumulados.

Um dos aspectos importantes do balanço é que ele revela, pelo passivo, a estrutura de capital de um negócio. A estrutura é composta por capital de terceiros e por capital próprio. Quanto maior for o capital de terceiros, maior será o endividamento. Observando o passivo, detectam-se ainda o prazo do endividamento, o custo e os credores. A qualidade do endividamento é julgada com base em seus prazos. Dívidas de longo prazo, normalmente, são melhores que as dívidas de curto prazo.

Toda e qualquer movimentação de recursos financeiros deve ser contabilizada. O balanço necessita de um contador ou de um técnico de contabilidade para sua elaboração, que se torna responsável pela fidelidade das informações nele contidas. Em muitos casos, é um serviço terceirizado, mas em qualquer hipótese há a exigência legal de haver um profissional de contabilidade que se responsabiliza pelo balanço da empresa. Eles costumam ser realizados em períodos determinados, sendo muito comum o balanço anual, sempre realizado ao final do ano, normalmente mostrando a situação da empresa no dia 31 de dezembro. Apesar de ser feito pelo contador, o balanço deve ser compreendido pelos administradores da empresa.

Capítulo 37
Estudo de viabilidade

Esta é a parte mais importante do plano de negócio, pois é aqui que se conclui se o empreendimento é viável financeiramente e se vale a pena investir nele. Todo o plano de negócio teve como objetivo dar credibilidade aos números para que a conclusão final, que é o estudo de viabilidade, esteja o mais próximo possível da realidade e permita uma decisão fortemente embasada e justificada. Existem várias formas de avaliar a viabilidade do negócio e o empreendedor não deve tomar como base nenhum dos indicadores individualmente. Algumas dessas formas são o ponto de equilíbrio, o período de *payback*, o valor presente líquido e a taxa interna de retorno,[1] todas descritas a seguir.

37.1 Análise do investimento

Sempre que se aplica algum recurso financeiro em um negócio, é necessário verificar se essa aplicação é rentável ou não. Mais ainda: se a rentabilidade é suficiente, na opinião do investidor, para compensar os riscos e o trabalho que o empreendimento sempre dá. Dentro desse raciocínio, a rentabilidade sempre deve ser superior a alguma boa aplicação em banco: senão seria melhor deixar o dinheiro lá aplicado, com risco mínimo e rentabilidade garantida. É esse tipo de cálculo que deve ser feito na análise de investimento, tratada segundo alguns parâmetros básicos mostrados a seguir.

37.1.1 Ponto de equilíbrio (*break-even point*)

É um parâmetro da maior importância, pois permite determinar o ponto em que o faturamento da empresa cobre exatamente os seus custos operacionais. No *break-even point* não há lucro nem prejuízo: o que se fatura apenas cobre as despesas. Acima dele, há lucro; abaixo, há prejuízo.

Ele pode ser calculado dividindo-se o custo fixo pela margem de contribuição, e permite determinar a produção que você deve desenvolver para cobrir os seus custos. Por exemplo: caso seus custos fixos mensais sejam de R$ 10.000,00, e seu produto seja vendido por R$ 200,00, o seu ponto de equilíbrio será alcançado com a venda de 50 unidades/mês. A partir da 51ª unidade, já está sendo computado lucro. A Figura 37.1 demonstra esse conceito.

1 ASSAF NETO, A. *Finanças corporativas e valor*. São Paulo: Atlas, 2009. Ver também: CECCONELLO, A. R. AJZENTAL, A. *A construção do plano de negócios*. São Paulo: Saraiva, 2008. E também: ROSA, C. A. *Como elaborar um plano de negócio*. Brasília: Sebrae, 2007.

Figura 37.1 – *Break-even point*

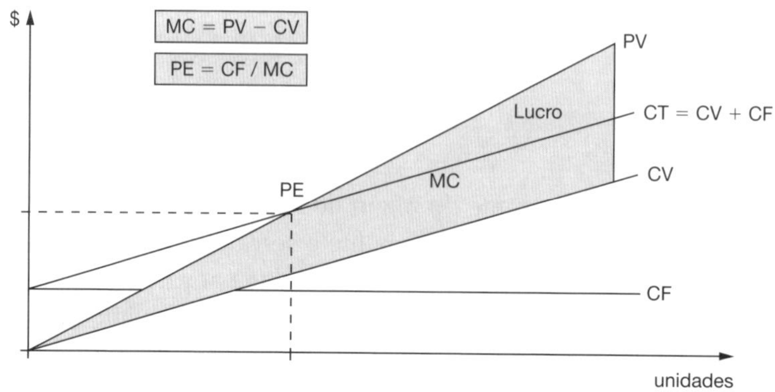

Fonte: elaborada pelos autores.

Assim, podemos ver, pela linha do custo variável (CV), que ele vai aumentando à medida que vai aumentando também o número de unidades produzidas. O custo fixo (CF), por outro lado, não se altera, pois é fixo. Independentemente da quantidade de unidades vendidas, muitas ou poucas, o salário dos funcionários terá que ser pago e o aluguel também. Ao juntarmos CV com CF, temos o CT ou custo total.

O preço de venda médio (PV), uma vez estabelecido, vai sendo multiplicado pelo número de unidades produzidas ou vendidas, aumentando a receita de forma proporcional. A margem de contribuição (MC) é dada pela diferença entre essa receita e o custo variável. O lucro, por outro lado, só aparece depois que as receitas totais cobrirem todo o custo, o que acontece quando se atinge o ponto de equilíbrio (PE).

37.1.2 Período de *payback*

É o período de recuperação do investimento, ou seja, o tempo que levará para o investidor recuperar o seu investimento. Por exemplo, se o período de *payback* de um novo negócio for de seis meses, significa que nesse período de tempo você terá de volta todo o dinheiro que colocou no negócio. Esse parâmetro não é muito preciso, pois no seu cálculo não são levados em consideração muitos eventos que podem ocorrer ao longo do tempo, mas é útil para prever se o negócio é bom ou não, pois, afinal de contas, quanto mais tempo você levar para receber o dinheiro de volta mais risco você terá.

37.1.3 Valor presente líquido (VPL)

É um parâmetro que mostra se o investimento é atrativo ou não. Vamos supor o seguinte caso: você vá aplicar no seu empreendimento R$ 10.000,00, por cinco anos, e desejaria receber pelo menos 15% ao ano. Isso renderia, ao final dos cinco anos, R$ 20.113,57. O VPL, calculado a partir do fluxo de caixa (por uma calculadora financeira, por exemplo), pegaria o resultado ao final dos cinco anos e faria o cálculo "ao contrário", ou seja, traria-o até a presente data, na taxa prevista, subtraindo o valor inicial. Logo, se desse um valor zero, seus objetivos teriam sido precisamente alcançados; se desse positivo, ainda melhor. Mas se desse negativo, significaria que você não receberia o rendimento de 15% ao ano. A Tabela 37.1 exemplifica esse cálculo:

Tabela 37.1 – Cálculo de valor presente líquido

Ano	Investimento	Receitas	Despesas	FC líquido	VPL
0	-225.000			-225.000	-225.000
1		24.000	-12.000	12.000	10.434
2		24.000	-13.000	11.000	8.317
3		24.000	-14.000	10.000	6.575
4		24.000	-15.000	90.000	5.145
VPL dos cinco anos (15% ao ano)					5.471

O VPL deve ser sempre positivo para que o negócio seja considerado viável.

Fonte: elaborada pelos autores.

37.1.4 Taxa interna de retorno (TIR)

É um cálculo semelhante, mas igualando o VPL ao investimento inicial. Logo, a variável é a taxa, que, se for igual ou maior que a desejada pelo investidor, sinaliza um bom negócio; se for menor, sinaliza um negócio mal avaliado. A TIR é calculada com os dados do fluxo de caixa, por uma calculadora financeira.

Tanto o VPL quanto a TIR são considerados ótimos parâmetros para a análise de investimentos, já que levam em consideração o desempenho, no cenário mais real possível, da empresa ao longo do tempo.

37.1.5 Capital de giro

Necessidade de capital para fazer o negócio girar. É uma parte do investimento que deve subsidiar as despesas operacionais do negócio até que ele atinja o ponto de equilíbrio. Como nenhum negócio pode funcionar com fluxo de caixa negativo, o capital de giro garante essa reserva para que o negócio não deixe de operar por falta de dinheiro.

É importante lembrar que fluxo de caixa positivo não é sinônimo de lucro. Você pode ter dinheiro sobrando em caixa, mas este valor na verdade vai estar comprometido com o pagamento de dívidas, futuras ou passadas. Embora nas projeções da planilha o fluxo de caixa possa acabar ficando negativo, na prática isso não acontece, pois ninguém fica de fato negativo. Um saldo bancário negativo é na verdade coberto por uma linha de crédito de curto prazo que o banco oferece, o chamado cheque especial, que, por sinal, representa o pior tipo de capital de terceiros, por ser o mais caro que existe. Quando usado, deve ser apenas em situações emergenciais, em pequenas quantidades e rapidamente coberto.

A melhor forma de calcular o capital de giro é fazer as projeções de fluxo de caixa e somar todos os fluxos de caixa negativos mês a mês. O montante total da soma é o valor necessário para não deixar o seu caixa negativo, portanto é o montante do capital de giro que o negócio precisa. O capital de giro deve ser usado para pagar salários, aluguéis, despesas diversas, compra de matéria-prima, despesas operacionais, gastos administrativos, entre outros que são recorrentes e necessários para manter o negócio operando. A Tabela 37.2 exemplifica esse cálculo:

Tabela 37.2 – Exemplo para cálculo do capital de giro

Item	Mês 1	Mês 2	Mês 3	Mês 4	Mês 5	Mês 6	Mês 7	Mês 8	Mês 9
Entradas	8.000	9.000	12.000	14.000	18.000	23.000	28.000	33.000	38.000
Saídas	12.000	10.000	15.000	17.000	20.000	22.000	28.000	31.000	34.000
Saldo	(4.000)	(1.000)	(3.000)	(3.000)	(2.000)	(1.000)	0	2.000	4.000

Fonte: elaborada pelos autores.

No exemplo da tabela, o capital de giro será: 4.000 + 1.000 + 3.000 + 3.000 + 2.000 + 1.000 = 14.000. O gráfico da Figura 37.2 ilustra visualmente alguns destes conceitos:

Figura 37.2 – Conceitos de capital de giro

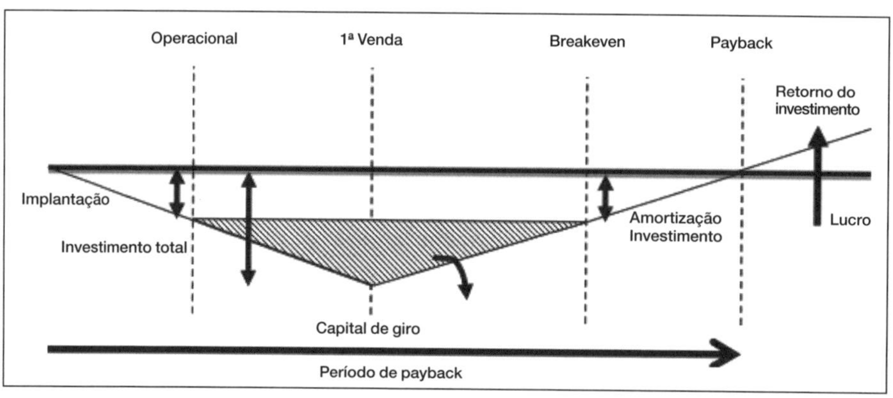

Fonte: elaborada pelos autores.

Desde o início do investimento no negócio, o capital vai fluindo para adquirir os ativos e preparar o empreendimento. No início das operações, seja na abertura da loja, no início da produção, no lançamento do site ou qualquer marco importante que caracterize o fim do projeto de implantação e início do dia a dia do negócio, é quando o capital de giro começa a ser utilizado com mais intensidade.

O investimento total é a soma de todo o montante necessário para manter o negócio, ou seja, é quando ele atinge o pico inferior do gráfico. O capital de giro é representado pela área hachurada, como a soma de todos os fluxos de caixa negativos nesse período. Quando ocorre a primeira venda, o negócio passa a não depender mais do investimento inicial e pode contar com as receitas das vendas também.

O ponto de equilíbrio é atingido quando o volume de vendas cobre todos os custos, de forma que 100% do capital de giro é garantido pelo próprio negócio. Porém, nesse momento, o resultado até pode ser lucrativo, mas ainda é preciso retornar o capital inicial investido, o que acontece quando se atinge o período de *payback*. O negócio só vai se mostrar rentável de fato depois de atingir o ponto de equilíbrio.

37.2 Indicadores

Os indicadores são utilizados para demonstrar a situação financeira da empresa. Eles estão classificados nos tipos descritos a seguir.

- **Índices de liquidez**: usados para avaliar as condições de cumprimento das obrigações de curto prazo.
  - Índice de liquidez corrente: indica a solvência a curto prazo da empresa e em que medida os compromissos de curto prazo poderão ser pagos por disponibilidade também de curto prazo. É calculado dividindo-se o ativo circulante pelo passivo circulante;
  - Capital circulante líquido: tem a mesma função do índice de liquidez corrente. É calculado pela diferença entre o ativo circulante e o passivo circulante.
  - Índice de liquidez seco: retira o valor dos estoques do índice de liquidez corrente. Se os estoques não tiverem um giro alto, tem-se um retrato muito melhor da liquidez corrente da empresa. É dado pela fórmula: (ativo circulante – estoques) / passivo circulante.
- **Índices de endividamento**: usados para medir em que extensão a empresa está sendo financiada com recursos de terceiros.
  - Endividamento geral: mede a proporção dos ativos da empresa financiada por credores. É calculado pela relação entre o passivo total / ativo total.
  - Cobertura de juros: mede a proporção dos ativos da empresa para efetuar o pagamento dos juros devidos. É calculado pela fórmula: lucro antes dos juros e do imposto de renda / despesa anual em juros.
- **Índices de atividade**: usados para avaliar a eficácia com que a empresa está utilizando seus recursos:
  - Índice de giro de estoque: indica em um determinado período de tempo a velocidade de giro dos estoques, sinalizando eventual excesso. É dado pela divisão dos custos das mercadorias vendidas pelo valor médio dos estoques;
  - Índice de giro do ativo total: permite medir a eficiência com que a empresa é capaz de usar seus ativos para gerar vendas: é igual às vendas / ativo total;
  - Prazo médio de cobrança: indica o prazo médio necessário para cobrar as duplicatas a receber. Calcula-se dividindo as duplicatas a receber pelas vendas médias diárias;
  - Prazo médio de pagamento: indica o prazo médio necessário para pagamento das duplicatas a pagar. Se a empresa tiver um prazo médio de pagamento menor que o período médio de cobrança, precisará obter de alguma forma capital de giro para financiar essa diferença de prazo. É igual às duplicatas a pagar / compras médias diárias.

- **Índices de rentabilidade**: usados para medir o retorno gerado pelo investimento e pelas vendas.
  - Margem bruta: mede a rentabilidade bruta das vendas, ou seja, a porcentagem de receita que sobra para a empresa após deduzir os custos dos produtos ou serviços. É calculado pela fórmula: (vendas – custos dos produtos ou serviços vendidos) / vendas;
  - Margem operacional: indica a rentabilidade operacional das vendas realizadas no período considerado. É obtida dividindo-se o lucro operacional pelas vendas;
  - Margem líquida: indica a rentabilidade líquida das vendas realizadas no período considerado: divide-se o lucro líquido pelas vendas;
  - Retorno sobre o Investimento (ROI): retorno sobre o ativo total, determina a eficiência global da empresa, ou seja, o quanto ela consegue gerar de lucro com os ativos que possui: é dado pela relação entre o lucro líquido pelo ativo total.

37.3 Análise de sensibilidade e projeções de cenários

Dependendo do grau de inovação do produto/serviço ou do mercado a ser abordado, as incertezas sobre a viabilidade do negócio podem abalar a credibilidade do plano. Por isso, o investidor quer saber se o negócio continua sendo viável se o principal cenário planejado não der certo, sobretudo em relação às condições macroeconômicas que são as que mais impactam um novo empreendimento ou se algum dos pressupostos financeiros não se confirmar. É normal, portanto, colocar pelo menos três cenários de projeção de resultados e fluxo de caixa: um conservador ou pessimista, um esperado e outro que reflita todo o potencial da empresa.

Esses cenários vão nas planilhas de resultados, de projeções de venda e de fluxo de caixa, e nessa seção cabe apenas a descrição de cada cenário, ou seja, o que se acredita que pode ocorrer externamente ao negócio que possa causar um impacto negativo ou positivo (exemplo: alta ou baixa dos juros, alta ou baixa do dólar, desregulamentação ou regulamentação do setor, entrada ou barreira à entrada de fornecedores ou concorrentes, nível de profissionais acima ou abaixo do esperado etc.).

Quando for o caso, elabore análises do tipo "o que aconteceria se...", para que os leitores conheçam inteiramente a sensibilidade do negócio a certos fatores críticos, por exemplo, o que acontece com o fluxo de caixa se, em vez de conceder um prazo de 30 dias para pagamento, um fornecedor vender matérias-primas somente à vista? Embora nem todos esses cenários precisem ser considerados, esse tipo de planejamento é de valor inestimável, pois proporciona ao empreendedor uma completa compreensão da natureza financeira do seu negócio. Se o empreendedor contar com alguma ferramenta eletrônica para fazer suas projeções, a geração de vários cenários financeiros é relativamente fácil.

Por isso, embora a sugestão seja fazer três cenários, o ideal é projetar tantos cenários quantos forem as variáveis de incerteza que tenham um alto potencial de gerar impacto positivo ou negativo sobre o negócio.

Parte IX

Finalizando o plano

Capítulo 38

Sumário executivo

Um sumário executivo capta e apresenta, de forma sucinta, a essência do plano de negócio. Ele é, na realidade, uma versão condensada do plano inteiro, mas não é simplesmente uma declaração de fundo nem uma introdução.

Ele deve conter todas as informações-chave do plano de negócio em não mais que duas páginas e, embora apareça no início do plano de negócio, ele deve ser a última parte a ser escrita durante a elaboração do plano, pois é muito mais eficiente e coerente escrever uma síntese depois de se preparar o texto básico.

Muitos analistas de planos de negócio são inundados com propostas. Por isso, esse resumo deve permitir ao analista uma boa compreensão inicial do material. Depois de ler um sumário executivo, o leitor deve ter uma compreensão relativamente sólida daquilo que será apresentado em detalhes em todo o plano.

Em certas ocasiões, o sumário executivo pode ser usado como meio para se conseguir acesso a um leitor. Alguns capitalistas de risco preferem estudar uma carta introdutória e um resumo, antes de receberem um plano de negócio completo.

Além de proporcionar uma rápida compreensão da proposta, um sumário executivo deve atrair a atenção. Muitos capitalistas de risco, investidores e financiadores indicam que não é raro uma proposta ser descartada sem que a leitura passe do sumário. Isso é facilmente compreensível, uma vez que muitos deles recebem pilhas de planos de negócio todos os dias.

O tom deve ser empresarial e transmitir uma sensação de entusiasmo e de importância. O interesse do analista pode ser captado pelo conceito, pela taxa de retorno, ou mesmo pelo estilo com que as ideias são transmitidas. Enfatize as características únicas de seu negócio e diga como você pode prover benefício ao cliente. Dê uma ideia do que espera conseguir em três a cinco anos. Trata-se de uma parte descritiva do plano de negócio, mas que deve ser feita com muito cuidado para evitar excessos ou faltas.

Descreva a empresa procurando mostrar o porquê de sua criação, qual o seu propósito, a natureza dos serviços ou produtos fornecidos, como se desenvolveu ou se desenvolverá, qual é o seu modelo de negócios e seus diferenciais. Apresente sua razão social/nome fantasia, diga qual é o porte da empresa e como está enquadrada na legislação: micro, pequena ou média empresa, sociedade civil limitada, sociedade anônima etc.

Existem vários formatos e abordagens adequados a um sumário executivo. Um que costuma ser eficaz envolve o fornecimento de destaques do plano de negócio, seção por seção, e se inicia com algumas frases ou parágrafos que comunicam a natureza básica da empresa e seu atual estágio de desenvolvimento.

O sumário executivo deve ser dirigido ao público-alvo, ou seja, deve ser escrito com ênfase nos assuntos que mais interessam ao leitor do plano de negócio. Portanto, um plano destinado a um banco de investimentos ou a investidores-anjos, visando à obtenção de empréstimos ou capital de riscos, deve necessariamente dar ênfase à parte financeira, ao retorno do investimento para o investidor, à justificativa da necessidade do dinheiro e como este será aplicado na empresa. Deve demonstrar também a demanda pelos produtos/serviços de empresa no nicho de mercado em questão e como a empresa se diferencia dos competidores.

Pode ser apropriado concluir o sumário executivo com uma nota pessoal, trazendo uma mensagem do(s) dirigente(s) da empresa. Mais uma vez, esta deve ser breve. Sua finalidade é a de dar uma oportunidade de se transmitir uma avaliação pessoal do histórico da empresa até então (caso haja um), e opiniões a respeito do seu futuro. Outra possibilidade é oferecer essa espécie de avaliação pessoal na introdução que abre o documento.

Capítulo 39

Anexos e apêndices

O empreendedor pode colocar à disposição do leitor todas as informações que julgar relevantes para o melhor entendimento de seu plano de negócio. Pode, por exemplo, anexar o currículo dos sócios da empresa e principais profissionais, organograma, contrato social da empresa, contratos de parcerias e terceiros significativos, material de divulgação de seu negócio, *folders*, fotos, catálogos, detalhes técnicos dos produtos, estatutos, planilhas financeiras detalhadas, gráficos, cartas de intenção, pesquisas de mercado, artigos de revistas e jornais, certificados, comentários favoráveis de clientes e outras referências profissionais, licenças, registro de patentes, mapa de distribuição, planta da fábrica, croqui de localização, plano de trabalho, estudos de capacidade, relatórios, dados setoriais, informações obtidas de órgãos públicos, de pesquisa ou entidades de classe, opções de ações, cópias de telas de sistemas, premiações, documentação de acordos comerciais etc. É muito interessante anexar documentos que comprovem parcerias e negócios já consolidados ou mesmo em negociação. Se o material ou texto for elaborado pelo próprio autor do plano de negócio (isto é, o empreendedor), é considerado um apêndice. Se for material não elaborado pelo autor, vai para a seção de anexos.

É importante ressaltar que todas as informações complementares colocadas na seção de anexos devem ser referenciadas no texto principal. Por se tratar de uma literatura complementar e não obrigatória, o leitor não acessará esse material a não ser que tenha sido referenciado no plano, o que é feito com a numeração de cada anexo (Anexo 1, Anexo 2 etc.) e sua indicação na parte específica do texto em que esse anexo é necessário. Como o plano de negócio tem um limite de número de páginas, os anexos frequentemente são utilizados para compensar essa limitação de páginas e poder falar mais sobre o negócio, fornecendo mais informações. Esse recurso, entretanto, deve ser usado com moderação. Não se pode colocar um anexo com 50 páginas, por exemplo, nem um anexo com apenas uns poucos parágrafos apenas para complementar o que não coube no texto principal. Anexos são sempre uma literatura complementar. Se alguma parte do plano requer a leitura obrigatória de algum material, então ele não pode ir para anexo e deve ficar no texto principal. O fato de gráficos e tabelas poderem estar nos anexos não quer dizer que não possam fazer parte do texto. Se um gráfico explicar algo melhor do que o texto, então deve ficar no plano e não nos anexos.

O Quadro 39.1 apresenta sugestões de anexos para cada seção do plano de negócio.

Quadro 39.1 – Sugestões de anexos

Seção	Anexos possíveis
Descrição do produto	Fotos
	Tecnologia de base dos produtos

Descrição do produto	Especificações técnicas dos produtos
	Certidões, registros, autorizações, licenças
	Patentes, certificados de propriedade
Descrição da empresa	Contrato social
	Mapas de localização e distribuição
	Dados históricos da empresa
	Indicadores setoriais
Análise do mercado	Artigos e matérias na imprensa
	Cópias de leis
	Pesquisa de mercado
	Fontes de dados secundários
	Depoimentos de clientes e especialistas
	Estudos complementares e relatórios
	Documentos gerais
	Cartas de intenção de clientes
Estratégia de marketing	Logotipos e identidade visual
	Catálogos e prospectos
	Campanhas promocionais e publicidade
Plano operacional	Planejamento de capacidade
	Inventário
	Planta baixa
	Diagramas e modelos
	Fluxo de produção e operação
	Descrição de fornecedores críticos
Plano de projeto	Cronograma detalhado
Organização e pessoas	Organograma
	Plano de incentivos
	Currículo dos sócios e profissionais-chave
	Membros do conselho consultivo
Estrutura legal	Documentação legal
Projeções financeiras	Projeções de receitas, fluxo de caixa, demonstrativo de resultados, balanço
	Gráficos
	Tabelas completas
	Projeções de vendas e faturamento
	Análise de sensibilidade
	Estudos de cenários
	Indicadores de desempenho

Fonte: elaborada pelos autores.

Capítulo 40

Próximos passos

40.1 Saiba como usar um plano de negócio

O plano de negócio não vai resolver todos os problemas do empreendedor. De nada adianta escrever um bom plano se ele não tiver a capacidade de executar o que foi planejado. Um bom plano de negócio é inútil se o empreendedor não souber conquistar o apoio necessário, seja de clientes, fornecedores, parceiros, investidores ou governo. O plano de negócio não serve para nada se não forem previstas alternativas de ação para as dificuldades operacionais que surgirão, sobretudo as variáveis que não estão previstas no próprio plano, mesmo porque nenhum plano consegue prever tudo.

Além desses, outros erros comuns cometidos por empreendedores ao escreverem planos de negócio estão relacionados na tabela a seguir (veja estes e outros erros com mais detalhes no material de apoio disponibilizado pela editora):

Tabela 40.1 – Principais erros cometidos por empreendedores

Erro	Descrição
Sumário executivo não é resumo	Limita-se a um mero resumo do plano inteiro e não foca no principal
Falta de problemas ou riscos no negócio	Qualquer negócio que acha que nada de errado vai acontecer desperta desconfiança
Otimismo exagerado nas projeções	Projeções fora da realidade tiram a credibilidade do plano
Falta de direcionamento estratégico	Boas intenções sem ações práticas e efetivas sugeridas
Falta de coerência entre a parte financeira e o resto do plano	Textos não refletem uma ligação com os números das planilhas
Diferenças entre o plano e a realidade	Demonstra pouca experiência prática no campo ou no mercado
Capacidade prevista não atende à demanda	Discrepâncias entre o que se espera produzir e vender
Expectativa de autossuficiência	Capital a mais desperdiçado que poderia ser economizado
Dificuldade em demonstrar proposta de valor	Dificuldade em demonstrar os reais benefícios do produto
Tratado técnico	Uso excessivo de jargões técnicos

Despesas menores subestimadas	Ignora-se itens como impostos, juros e outras despesas pequenas
Falta estratégia de crescimento	Sabe-se como começar, mas não se sabe como crescer com impacto
Concorrência subvalorizada	Por orgulho ou ignorância, acredita-se não existir concorrência
Finanças incompletas	Falta de fundamentos que mostre domínio mínimo dos princípios
Erros de ortografia e gramática	Erros pequenos que criam uma imagem negativa do empreendedor
Informação irrelevante	Excesso de informação de fácil acesso, porém de pouca utilidade
Pouco conhecimento de mercado	Empreendedor demonstra pouco conhecimento do mercado-alvo

Fonte: elaborada pelos autores.

O plano de negócio, portanto, nada mais é que uma ferramenta que deve ser utilizada apropriadamente para atingir os objetivos propostos. Muitos empreendedores escrevem um plano de negócio para testar a viabilidade de uma ideia e depois usam esse mesmo documento para tentar obter financiamento, sem considerar que são objetivos diferentes, que exigem abordagens distintas. No primeiro caso, o plano é um documento de uso interno, que aceita tudo. No segundo, é um documento externo, que serve para vender uma ideia. O conteúdo é distinto, a forma de apresentar os dados é diferente, a preocupação está muito mais no leitor do que no negócio em si. Não pode ser o mesmo documento.

Se o empreendedor quiser fazer um plano completo e abrangente, tem de saber que vai levar muito mais tempo e o documento perderá em concisão. Se, no final, for produzida uma "bíblia" de 200 páginas, quem vai ler? Ele pode escrever que o local de instalação do negócio já passou pela vistoria do corpo de bombeiros e esquecer de colocar que o produto possui uma característica única que o diferencia dos similares da concorrência. É uma decisão sobre o conteúdo que cabe à capacidade de discernimento do empreendedor.

40.2 Momentos do plano de negócio

Qual é a melhor hora para escrever o plano de negócio? Quando ele está pronto? Qual é a hora certa de parar de escrever para começar a agir? Quando o usamos para mostrar a alguém? Algumas respostas possíveis estão relacionadas a seguir.

- **Quando começar**: a partir do momento em que temos o primeiro lampejo da ideia, já estamos começando a estruturar o conceito no negócio mentalmente. O empreendedor já começou a pensar se a ideia é boa ou não, portanto já começou o plano. Só não começou a escrevê-lo ainda. Quando as ideias não couberem mais na memória, ou quando ele tiver mais dados objetivos do que informações soltas, é hora de colocar no papel.

- **Quando terminar**: independentemente do tempo que já está dedicando à elaboração de seu plano de negócio ou de quão completo ele possa parecer no momento, dificilmente o empreendedor pode dizer que acabou o seu plano. Se o mundo muda, se o contexto do mercado muda, se o cenário econômico muda, se as tecnologias evoluem, se a legislação é atualizada, se o concorrente age, então o plano de negócio precisa ser atualizado, e isso vai acontecer sempre. As novas informações que chegam podem mudar tudo no plano. O plano de negócio é um documento vivo, tem hora para começar, mas não tem hora para terminar. Mesmo quando o empreendedor toma a decisão de começar o negócio, não deve parar de escrever e manter atualizado o plano de negócio, pois, a partir daí, o documento passa a ser uma ferramenta que controla a execução do planejamento. Quando o plano é colocado em prática, novas circunstâncias surgem, possibilidades que não foram previstas antes e que podem mudar tudo o que se havia previsto ou planejado, por isso ele deve ser sempre atualizado.
- **Quando agir**: existe uma ideia instaurada de que planejar e agir são duas etapas distintas e bem separadas. Primeiro se planeja e depois se executa o plano. No caso do plano de negócios, nada é mais equivocado do que essa concepção. O plano não precisa estar completo para o empreendedor partir para a ação. O próprio exercício de elaborar um plano de negócio já mostra isso para ele, que tem de sair em busca de contatos, dados, informações para escrever o plano, verificar quais ações já pode antecipar. Ele pode, por exemplo, registrar o site, obter apoios, criar a marca e várias outras ações que exigem pouco ou nenhum comprometimento em termos de riscos assumidos. À medida que o plano de negócio vai sendo desenvolvido e vai ganhando corpo, as incertezas diminuem e também diminuem os riscos. Dessa forma, outras ações podem ser tomadas, como alugar um espaço físico, fechar um contrato, desenvolver um protótipo do produto, fazer um teste de conceito etc. Em um momento, o empreendedor estará planejando mais do que agindo; em outro momento, estará agindo mais do que planejando, mas sempre estará fazendo as duas coisas.
- **Quando usar**: geralmente o plano de negócio é usado quando o empreendedor precisa de algum tipo de apoio. Uma má notícia: vender uma ideia quando se precisa de algo ou alguém é um mau caminho. O ideal é pedir quando ainda não surgiu a necessidade, pois quando se precisa de uma parceria, quando se precisa de um contato, quando se precisa de dinheiro, o empreendedor já está desesperado e perde o seu poder de barganha. O ideal é usar o plano para pedir ajuda justamente enquanto ainda não precisa dela. O ponto adequado é quando já existe algo para mostrar, ou seja, um protótipo do produto, a obtenção de uma licença ou certificado, o registro da marca, uma pesquisa de mercado elaborada, um contrato firmado ou um funcionário-chave contratado.

Quando se tem algo de concreto já construído de fato, não só o plano, mas o negócio como um todo, reveste-se de grande credibilidade perante aqueles que podem apoiá-lo.

Outro fator que serve de parâmetro para determinar o momento de apresentar o plano para alguém é quando as próximas ações requerem decisões que vão além do empreendedor. Enquanto o empreendedor pode tomar decisões sozinho, como decisões de investimento, de aquisições, de contratação e qualquer tipo de decisão que não dependa de aprovação de outras entidades, ele não precisa mostrar sua ideia a ninguém, a rigor. Inevitavelmente, porém, em algum momento da implantação do negócio – ou até mesmo depois de começar as suas operações –, pode ser necessário algum tipo de apoio externo. Quando o empreendedor detectar antecipadamente esse momento, é chegada a hora de mostrar o plano a alguém que possa trazer o que o empreendedor precisa.

- **Quanto tempo manter o plano escondido**: se a ideia é inovadora, se existe um diferencial competitivo e se a ideia pode ser facilmente copiada, é natural que os empreendedores queiram mantê-la só para si e evitar que o plano seja lido por qualquer pessoa além dele mesmo e seus sócios. Trata-se de uma grande utopia, entretanto, acreditar que um negócio, por menor que seja, pode ser conduzido apenas pelo empreendedor e que o risco de alguém copiar a ideia não compense compartilhá-lo com aquele(s) que pode(m) ajudá-lo. Se qualquer um pode copiar a ideia é porque ela não foi amadurecida o suficiente e o empreendedor precisa voltar às pranchetas e tornar o negócio único para ele, caso contrário realmente será uma temeridade disponibilizá-lo publicamente.

40.3 Para quem enviar

Com um plano de negócio bem escrito, fica fácil conseguir que todos compreendam a ideia de negócio, de maneira uniforme, sem precisar gastar tempo e lábia para se assegurar de que todos tenham uma mínima compreensão do projeto antes de decidir apoiá-lo. Nesse caso, o plano de negócio é usado para vender a ideia. Esse tipo de plano deve ser sucinto, claro, objetivo. Deve ir direto ao ponto e apresentar argumentos racionais e de impacto sobre a atratividade do negócio. Não pode ter mais que 20 páginas (descontando anexos) e deve preocupar-se com linguagem, ortografia, estilo, limpeza e adequação ao perfil do leitor. Jargões técnicos, por exemplo, só podem ser usados se forem de domínio do interlocutor. Para esse tipo de plano, é fundamental um bom sumário executivo, que dê uma visão geral do negócio em no máximo duas páginas e que faça o leitor se interessar em ler o plano completo.

Junto com o plano, o empreendedor pode ter a oportunidade de apresentar sua ideia, o momento do *pitch* (do inglês "lançar" uma ideia) ou de vender o peixe para alguém que pode se interessar em ajudá-lo. As competições de planos de negócio são excelentes oportunidades para se testar tanto o plano de negócio quanto o *pitch* (saiba mais sobre competições de planos de negócio no Material de apoio on-line). Quando tiver a oportunidade de fazer seu *pitch*, tenha em mente as seguintes dicas (mais detalhes no Material de apoio on-line):

Tabela 40.2 – Dicas para um bom *pitch*

Seja sucinto	Respeite o tempo das pessoas, elas não estão lá para servi-lo
Ensaie bem	Improvisação sempre dá errado. Dificilmente você terá uma segunda chance de causar uma boa impressão, ensaie seu *pitch*
Seja objetivo	Vá direto ao ponto, sem enrolação nem firulas, seja específico e direto
Use linguagem simples	Evite jargões técnicos e expressões sofisticadas, não adiantam de nada
Saiba o momento certo	Tenha paciência e aguarde o momento certo, mas não espere demais
Esteja preparado	Tenha sempre material à mão e o *pitch* ensaiado
Evite surpresas	Planeje, prepare, organize, antecipe-se, deixe tudo em ordem
Conheça o ouvinte	O discurso deve ser orientado para o perfil de quem vai ouvi-lo
Transmita emoção	Mostre sua paixão, seu envolvimento e comprometimento, brilho nos olhos
Administre bem o tempo	Saiba quanto tempo tem, organize-se para não desrespeitar o tempo
Foque no importante	Abra a apresentação falando do importante e feche reforçando o importante
Mantenha a confiança	Um investidor treinado vai te testar. Quer ver se você acredita em si mesmo
Prepare-se bem	Faça o advogado do diabo com os amigos na sua preparação (mais detalhes no Material de apoio on-line)
Acate as sugestões	Seja humilde e acate o que ouvir, não argumente, apenas esclareça

Fonte: elaborada pelos autores.

Depois de conseguir convencer quem era necessário a apoiar a ideia de negócio, o plano de negócio ganha mais uma finalidade: torna-se a referência para a elaboração do plano de implantação. É quando o empreendedor está pronto para colocar a mão na massa e pôr em prática seu plano. Se o plano foi bem escrito e cobriu todos os pontos principais, é natural que todos os que se engajaram no projeto queiram vê-lo sair do papel. Por isso, o plano de implantação deve ser muito parecido com o plano de negócio, porém focando nos aspectos práticos de execução, desvestindo-se da roupagem de venda da ideia e se aproximando mais de guia ou manual. A partir do plano de negócio, surgem então o plano de projeto, a lista de atividades e procedimentos, responsabilidades da equipe de implantação, orçamento, cronograma, plano de metas, controles etc. Esses planos derivados geralmente são usados pela equipe que o empreendedor designa para a implantação do projeto, que os utiliza para se manter alinhada com os objetivos do plano. É o norte da equipe que permite que as atividades sejam acompanhadas e corrigidas, se for o caso.

Para cada finalidade e para cada tipo de leitor, o plano de negócio deve ser diferente, pois os argumentos são diferentes dependendo da argumentação esperada. Os empreendedores devem escrever uma primeira versão do plano com todas as informações coletadas e então extrair desse farto material as informações que vão compor a versão específica do plano de negócio adequada a cada leitor. Assim, um plano que vai para um investidor ou gerente de banco deve vir com informações sobre a viabilidade financeira do negócio, um plano que será usado para convencer um profissional-chave a vir trabalhar para você deve demonstrar a viabilidade técnica do produto e um plano que visa atrair seus primeiros clientes deve transmitir segurança com relação à perenidade e sustentabilidade da empresa.

O plano de negócio é um documento confidencial. Ele deve ser distribuído somente àqueles que têm necessidade de vê-lo, tais como a equipe gerencial, conselheiros profissionais, fontes potenciais de recursos e outros de interesse do empreendedor. Cuidado ao enviá-lo para fontes de financiamento. Elas costumam rejeitar negócios cujos planos são "leiloados", ou seja, distribuídos indiscriminadamente para várias instituições financeiras simultaneamente. O ideal é que o plano seja enviado a, no mínimo, três e, no máximo, seis fontes financiadoras. Por outro lado, nunca se deve enviar os planos às fontes financeiras em sequência, esperando a resposta de uma antes de passar à seguinte. Essa abordagem pode atrasar em anos o processo de captação de recursos. Não há motivo para a produção de grande quantidade de cópias, nem para a produção de volumes sofisticados e encadernados.

Ao determinar a quem enviar o plano, os empreendedores devem pesquisar cuidadosamente que espécies de fontes estão interessadas no setor em que eles atuam; alguns bancos emprestam somente em certas áreas geográficas, alguns investidores só investem em determinados tipos de empresas. Em segundo lugar, dentro de uma dada organização pode haver um certo número de pessoas ou departamentos que lidam com planos de negócio. Eles também podem ser divididos por critérios geográficos, por grupo de negócios ou de alguma outra forma. É fundamental garantir que o plano chegue ao grupo certo e, melhor ainda, à pessoa certa.

Se houver dúvidas sobre o destino dado ao plano, uma alternativa é solicitar que o destinatário assine um termo de confidencialidade para minimizar as chances de que informações-chave da empresa ou da ideia sejam divulgadas a pessoas não autorizadas. Essa é uma prática de segurança que o investidor não deve se recusar a fazer, embora seja muito raro o vazamento de um plano entregue a um investidor de boa reputação. Boa parte da relação entre investidor e empreendedor é baseada na confiança e os principais fundos de investimentos do mercado têm uma reputação a zelar e não vão se queimar por um plano de negócio. A tabela a seguir resume outros fatores críticos de sucesso (FCS) do plano de negócio (com mais detalhes no Material de apoio on-line):

Tabela 40.3 – Outros FCS do plano de negócio

FCS	Descrição
Um guia	O PN deve ser um guia para ajudar o empreendedor a tomar decisões
Boas bases	Um bom PN é fundamentado em dados e informações qualificadas e críveis
Clareza	O PN consolida visões distintas de forma coesa e integral
Atratividade	A redação deve ser fluida, agradável e fácil de entender
Evite clichês	Bons PNs evitam palavras, jargões e expressões que se tornaram lugar-comum
Não mentir	Não doure a pílula nem minta sobre dados e informações do negócio
Não dar tiro no pé	Bons PNs mostram as falhas, mas também indicam como consertá-las
Paciência	Um bom PN leva tempo e requer muito trabalho de pesquisa e busca de informação
Estruturação excessiva	Um PN não é um formulário cheio de perguntas para serem respondidas
Conteúdo relevante	Bons PNs não têm informação irrelevante, tudo é usado para compreender o negócio
Tamanho	Bons PNs são objetivos e sucintos, não passam de 20 páginas
Validação	Empreendedores testam o PN entre amigos e pessoas de confiança
Referências qualificadas	Empreendedores leem muitos bons exemplos de PNs
Bom senso	Não existe regra, estrutura, formato, modelo ideal de PN, o que existe é bom senso
Só mais uma ferramenta	Mais importante do que o PN é a ação para torná-lo realidade

Fonte: elaborada pelos autores.

Lembre-se de que o plano de negócio é um documento vivo. Dificilmente o empreendedor poderá dizer que acabou o seu plano. Ele nunca acaba, sempre é preciso reler o plano e mantê-lo atualizado. O pressuposto é o seguinte: se o mundo externo muda, então o plano muda, pois a cada circunstância ou variável alterada, pode ser necessário reconsiderar todas as projeções e perspectivas. Se muda a taxa do dólar, se o governo lança uma nova medida, se surge um concorrente novo no mercado, se o comportamento do consumidor muda, o princípio é sempre o mesmo: o plano nunca é definitivo e o melhor plano é aquele que se adapta ao dinamismo do ambiente externo.

40.4 A tríade do empreendedorismo

Um aspecto bastante importante que será observado pelo investidor diz respeito ao empreendedor e sua capacidade de transformar um plano em realidade. Embora este seja um livro sobre plano de negócio, é importante ressaltar que o plano deve ser parte de um conjunto que inclui uma boa ideia e um verdadeiro empreendedor, como demonstra a Figura 40.1:

Figura 40.1 – Tríade do empreendedorismo

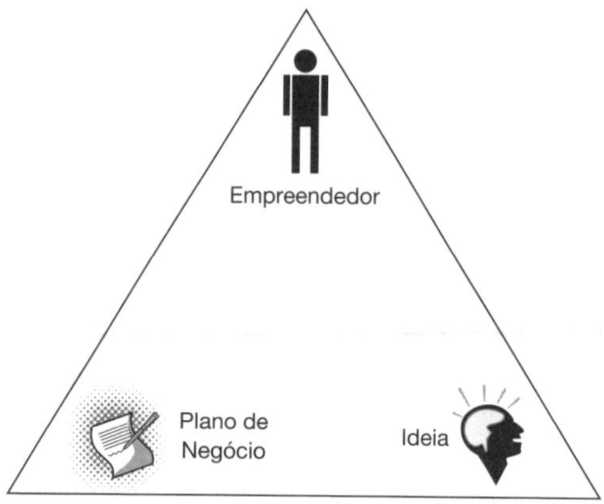

Fonte: elaborada pelos autores.

Um bom plano de negócio, tecnicamente bem escrito, não é suficiente se a ideia de negócio for fraca. Mesmo que a ideia também seja boa, se o empreendedor não detiver as características e competências empreendedoras, como capacidade de realização, perseverança, visão holística, liderança, comunicabilidade, resiliência, determinação, entre outras, pode acabar arruinando uma boa ideia de negócio.

Um bom empreendedor, por outro lado, não terá sucesso se tiver nas mãos um plano malredigido, pois terá dificuldade em conquistar apoio, e até mesmo em implantar o negócio, se os pressupostos do plano forem mal-elaborados. Mesmo que o plano seja bom, se a ideia não for realmente inovadora ou não estiver vinculada a uma boa oportunidade, é bem possível que o empreendedor consiga desenvolver um negócio simples, de subsistência, com pouco potencial de crescimento rápido.

Por fim, uma boa ideia, viável, criativa, inovadora, pode ser desperdiçada nas mãos erradas ou, mesmo sob a batuta de um grande empreendedor, pode acabar fracassando se os conceitos por trás do negócio não forem estruturados adequadamente, sobretudo se o negócio passou da primeira fase de sobrevivência e estabilidade e estiver se preparando para crescer de forma organizada.

Agora você está preparado. Escreva seu plano e boa sorte em sua carreira empreendedora!

Referências

ALENCAR, E. S. *Como desenvolver o potencial criador:* um guia para a liberação da criatividade em sala de aula. 10. ed. Petrópolis: Vozes, 2004.

ANDREWS, K. *The concept of corporate strategy*. Homewood: Dow Jones-Irwin, 1971.

ANSOFF, H. I. *Estratégia empresarial*. São Paulo: Mcgraw-Hill do Brasil, 1977.

ASSAF NETO, A. *Finanças corporativas e valor*. São Paulo: Atlas, 2009.

BAKER, T.; NELSON, R. E. Creating something from nothing: resource construction through entrepreneurial bricolage. *Administrative Science Quarterly*, v. 50, n. 3, p. 329-366, 2005.

BANK, W. *Doing business 2011*: making a difference for entrepreneurs. New York: World Bank Publications, 2010.

BARON, R. A.; SHANE, S. *Empreendedorismo*: uma visão do processo. São Paulo: Thomson Learning, 2007.

BEULKE, R.; BERTO, D. J. *Precificação:* sinergia do marketing e das finanças. São Paulo: Saraiva, 2011.

BIZZOTO, C. E. N. *Plano de negócios para empreendimentos inovadores*. São Paulo: Atlas, 2008.

BLANK, S.; DORF, B. *The startup*: owner's manual: the step-by-step guide for building a great company. Pennsauker: BookBaby, 2012.

BROWN, T. *Design thinking*. Rio de Janeiro: Alta Books, 2017.

CECCONELLO, A. R.; AJZENTAL, A. *A construção do plano de negócios*. São Paulo: Saraiva, 2008.

CHOPRA, S.; MEINDL, P. *Gestão da cadeia de suprimentos*: estratégia, planejamento e operações. 4. ed. São Paulo: Pearson, 2011.

COUGHTER, P. *The art of the pitch*: persuasion and presentation skills that win business. Hampshire: Palgrave Macmillan, 2012.

DELMAR, F.; SHANE, S. Does business planning facilitate the development of new ventures? *Strategic Management Journal*, v. 24, n. 12, p. 1165-1185, dez. 2003. Disponível em: http://dx.doi.org/10.1002/smj.349. Acesso em: 27 mar. 2019.

DEMING, W. E. *Qualidade*: a revolução da administração. Rio de Janeiro: Marques Saraiva, 1990.

DIAS, S. R. (Org.) *Pesquisa de mercado*. São Paulo: Saraiva, 2011.

DRUCKER, P. F. *Inovação e espírito empreendedor*: prática e princípios. São Paulo: Cengage, 2008.

FERNANDES, F. C. F.; FILHO, M. G. *Planejamento e controle da produção*: dos fundamentos ao essencial. São Paulo: Atlas, 2010.

FUTRELL, C. M. *Vendas*: fundamentos e novas práticas de gestão. São Paulo: Saraiva, 2003.

GIANFORTE, G.; GIBSON, M. *Bootstrapping your business*: start and grow a successful company with almost no money. Avon: BookSurge Publishing, 2007.

GYORFFY, L.; FRIEDMAN, L. *Creating value with CO-STAR:* an innovation tool for perfecting and pitching your brilliant idea. Palo Alto: Enterprise Development Group, 2012.

HASHIMOTO, M. et al. *Práticas de empreendedorismo*: casos e planos de negócios. Rio de Janeiro: Elsevier, 2012.

HISRICH, R. D.; PETERS, M. P.; SHEPHER, D. A. *Empreendedorismo*. 7. ed. Porto Alegre: Bookman, 2009.

HODGETTS, R. M.; KURATKO, D. F. *Small business management:* essential tools and skills for entrepreneurial success. Pathways, USA: Wiley, 2008.

HOLMÉN, M.; MAGNUSSON, M.; MCKELVEY, M. What are innovative opportunities? *industry and Innovation*, v. 14, n. 1, p. 27-45, 2007.

KARKOTLI, G.; ARAGÃO, S. D. *Responsabilidade social*: uma contribuição à gestão transformadora das organizações. 4. ed. Petrópolis: Vozes, 2010.

KOTHA, R.; GEORGE, G. Friends, family, or fools: entrepreneur experience and its implications for equity distribution and resource mobilization. *Journal of Business Venturing*, v. 27, n. 5, p. 525-543, 2012.

KOTLER, P.; ARMSTRONG, G. *Principles of marketing*. 12. ed. New Jersey: Pearson/ Prentice Hall, 2008.

LONGENECKER, J. G. et al. *Administração de pequenas empresas*. 13. ed. São Paulo: Cengage Learning, 2011.

MAGRETTA, J.; STONE, N. *O que é gerenciar e administrar?* Rio de Janeiro: Campus/ Elsevier, 2002.

MOREIRA, D. *Administração da produção e operações*. São Paulo: Saraiva, 2012.

MULLINS, J. W.; KOMISAR, R. *Getting to plan B*: breaking through to a better business model. Boston: Harvard Business Press, 2009.

OLIVEIRA, D. P. R. *Planejamento estratégico:* conceitos, metodologia e práticas. São Paulo: Atlas, 2012.

OSTERWALDER, A.; PIGNEUR, Y. *Business model generation – Inovação em modelos de negócios*: um manual para visionários, inovadores e revolucionários. Rio de Janeiro: Alta Books, 2011.

PORTER, M. E. What is a strategy? *Harvard Business Review*, v. 74, p. 61-78, nov.-dez. 1996.

____________. *Competição*: estratégias competitivas essenciais. Rio de Janeiro: Campus/ Elsevier, 1999.

RAUCH, A. et al. Effects of human capital and long-term human resources development and utilization on employment growth of small-scale businesses: a causal analysis. *Entrepreneurship Theory and Practice*, v. 29, n. 6, p. 681-698, 2005.

REISS, B. *Bootstrapping 101*: tips to build your business with limited cash and free outside help. Boca Raton: R&R, 2009.

RIES, E. *A startup enxuta*. São Paulo: Leya, 2012.

ROSA, C. A. *Como elaborar um plano de negócio*. Brasília: Sebrae, 2007.

SARASVATHY, S. D. Causation and effectuation: toward a theoretical shift from economic inevitability to entrepreneurial contingency. *Academy of Management Review*, v. 26, n. 2, p. 243-263, 2001.

SARASVATHY, S. D. *Effectuation*: elements of entrepreneurial expertise. Northampton, MA: Edward Elgar, 2008.

SCARBOROUGH, N. M. et al. *Effective small business management*: an entrepreneurial approach. 9. ed. New Jersey: Pearson Prentice Hall, 2009.

SEBRAE. *12 anos de monitoramento da sobrevivência e mortalidade da empresa*. São Paulo: Sebrae-SP, 2010.

SEBRAE; DIEESE. Anuário do trabalho na micro e pequena empresa, 2013. p. 17. Disponível em: http://www.sebrae.com.br/Sebrae/Portal%20Sebrae/Anexos/Anuario%20do%20Trabalho%20Na%20Micro%20e%20Pequena%20Empresa_2013.pdf. Acesso em: 3 abr. 2019.

SHANE, S.; DELMAR, F. Planning for the market: business planning before marketing and the continuation of organizing efforts. *Journal of Business Venturing*, v. 19, n. 6, p. 767-785, nov. 2004. Disponível em: http://www.sciencedirect.com/science/article/pii/S0883902603001162. Acesso em: 27 mar. 2019.

SHANE, S.; LOCKE, E. A.; COLLINS, C. J. Entrepreneurial motivation. *Human Resource Management Review*, v. 13, n. 2, p. 257-279, 2003. Disponível em: http://www.sciencedirect.com/science/article/pii/S1053482203000172. Acesso em: 27 mar. 2019.

SHRADER, R.; SIEGEL, D. S. Assessing the relationship between human capital and firm performance: evidence from technology-based new ventures. *Entrepreneurship Theory and Practice*, v. 31, n. 6, p. 893-908, 2007.

SLACK, N. et al. *Administração da produção*. São Paulo: Atlas, 1997.

SOBRAL, F.; PECI, A. *Administração*: teoria e prática no contexto brasileiro. São Paulo: Pearson, 2008.

SOORJOO, M. *Here's the pitch*: how to pitch your business to anyone, get funded, and win clients. New Jersey: Wiley, 2012.

SOUZA, C. A. D.; SACCOL, A. Z. (Org.) *Sistemas ERP no Brasil*: teoria e casos. São Paulo: Atlas, 2009.

STERN, C. W.; DEIMLER, M. S. *The Boston Consulting Group on strategy*: classic concepts and new perpectives. 2. ed. New Jersey: Wiley, 2006.

TIFFANY, P.; PETERSON, S. D. *Planejamento estratégico*: o melhor roteiro para um planejamento estratégico eficaz. Rio de Janeiro: Campus, 1998.

TIMMONS, J. A. et al. *How to raise capital*: techniques and strategies for financing and valuing your small business. New York: McGraw-Hill, 2005.

UNGER, J. M. et al. Human capital and entrepreneurial success: a meta-analytical review. *Journal of Business Venturing*, v. 26, n. 3, p. 341-358, 2011.

VIANNA, M. et al. *Design thinking*: inovação em negócios. Rio de Janeiro: MJV Press, 2012.

VYAKARNAM, S.; HANDELBERG, J. Four themes of the impact of management teams on organizational performance: implications for future research of entrepreneurial teams. *International Small Business Journal*, v. 23, n. 3, p. 236-256, 2005.

WERNKE, R. *Gestão financeira*: ênfase em aplicações e casos nacionais. Rio de Janeiro: Saraiva, 2008.

XAVIER, C. M. S. *Gerenciamento de projetos*: como definir e controlar o escopo do projeto. 2. ed. São Paulo: Saraiva, 2009.

ZIMMERER, T. M.; SCARBOROUGH, N. M. *Essentials of entrepreneurship and small business management*. 5. ed. New Jersey: Pearson Prentice Hall, 2008.